Ludwig Ring-Eifel

WELTMACHT VATIKAN

Ludwig Ring-Eifel

Weltmacht Vatikan

Päpste machen Politik

PATTLOCH

Für Rita, Andrea und Jonathan

Bibliografische Information der Deutschen Bibliothek
Die Deutsche Bibliothek verzeichnet diese Publikation in der Deutschen Nationalbibliografie; detaillierte bibliografische Daten sind im Internet über http://dnb.ddb.de abrufbar.

Umschlag: Büro Lehmacher, Friedberg (Bay.)
Umschlagbild: KNA-Bild, Bonn
Satz und Gestaltung: Hartmut Czauderna, München
Druck und Bindung: Ebner & Spiegel, Ulm
Printed in Germany

ISBN 3-629-01679-0

Bitte besuchen Sie uns im Internet:
www.droemer-knaur.de

Inhalt

DRITTER TEIL
Der Vatikan unter Wojtyla

VIERTER TEIL
Vatikanische Weltpolitik im 21. Jahrhundert

Einleitung

Am 20. September 1870 ereignete sich in Rom ein politisches Erdbeben mit unabsehbaren Folgen. Der Kirchenstaat, die über 1000-jährige Machtbasis des Papsttums, stand vor dem Ende. »Von Tag zu Tag stürmen die Pforten der Unterwelt mit größerem Hass von allen Seiten gegen die von Gott gelegte Grundmauer der Kirche, um sie, wenn es möglich wäre, zu zerstören.« Mit diesen Worten umschrieb das Erste Vatikanische Konzil, eine Versammlung von über 700 katholischen Bischöfen aus aller Welt, die auf Einladung des Papstes ins umzingelte Rom gekommen waren, noch im Juli den Zustand unmittelbar vor der Katastrophe. Zwei Monate später wurde das Fundament kirchlicher Macht im Kanonendonner erobert. In einer kurzen Schlacht besetzten die Truppen des jungen italienischen Staates die letzte Bastion des Papstes: Rom, die Ewige Stadt. Die aus Söldnern und internationalen Freiwilligen bestehende päpstliche Armee leistete den militärisch überlegenen Italienern kaum Widerstand. Schon nach wenigen Stunden ließ der Papst weiße Tücher über dem Vatikan hissen und ergab sich.

Mit dieser vergleichsweise unblutigen Niederlage geschah das Undenkbare: Das Papsttum verlor seine weltliche Herrschaft, der seit dem 8. Jahrhundert bestehende Kirchenstaat existierte nicht mehr. Er hatte sich länger gehalten als das antike Imperium Romanum, dessen Sprache und weltweiten Anspruch das Papsttum geerbt hatte. Er hatte auch mehr Jahrhunderte überdauert als das langlebige »Heilige Römische Reich Deutscher Nation«, das im Papst seinen religiösen Machtpol sah. Doch nun fegte das wenige Jahre alte, frisch vereinte Italien den traditionsreichsten Feudalstaat Europas mit ein paar hundert Kanonenschüssen von der Landkarte.

Zunächst konnten weder die Eroberer noch die Besiegten so

recht begreifen, was an diesem Septembermorgen geschehen war. Zwar wirkte der Staat des Papstes schon seit der Aufklärung und der Französischen Revolution wie ein Gebilde aus einer anderen Zeit und er war militärisch so schwach, dass er in der ersten Hälfte des 19. Jahrhunderts bereits zweimal vorübergehend aufgelöst worden war: einmal im Jahr 1809 durch ein Dekret Napoleons, der das Gebiet seinem Reich einverleibt und dessen Oberhaupt verschleppt hatte, und dann noch einmal 40 Jahre später, als eine kurzlebige Revolutionsregierung in Rom das Ende des Kirchenstaats verkündet hatte. Doch beide Auflösungen des päpstlichen Staatswesens waren nur kurze Episoden gewesen. Beide Male war der Papst am Ende der revolutionären Unordnung nach Rom und in seinen Staat zurückgekehrt. Doch diesmal war es anders. Der junge italienische Staat war in der Völkergemeinschaft weitgehend anerkannt. Die französischen Truppen, die den Staat des Papstes zuletzt beschützt hatten, waren abgezogen. Es gab keine fremde Schutzmacht, die den Kirchenstaat wiederherstellen und die Einigung Italiens mit Rom als Hauptstadt rückgängig machen wollte. Deshalb war die radikale Veränderung, die der 20. September 1870 brachte, von Dauer. Papst Pius IX. lebte fortan wie ein Gefangener im Vatikan, umgeben von Feindesland. Zwar blieb er Bischof von Rom, doch wollte er das Gebiet, das man ihm unter Missachtung des Völkerrechts entrissen hatte, nicht mehr lebend betreten.

Die Bedeutung dieser Ereignisse in der Ewigen Stadt kann mit dem Untergang des Imperium Romanum im Jahr 476 oder mit dem Sturm auf die Bastille von 1789 verglichen werden. Denn mit dem Eindringen der italienischen Truppen durch das römische Stadttor »Porta Pia« brach mehr als irgendein europäisches Fürstentum zusammen. Mit der Papstherrschaft über Rom ging die letzte Bastion einer alten Weltordnung unter. Zwar waren ihre Grundfesten seit langem unterspült und ihre tragenden Elemente ausgehöhlt, aber sie tatsächlich einstürzen zu sehen war für die Sieger ebenso wie für die Besiegten eine Epochenwende, deren letzte Tragweite sie nicht einschätzen konnten. 200 Millionen Katholiken in aller Welt waren in tiefster Sorge. Wie sollte es nun mit dem Papsttum und der Kirche weitergehen? »Die Geschichte von 12 Jahrhunderten zeigt, dass die Vorsehung diese weltliche Herrschaft als feste Garantie der Unabhängigkeit der katholischen Religion und ihres erhabenen Oberhauptes gewollt hat«, schrieb trotzig ein papsttreuer Kommentator in der neu gegründeten Pro-Vatikan-Zeitung *L'Osservatore Romano*. Doch das Rad der Geschichte hatte sich bereits unaufhaltsam weitergedreht. Die Zeiten der weltlichen Macht waren für den Papst und seine Gefolgsleute nur noch eine bittersüße Erinnerung. Dank seines Kirchenstaats, der zum Zeitpunkt der größten Ausdehnung immerhin von der Poebene bis vor die Tore Neapels gereicht hatte, war der Nachfolger Petri von keiner anderen Macht abhängig gewesen – im Gegenteil: Die katholischen Monarchen hatten dem Papst als Stellvertreter Christi auf Erden ihre Reverenz erwiesen. Wie sie hatte auch er zur gottgewollten Herrscherklasse gehört, er war ein Monarch gewesen – und mehr: Über Jahrhunderte hatte der Papst den Monarchen die Krone aufgesetzt und ihnen göttliche Legitimation verliehen. Und auch jetzt noch verwaltete er in letzter Instanz die von Jesus Christus eingesetzten Sakramente, ohne die kein Katholik, auch kein König, sein Seelenheil erlangen konnte. Dass er nun ohne eigenes Reich dastehen und nur noch kraft seiner religiösen oder moralischen Autorität sprechen sollte, war für viele Katholiken unvorstellbar. Der Untergang des Kirchenstaats erschien ihnen als ein »Sieg des Unglaubens über den Glauben«. Der Stuhl Petri ohne Staat, das war eine Katastrophe: eine frei schwebende Konstruktion ohne Fundament, das konnte nicht funktionieren.

Es gehört zu den großen Rätseln der Geschichte und zu den erstaunlichsten Leistungen des Papsttums, wie es der jahrhundertealten Institution gelang, diesen Zusammenbruch nicht nur zu überleben, sondern schon bald moralisch und politisch gestärkt daraus hervorzugehen. 95 Jahre nach dem Ende des Kirchenstaats, 1965, gab Papst Paul VI. in einer Rede vor der UN-Vollversammlung in New York zu verstehen, es sei geradezu eine dankenswerte Tat der göttlichen Vorsehung gewesen, dass das Papsttum 1870 von der Last seiner Staatsmacht befreit wurde und sich seither umso kraftvoller seiner eigentlichen Mission widmen konnte.

Die Politik des modernisierten Heiligen Stuhls im 20. Jahrhundert war so erfolgreich, dass sein Einfluss manchen mittlerweile schon wieder zu groß erscheint. Dazu hat nicht zuletzt der politisch sehr aktive Johannes Paul II. beigetragen. Doch auch die meisten seiner Vorgänger spielten mit Geschick auf der Klaviatur der internationalen Diplomatie und Politik. Schritt um Schritt, und vielen vorübergehenden Rückschlägen zum Trotz, haben sie den verloren geglaubten Einfluss des Heiligen Stuhls auf die Geschicke der Welt mit anderen Mitteln zurückgewonnen und sogar ausgeweitet.

Wer den heutigen Vatikan und seine Politik verstehen will, muss den Weg kennen, den das Papsttum nach seiner militärischen Kapitulation von 1870 zurückgelegt hat, um wieder zu einer international respektierten und handlungsfähigen Macht zu werden. Nur so erhellen sich die Besonderheiten der vatikanischen Politik und die Mythen, die den Papst-Staat umgeben. Dieses Buch beschreibt die wichtigsten Etappen des Wegs vom »staatenlosen« Papst Leo XIII. über den umstrittenen Weltkriegspapst Pius XII. bis zum ersten Polen auf dem Papstthron. Zugleich erklärt es die Funktionsweise des vatikanischen Machtapparats, der unter dem Namen »Heiliger Stuhl« als Völkerrechtssubjekt auf der Weltbühne auftritt.

In diesem Buch wird erstmals die Frage nach der politischen Macht und Ohnmacht des Vatikans ins Zentrum gestellt – eine Frage, die angesichts des weltpolitischen Geschehens und der päpstlichen Aktivitäten in jüngster Zeit immer mehr Menschen bewegt. Der Schwerpunkt liegt daher auf der zweiten Hälfte des 20. Jahrhunderts und dem Beginn des 21. Jahrhunderts, also auf dem politisch spektakulären Pontifikat Johannes Pauls II. bis hin zu den allerjüngsten Ereignissen. Und es gibt einen Einblick in die politischen Ziele und Visionen, die die rätselhafte Weltmacht Vatikan in der Zukunft zu verwirklichen plant.

ERSTER TEIL

Wie der Papst Politik macht

KAPITEL I

Macht und Einfluss

Am Beginn des 21. Jahrhunderts präsentiert sich der Heilige Stuhl in erstaunlich starker Verfassung. Uneinnehmbar, uralt und rätselhaft ruht das Gebilde hinter den hohen Mauern des Vatikanstaats. Zu seinem Oberhaupt, dem Papst, pilgern Präsidenten und Politiker inzwischen noch häufiger, als dies einst Könige und Fürsten taten. Der Pontifex in Rom, den der sowjetische Diktator Stalin mit dem Satz: »Wie viele Divisionen hat der Papst?«, verhöhnte, leitet heute eine Weltorganisation mit mehr als einer Milliarde Anhänger. Seine geistlichen Truppen umfassen 4500 Bischöfe, 400 000 Bistums- und Ordenspriester und 750 000 Ordensfrauen auf allen Kontinenten. Er unterhält zu den meisten Staaten der Erde diplomatische Beziehungen und mischt auf internationalen Konferenzen mit. Während das Imperium Stalins sang- und klanglos untergegangen ist, hat der scheinbar so winzige Vatikan auf der internationalen Bühne mehr Einfluss denn je und sein Oberhaupt genießt Respekt weit über die Grenzen seiner Kirche hinaus.

Drehscheibe der Weltpolitik

Es ist kein Zufall, dass kein anderer geistlicher oder weltlicher Führer in der Lage war, dem Präsidenten der USA, als dieser im Frühjahr 2003 mit dem Krieg im Irak den Zusammenprall zwischen islamischer und westlicher Welt riskierte, so entgegenzutreten, wie es der Papst tat. Die Fernsehbilder aus dem Vatikan gingen um die Welt: Das Oberhaupt der katholischen Kirche nutzte die lange Zeit des Tauziehens, in der Präsident George W. Bush Zustimmung für den Angriff auf Bagdad suchte. Die Monate des Verhandelns und Drohens in der UNO und auf anderen Bühnen wurden zur großen Stunde eines Papstes, der alles daransetzte, den Krieg in letzter Minute zu verhindern. Er appellierte, mahnte, betete laut um Frieden, schrieb Briefe. Die Reaktionen der Medien und der Politik waren erstaunlich: Selbst die papstkritischsten Blätter in Europa berichteten begeistert über die Friedensappelle des alten Pontifex. Im Vatikan gingen Tausende von Anrufen und Briefen von Menschen ein, die ihn baten, mit einer Reise nach Bagdad den Krieg in letzter Minute zu verhindern. Als der Krieg schon fast unausweichlich schien, wurde der Vatikan plötzlich und unerwartet zu einer Drehscheibe der internationalen Diplomatie. Befürworter und Gegner des Angriffs klopften beim Papst an, um ihm ihre Position darzulegen und die Meinung des Heiligen Stuhls zu hören. Der deutsche Außenminister Joschka Fischer, ein Kriegsgegner, eröffnete den Reigen. Es folgten Saddams Vizepremier Tarik Aziz und UN-Generalsekretär Kofi Annan. Dann kam der britische Premier Tony Blair, der Bushs Pläne unterstützte. Bald darauf suchten die ebenfalls auf Seiten der USA stehenden Ministerpräsidenten Spaniens und Italiens, Jose Maria Aznar und Silvio Berlusconi, den Papst auf und zwischendrin empfing Johannes Paul II. auch noch einen Sondergesandten des iranischen Präsidenten. Nie zuvor in der Moderne war ein Papst von so vielen Spitzenpolitikern als letzter Rettungsanker und als lagerübergreifende moralische Instanz aufgesucht worden. In manchen Momenten schien es, als habe der Pontifex mehr Einfluss als die UNO.

Anfang März 2003, als der Krieg unmittelbar bevorstand, schickte der Papst zwei alte und diplomatisch erfahrene Kardinäle als Sondergesandte zu Bush und Saddam. Wenige Tage zuvor hatte der vatikanische »Außenminister« Tauran 70 beim Heiligen Stuhl akkreditierte Botschafter gleichzeitig einberufen und ihnen noch einmal die vatikanische Position gegen den Irakkrieg erläutert. Er betonte dabei, die Prinzipien des internationalen Rechts müssten Vorrang vor dem »Recht des Stärkeren« haben. Auch auf der rein religiösen Ebene wurde der Papst aktiv und rief zu einem weltweiten Fast- und Gebetstag für den Frieden auf. Trotz aller Bemühungen gelang es dem Papst nicht, die Kriegsbefürworter umzustimmen. Doch seine aktive Einmischung als Gesprächspartner der Politik, die ihm angesichts seines hohen Alters und seiner fortgeschrittenen Parkinson-Erkrankung kaum noch jemand zugetraut hatte, trug mit dazu bei, dass der Verhandlungsmarathon sich in die Länge zog und die USA sich intensiv um eine internationale Legitimation bemühten. Als sich die Kriegsbefürworter Bush, Blair und Aznar am 16. März trafen, um ihre Strategie zu koordinieren, unternahm der Papst einen letzten, verzweifelten Versuch. In seiner Sonntagsansprache vor den Pilgern auf dem Petersplatz zog er noch einmal alle rhetorischen Register. Er warnte vor den furchtbaren Konsequenzen eines Kriegs für den gesamten Nahen Osten und vor einer Welle des Extremismus, die ein solcher Angriff auslösen würde. »Ich sage allen: Es ist noch Zeit für den Frieden. Es ist nie zu spät, noch einmal zu verhandeln.«

Auch dieser Appell konnte den Krieg zwar nicht verhindern, aber das enorme Medieninteresse an der päpstlichen Einmischung hatte Einfluss auf die weltweite öffentliche Meinung. Im Westen stand Bush nun ziemlich »nackt« da, als er ohne klare UN-Legitimation und gegen die beschwörenden Worte des greisen Papstes am 20. März den Befehl zum Angriff auf Bagdad gab. Auch in der islamischen Welt fanden die Friedensmahnungen Johannes Pauls II. große Resonanz. Arabische Zeitungen und der Fernsehsender *Al Dschasira* berichteten ausführlich darüber und selbst radikale Prediger kamen nicht auf die Idee, den Irakkrieg als einen generellen Krieg der christlichen Welt gegen den Islam zu begreifen. Je mehr sich der von religiösen Fanatikern angeheizte Konflikt seither zuspitzte, desto wichtiger wurde die Stimme des römischen Kirchenoberhaupts als Brückenbauer globalen Maßstabs. Politische Kommentatoren in allen Lagern wunderten sich und fragten: Was verleiht ihm diese internationale Autorität in einer Welt, in der das Christentum doch nur eine Religion unter vielen ist?

Die kirchlichen Heerscharen

Wer die einmalige Rolle des Papstes in der gegenwärtigen Weltpolitik verstehen will, muss den komplizierten Aufbau seines Machtapparats kennen, denn seine herausragende Stellung auf Weltebene verdankt das Papsttum der Gegenwart nicht allein dem persönlichen Charisma des jeweiligen Amtsinhabers. Großen Anteil daran hat die Kirche, die er leitet und die ihn trägt. Sie besteht aus einer breiten Basis und einer kleinen Spitze: den in der ganzen Welt präsenten katholischen »Heerscharen« und der zentralistisch organisierten Leitungsinstanz der Kirche, dem Heiligen Stuhl. Diese ursprünglich als Apostolischer Stuhl bezeichnete Institution umfasst den Papst selbst und die römische Kurie, also seinen Verwaltungsapparat mit dem Staatssekretariat als Herzstück. Er wird oft mit dem kleinen Vatikanstaat, in dem er seinen Sitz hat, verwechselt, weil beide Institutionen umgangssprachlich als »der Vatikan« bezeichnet werden. Doch der Heilige Stuhl ist alles andere als ein Kleinstaat. Seine unter allen Staaten und Religionsgemeinschaften der Welt einzigartige Konstruktion trägt erheblich dazu bei, dass das Papsttum zu Beginn des dritten Jahrtausends seinen Einfluss wirksam und weithin sichtbar entfalten kann. Zwar verfügt der Papst – abgesehen von einer Leibgarde von 110 Schweizergardisten – nicht über militärische Macht, doch sind der Papst, der Heilige Stuhl und die katholische Kirche keineswegs machtlos: Sie sind in der Lage, nicht nur das Denken, sondern auch das Handeln von Menschen in ihrem Sinn zu beeinflussen und den Lauf der Geschichte zu verändern. Unfreiwilligen Anschauungsunterricht darüber haben Stalins Erben in den Ostblockstaaten noch vor wenigen Jahren erhalten, als ein paar Millionen vom Papst geführte polnische Arbeiter ihnen in einem zähen Kampf die Macht aus den Händen rangen. Der Papst gab ihrem Widerstand die Kraft und der Vatikan bzw. die katholische Kirche vor Ort waren es, die diese Bewegung über Jahre materiell unterstützten und organisierten. Ohne den Vatikan als Verbündeten wäre die Wende in Osteuropa anders verlaufen – wahrscheinlich hätten die polnischen Arbeiter wie viele andere vor ihnen vor der bewaffneten Übermacht der Kommunisten kapituliert.

Der politische Einfluss des modernen Papsttums wird nur selten so offensichtlich wie im Polen der 1980er-Jahre. Er ist meist schwer zu fassen und vor allem die Gegner der Kirche versuchen immer wieder vergebens, ihn zu begreifen. Denn diese Macht ist weder diktatorisch noch demokratisch organisiert und sie funktioniert trotz des streng zentralistischen Aufbaus der katholischen Hierarchie nicht so, wie die Befehlskette in einer Armee vom Oberbefehlshaber bis zum einfachen Soldaten verläuft. Die Kirche geht in der Regel auch nicht wie eine Partei oder eine Gewerkschaft vor, die ihre Mitglieder bei Wahlen, Streiks oder Protesten in Kampagnen mobilisiert.

Die Macht des Papstes in der Kirche und sein Einfluss weit über die Kirche hinaus sind dennoch unbestreitbar. Sie resultieren nicht zuletzt aus der schieren Größe der katholischen Weltkirche, deren Oberhaupt er ist. Ebenso wie die personelle ist ihre institutionelle Stärke beeindruckend: 2800 Bistümer mit 220 000 Pfarreien, mehr als 100 000 Sozialeinrichtungen vom Waisenhaus bis zum Altenheim, Zehntausende von Schulen von der Grundschule bis zur Universität sowie Hunderte von Zeitungen und Radiostationen gehören dazu. Keine andere Religionsgemeinschaft, auch nicht der Islam, hat eine vergleichbare weltweite Ausdehnung und eine ähnlich gut organisierte gesellschaftliche Präsenz. Sie wird verstärkt durch eine kaum noch überschaubare Zahl von katholischen Laienvereinigungen und den in jüngerer Zeit immer mächtiger werdenden geistlichen Bewegungen und Sondergruppen wie »Opus Dei«, »Communione e Liberazione«, »Sant'Egidio« oder die Fokolar-Bewegung, die ihre Mitglieder nicht selten in den wirtschaftlichen und politischen Eliten platzieren.

KAPITEL II

Der schillernde Mantel des Pontifex

Um diese globale Organisation mit ihrem weltweit einheitlichen Credo zusammenzuhalten, bedarf es eines hierarchischen, pyramidenförmigen Aufbaus vom einzelnen Pfarrer bis zum Papst und eines weltweit einheitlichen Rechtssystems, des Kirchenrechts. Vor allem aber braucht diese Mammutinstitution an der Spitze eine leistungsfähige Leitungsbehörde, die in der Lage ist, auf Veränderungen an der Basis zu reagieren und doch klare Richtlinien vorzugeben, die bis in den letzten Winkel der Erde gelten. Diese Leitungsbehörde ist die »vatikanische Kurie«. Sie ist der Verwaltungsapparat, dessen sich der Papst bedient. Sie ist sein operatives Gestell, seine Kommunikations- und Schaltzentrale. Da seine in der gesamten Welt verstreuten »Divisionen« weder gehorsame Soldaten noch einfältige »Schäflein« sind, kann der Papst sie zwar nicht kommandieren wie eine Armee, aber führen kann er sie doch. Seine Führungsmöglichkeiten hängen nicht zuletzt davon ab, wie diese Leitungsbehörde funktioniert.

Die Zentrale der päpstlichen Divisionen

Ungeachtet des eigenen Selbstverständnisses, wonach sein Auftrag und seine Legitimation »nicht von dieser Welt« sind, bietet der Apparat des Heiligen Stuhls interessante »weltliche« Aspekte. Das Auffälligste an der vatikanischen Kurie ist – abgesehen von ihrem Ehrfurcht gebietenden Alter – ihre geringe Größe. Nur etwa 2000 Menschen arbeiten dort, etwa fünfmal so viele, wie der Vatikanstaat Bürger hat. Doch angesichts der Tatsache, dass die Kurie eine Weltorganisation von der Größe der katholischen Kirche leitet, ist dies nicht sonderlich viel. Wenn man ferner bedenkt, dass diese Institution außer der Leitungsfunktion im Inneren auch die Außenbeziehungen zu mehr als 170 Staaten, zu Dutzenden anderer christlicher Konfessionen sowie zu allen großen Weltreligionen pflegt, ist die vatikanische Kurie geradezu ein Musterbeispiel an Sparsamkeit. Eine einzige Zahl mag dies verdeutlichen: Das gesamte vatikanische Staatssekretariat, das als das Herzstück der Kurie gilt und unter anderem für die Beziehungen zu den Staaten zuständig ist, beschäftigt in der römischen Zentrale nicht einmal 250 Mitarbeiter, Schreibkräfte und Pförtner eingerechnet. Bei jedem mittelgroßen Staat der Welt und erst recht bei vergleichbaren internationalen UN-Behörden sind oft schon einzelne Abteilungen eines einzigen Ministeriums größer.

Die dünne Personaldecke ist in mancher Hinsicht eine Tugend: Die Herren in Schwarz kennen sich, die Wege sind kurz. Man konzentriert sich auf das wirklich Wichtige, und eine kleine Bürokratie verschlingt weniger Energien und Finanzen. Doch streckenweise wird die Personalknappheit auch zur Not. Beispielsweise fehlt es immer wieder an qualifizierten Übersetzern, so dass selbst wichtige päpstliche Texte oft nur in den drei westlichen Weltsprachen, Englisch, Spanisch und Französisch, zu haben sind. Deutsch fehlt oft, Russisch oder gar Arabisch und Chinesisch fast immer. Für eine Kirche mit weltweitem Anspruch ist dies kein Ruhmesblatt, im Zeitalter globaler Kommunikation ist es ein echtes Manko. Auf vielen Gebieten, in denen ein normaler Staat Behörden mit üppigen Beamtenapparaten oder Stabsstellen einsetzen würde, behilft sich der Vatikan mit geradezu halsbrecherischer Improvisationskunst. Ein eklatantes Beispiel sind die Papstreisen, die seit rund 40 Jahren zu den wichtigsten Instrumenten vatikanischer Außenpolitik zählen. Um sie vorzubereiten, verlässt sich der Papst auf seine Diplomaten und Bischöfe vor Ort und einen »Reisemarschall«, der fast im Alleingang die logistischen Aspekte vorbereitet. Die Gewährleistung der eigenen Sicherheit muss er mangels Personal den Geheimdiensten und Polizeikräften vor Ort überlassen, die mitreisende Leibgarde aus Vatikanpolizei und einigen zivil gekleideten Schweizergardisten wäre damit hoffnungslos überfordert. Zusätzlich assistieren je nach Weltgegend auch amerikanische oder französische Geheimdienste. Dass dennoch fast immer alles funktioniert, grenzt schon an ein Wunder.

Auch steht dem Papst für seine rastlose Reisetätigkeit in alle Erdteile nicht einmal ein eigenes Flugzeug zur Verfügung. Der Heilige Stuhl chartert die Maschinen von Fall zu Fall bei der italienischen Fluggesellschaft Alitalia und bittet die mitreisenden Journalisten kräftig zur Kasse, damit die Flüge des Papstes überhaupt finanzierbar werden. Nicht einmal eine eigene Staatskarosse schafft der Vatikan für sein Oberhaupt an – das ist aber auch nicht nötig, denn die Autobauer in Stuttgart, Turin oder Detroit schenken den Päpsten so viele Luxuslimousinen, dass der Vatikan damit ein eigenes Automobilmuseum bestücken könnte.

Dass der Heilige Stuhl sich nicht einmal ein eigenes Flugzeug für den Papst leisten kann, verrät einiges über seine Finanzkraft. Entgegen einem weit verbreiteten Vorurteil verfügt der Vatikan keineswegs über unermessliche Reichtümer – jedenfalls nicht über solche, die er flüssig machen könnte. Sein Vermögen in vermieteten Immobilien, Aktien und Anleihen wurde zur Jahrtausendwende auf rund 700 Millionen US-Dollar geschätzt. Italiens reichster Mann, der Medienzar und Politiker Silvio Berlusconi, besaß zum gleichen Zeitpunkt etwa viermal so viel. Der Jahres-Etat des Heiligen Stuhls als Weltzentrale für eine Milliarde Katholiken liegt bei jährlich rund 230 Millionen Euro, davon gehen mehr als 100 Millionen als Gehalts- und Pensionszahlungen an die Angestellten. Zum Vergleich: Der Etat allein des deutschen Außenministeriums betrug im Jahr 2000 umgerechnet etwa 2 Milliarden Euro, also fast das Zehnfache.

Die Kleinheit der vatikanischen Kurie ist eng mit einer weiteren Eigenart verbunden. Sie ist ein derart kompaktes Gebilde, dass es fremden Mächten extrem schwer fällt, in ihr Inneres einzudringen und sie auszuspionieren. Die in ihr arbeitenden Menschen sind, vor allem im gehobenen Mittelbau und in der Führungsebene, in der Regel intelligente, mehrsprachige, sorgfältig ausgebildete und hoch motivierte Geistliche. Natürlich gibt es auch im Vatikan vom ehrgeizigen Karrieristen bis zum gelangweilten Beamten mit »Dienst-nach-Vorschrift-Mentalität« alle menschlichen Stärken und Schwächen. Doch an der geschlossenen Gesellschaft aus Patres, Ordensfrauen, Monsignori, Erzbischöfen und Kardinälen haben sich die Diktatoren, von Hitler bis Honecker, die Zähne ausgebissen und konnten – abgesehen von wenigen Einzelfällen – die feste Burg hinter den vatikanischen Mauern nicht knacken. Bis heute umgibt deshalb den Vatikan eine Aura des Geheimnisvollen, Abgeschotteten und Unbegreiflichen, die nur mit der des Kreml in den Zeiten des Sowjetimperiums zu vergleichen ist. Und dies führt mitunter zu einer maßlosen Überschätzung seiner politischen Möglichkeiten und finanziellen Ressourcen.

Beinahe der beste Geheimdienst der Welt

Zum Nimbus des für Spione und Medien undurchdringlichen Machtapparats passt in der Gegenrichtung auch der legendäre Ruf der vatikanischen Informationsbeschaffung über die Außenwelt. Viele Diplomaten und Journalisten sind davon überzeugt, der Papst und sein Kardinalstaatssekretär seien die am besten informierten Staatsmänner der Erde. Dieses eigentlich positive Vorurteil nimmt vor allem bei den Feinden des Vatikans häufig groteske Züge an. Protestantische Publizisten in den USA des 19. Jahrhunderts waren ebenso wie später Hitlers Reichssicherheitshauptamt davon überzeugt, dass der Heilige Stuhl mit seinem riesigen Heer katholischer Priester über ein Netz von treu ergebenen Spionen und Informanten in fast allen Ländern verfüge. Über das geheimnisumwitterte Instrument der Beichte kenne dieser Apparat anders als jede Geheimpolizei sogar das Innenleben der Menschen. Allein die Tatsache, dass die Kirche eine weltweite, von Rom aus gesteuerte Organisation ist, macht sie in den Augen von Politikern, die nur eine einzige Nation oder ein Volk als Horizont haben, zu einem unheimlichen, krakenähnlichen Gebilde.

In Wahrheit steht es mit der Informationsbeschaffung des Heiligen Stuhls nicht zum Besten. Er nutzt sein potenzielles Netz von Spionen nicht, wie ein totalitärer Staat es nutzen würde, weil er ganz andere Interessen hat. Er unterhält auch keinen eigenen Geheimdienst wie die meisten anderen Staaten. Stattdessen verlässt er sich vor allem auf die Berichte seiner Diplomaten, die allerdings erst seit kurzem ein einigermaßen lückenloses internationales Netz bilden. Wegen der dünnen Personaldecke hängen Informationsbeschaffung, Lagebeurteilungen, Verhandlungen und letztlich auch außenpolitische Entscheidungen noch mehr als bei anderen Staaten von zufälligen persönlichen Qualitäten einzelner Diplomaten ab. Sicher kommt es gelegentlich vor, dass der Vatikan einen wichtigen Botschaftsposten mit einem Mann besetzt, dem entscheidende Qualitäten eines guten Diplomaten fehlen. Wenn sich an diesen Stellen Fehlschläge häufen, wird der wenig begnadete Nuntius rasch anderswohin versetzt und von einem fähigen »Troubleshooter« abgelöst. Beispielsweise wurde im Jahr 2003 der vatikanische Botschafter in Moskau kurzerhand ausgetauscht, als sich zeigte, dass er zu wenig »geschmeidig« war, um die Verhärtungen der russisch-orthodoxen Kirche und der staatlichen Stellen gegenüber der katholischen Kirche zu überwinden. So unflexibel und langsam die vatikanischen Mühlen oft in der kirchlichen Innenpolitik mahlen, so flexibel kann die Kurie in entscheidenden Momenten ihrer Außenpolitik sein.

In der Regel sind Vatikanbotschafter gute oder sogar sehr geschickte Diplomaten und souveräne Analytiker der politischen Lage im jeweiligen Land. Aufgrund ihrer theologischen Vorbildung als Priester bringen die meisten von ihnen außerdem eine gute Allgemeinbildung, viel geschichtliches Hintergrundwissen und mitunter auch besondere Menschenkenntnis und Einfühlungsvermögen mit. Die gründliche Ausbildung in der Päpstlichen Diplomatenakademie (gegründet 1701) ist ein weiterer Pluspunkt des ältesten diplomatischen Dienstes der Welt, dessen Wurzeln bis ins 5. Jahrhundert zurückreichen. Ihr größtes Manko ist, dass manche vatikanische Diplomaten vergleichsweise wenig von weltlichen Dingen wie Politik, Wirtschaft oder Medien verstehen, so dass ihr Blickwinkel sich mitunter zu sehr auf das rein Kirchliche verengt.

Ergänzt werden die Informationen der Nuntien durch die der Bischöfe. So, wie manche von ihnen bei der Einmischung des Heiligen Stuhls in die Innenpolitik eines Landes als verlängerter Arm des Papstes vor Ort agieren, so verhalten sich manche auch, als wären sie die Augen und Ohren der römischen Zentrale, wenn es darum geht, über kirchliche und gesellschaftliche Konflikte zu berichten. Die katholischen Oberhirten aus jedem Land der Erde sind gehalten, mindestens alle fünf Jahre einmal zur Berichterstattung in den Vatikan zu kommen. Bei diesen »Ad-limina-Besuchen« informieren sie nicht nur den Papst und das Staatssekretariat über die Lage von Staat, Kirche und Gesellschaft in ihrem Sprengel, sondern auch die übrigen Abteilungen der vatikanischen Kurie. So kann etwa die für den Dialog mit den anderen Religionen zuständige Abteilung wichtige Informationen aus dem Bericht der indischen oder der nordafrikanischen Bischöfe gewinnen. Und das Staatssekretariat wird je nach weltpolitischer Lage mit besonderem Interesse die Berichte der katholischen Oberhirten aus dem Nahen Osten studieren.

Eine in ihrer Bedeutung oft unterschätzte Informationsquelle sind auch die Berichte von Missionaren aus Gebieten der Erde, die von den Medien ignoriert werden und die der jeweilige Nuntius aus seiner Hauptstadt-Perspektive nur unzureichend kennt. Durch sie verfügt insbesondere die mächtige Missionsabteilung des Vatikans über ein schier unerschöpfliches Informationsmaterial. Dank eines wachen politischen und sozialen Bewusstseins in vielen Missionsorden beschränken sich deren Berichte bei weitem nicht mehr nur auf Angaben über die Zahl der Taufen und Spendengesuche für Kirchenbauten, sondern enthalten eine Fülle von Informationen zu politischen Fragen, über Spannungen zwischen den Religionen und über gesellschaftliche Entwicklungen. Ihr Nachteil besteht darin, dass sie mitunter zu engagiert und unausgewogen sind, so dass sie »ungefiltert« nur begrenzten Wert besitzen.

Der Vatikan und seine Medien

Ähnlich durchwachsen wie bei der Informationsbeschaffung ist im Vatikan auch die Qualität bei der Verbreitung von Informationen. Wie so oft in der Welt des Heiligen Stuhls beginnt auch hier alles mit einem Mythos: Die Propaganda, also das gezielte und planmäßige Vorgehen bei der Verbreitung der eigenen Ideen in der Welt, ist dem Namen nach eine Erfindung des Papsttums und seither hält sich die Legende, kaum eine Organisation verfüge über so gute Verbreitungskanäle für ihre Inhalte wie die katholische Kirche. 1599 gründete Papst Clemens VIII. die Behörde »De Propaganda Fide« (Zur Verbreitung des Glaubens), die den Begriff »Propaganda« erstmals in die Sprachen der Welt einführte. In Wahrheit waren es aber die Protestanten in Deutschland, die dem Papsttum in den Jahrzehnten zuvor ein Lehrstück in dieser Fertigkeit gegeben hatten: Sie nutzten die Erfindung des Buchdrucks und brachten nicht zuletzt mit ihren Flugblättern und Büchern die papstkritische Version des christlichen Glaubens rasend schnell unters Volk. Die neue »Propaganda«-Abteilung der katholischen Kirche wurde wenige Jahrzehnte später die zentrale Behörde für die katholische Mission unter den Heiden in fernen Erdteilen. Als solche war sie ungemein erfolgreich, wie die rasante weltweite Ausbreitung der katholischen Kirche in Afrika und Lateinamerika beweist. Doch die katholische Gegenoffensive zum erfolgreichen Medieneinsatz der Protestanten in Europa hat im Vatikan nie stattgefunden. Mit den »Mitteln der sozialen Kommunikation«, wie der Vatikan die Medien noch immer umständlich nennt, ist er lange Zeit dilettantisch umgegangen. Erst am Ende des 20. Jahrhunderts ist ein gewisses Maß an Professionalität in die vatikanische Medienarbeit eingekehrt, wenn auch nur in einigen Bereichen.

Der beste Kommunikator im Vatikan ist der Papst selbst. Dies gilt vor allem, aber nicht nur, für die Ära Wojtyla. Für die Medien, die im Zeitalter der Unübersichtlichkeit und Austauschbarkeit vor allem nach unverwechselbaren Figuren suchen, sind Person und Amt des Papstes ein Idealfall. Er ist einzigartig und bleibt bis ins hohe Alter im Amt, er polarisiert die Meinungen und jedem fällt etwas zu dieser Figur ein. Er ist geheimnisvoll unerreichbar und doch ein konkreter Mensch mit seinen Freuden und Leiden. Einen besseren Superstar können auch die Medien des 21. Jahrhunderts nicht erfinden. Um sein Oberhaupt medial zu »verkaufen«, braucht der Vatikan seinerseits nicht viel zu tun. Als einziger Priester-Monarch mit internationalem Ansehen ist er in der Bilder-Welt der Medien ein Selbstläufer, er verkauft sich besser als die britische Königin und der Dalai Lama zusammen.

Schon auf der Ebene unter dem Papst sieht die Sache anders aus. Da die Medienarbeit des Heiligen Stuhls lückenhaft ist, hängt hier besonders viel vom persönlichen Charisma eines Amtsinhabers ab. So blieben etwa die langjährigen Kardinalstaatssekretäre unter Johannes Paul II., Agostino Casaroli und Angelo Sodano, in den Medien stets eher diskrete, zu Unrecht unterrepräsentierte Erscheinungen. Hingegen brillierte Joseph Ratzinger, als Präfekt der Glaubenskongregation vielleicht der einflussreichste Kardinal dieses Pontifikats, in Büchern, Vorträgen und Interviews. Ähnlich wie beim Papst trug bei Ratzinger neben der persönlichen Ausstrahlung auch das geheimnisumwobene Amt, das als Fortsetzung der Inquisition gesehen wird, zu seiner erstaunlichen Medienwirkung bei.

In der zweiten und dritten Reihe der vatikanischen Behördenchefs gibt es nur wenige Kardinäle und Erzbischöfe, die auf der Klaviatur der Medien zu spielen verstehen. Nach den internen Normen der Kurie dürfen sie dies auch gar nicht, denn der Kontakt mit den Medien hat vorschriftsmäßig nur über die dafür zuständigen Organe, insbesondere über den »Päpstlichen Rat für die sozialen Kommunikationsmittel« und über das vatikanische »Presseamt« zu laufen. Beide Behörden, deren Kompetenzen sich mitunter überlagern, gestalten den Informationsfluss aus dem Vatikan nur selten nach Art eines Lautsprechers. Ihre Funktionsweise erinnert häufiger an die eines feinmaschigen Filters. Der Vatikan und seine »Pressesprecher« lassen nicht mehr nach außen dringen als unbedingt nötig. Bei Pressekonferenzen, die Kongresse oder neue Richtlinien der vatikanischen Behörden vorstellen, sind freie Fragen zu anderen Themen – etwa zu aktuellen Skandalen oder Konflikten – in der Regel erst gar nicht erlaubt. Werden sie doch gestellt, fallen die Antworten meist nichts sagend und sibyllinisch aus. Die Kommuniqués des Presseamts des Heiligen Stuhls zeichnen sich durch eine beinahe legendäre Knappheit aus, oft sind sie nur drei bis fünf Zeilen lang. Aus solchem Rohstoff müssen dann 300 ständig akkreditierte Vatikan-Korrespondenten ausführliche Berichte stricken. Durch seine tropfenweise dosierte Informationspolitik gelingt es dem Heiligen Stuhl, eine unnachahmliche Balance zwischen professioneller Öffentlichkeitsarbeit und einer Aura des Undurchschaubaren zu halten. Ein Manko solcher Medienarbeit liegt darin, dass sie viel Raum für Spekulationen schafft, die mit seriöser Berichterstattung nichts zu tun haben. Ein weiterer Nachteil ergibt sich aus dem zu großen Einfluss nicht kontrollierbarer, inoffizieller Sprecher, den dieses zurückhaltende Informationsmanagement letztlich fördert. Geschwätzige, aber eigentlich unbedeutende Monsignori werden so zu hoch geschätzten Informationsquellen, die oft genug verzerrte Darstellungen an die Medien liefern.

Bislang kennt der Vatikan nicht einmal das Amt eines persönlichen Pressesprechers des Papstes. Der langjährige Direktor des Presseamts, Joaquin Navarro-Valls, hat de facto im Laufe des Pontifikats Johannes Pauls II. die Rolle eines persönlichen Sprechers nach dem Vorbild der amerikanischen Präsidenten teilweise übernommen. Doch von Rechts wegen muss dieses Amt noch geschaffen werden, wenn der Vatikan sich den Erfordernissen der Medienwelt anpassen will.

Auch die eigenen Medien, die der Vatikan mit großen jährlichen Zuschüssen betreibt, sind nicht durchwegs auf der Höhe der Zeit. Das teuerste unter ihnen, der vielsprachige und chronisch defizitäre Radiosender *Radio Vaticana*, erzielt mit seinen Kurzwellenprogrammen zwar eine beeindruckende internationale Reichweite und kann auf die Zahl von mehr als 35 unterschiedlichen Sprachprogrammen verweisen, doch relevante Hörerzahlen erreicht er bestenfalls in einigen Gebieten Afrikas und Asiens. Wenig gelesen wird auch die italienischsprachige Tageszeitung *L'Osservatore Romano* mitsamt ihren Wochenausgaben in anderen Sprachen, darunter Englisch, Französisch, Spanisch und Deutsch. Der *Osservatore* ist eine Mischung aus aktueller Tageszeitung und wenig aufregendem Dokumentationsorgan für päpstliche Reden und Schriftstücke.

Vergleichsweise gut ist der Internetauftritt des Heiligen Stuhls. Er macht erstmals die wichtigsten päpstlichen und vatikanischen Dokumente, auch die länger zurückliegenden, allgemein zugänglich. Um seine Eigenstaatlichkeit zu unterstreichen, hat sich der

Vatikan bei der Verteilung nationaler Domains im World Wide Web rechtzeitig sein eigenes Länderkürzel .va gesichert. So haben die User in aller Welt die Garantie, dass nur dort, wo .va steht, auch tatsächlich ein offizieller vatikanischer Inhalt drin ist. Um die Reinheit und Unverfälschtheit der Lehre auch im Internet zu wahren, verzichtet der Vatikan außerdem auf seinen unter www.vatican.va zu erreichenden Seiten konsequent auf Links zu nicht vatikanischen Anbietern. Eine Schwäche der vatikanischen Internetseiten ist die geringe Zahl der angebotenen Sprachen. Wegen der schmalen Personalbasis kann das von einer amerikanischen Franziskanerin eingerichtete Internetbüro viele Texte nur in italienischer oder englischer Sprache ins Netz stellen. Wieder fehlt es an Übersetzern. Wenn der Vatikan sein erklärtes Ziel erreichen will, mit dem Internet auch bisher unzugängliche Gebiete wie China oder fundamentalistisch-islamisch regierte Staaten zu erreichen, wird er hier noch einiges investieren müssen.

Die Kurie: Viele Facetten, eine Meinung

Bei der Analyse der Strukturen an der Spitze der katholischen Kirche stößt man gleich nach dem Amt des Papstes auf das Staatssekretariat (»segreteria di stato«). Schon von seinem Namen her ist es die politischste Institution des Heiligen Stuhls. Es ist im Vatikan das einzige Amt, das von der Bezeichnung her politischen Ämtern anderer Staaten annähernd entspricht, etwa dem »secretary of state« in den USA. Doch die Namensgleichheit ist teilweise irreführend. Name und Funktion dieser Behörde sind, wie so vieles im Vatikan, das Produkt einer langen und nicht immer geradlinigen Geschichte. Der Name hält bis heute eine Erinnerung an die Zeiten lebendig, in denen der Papst über einen eigenen Staat von beachtlicher Größe herrschte, und der Kardinalstaatssekretär war damals gewissermaßen der Premierminister in diesem Staat. So, wie die völkerrechtliche Souveränität des Heiligen Stuhls auch nach 1870 von vielen Regierungen weiterhin anerkannt wurde, ist auch das Amt des Kardinalstaatssekretärs keineswegs mit dem alten Kirchenstaat untergegangen, es hat im

Gegenteil viele neue Aufgaben übernommen und an Einfluss gewonnen.

Bei Staatsbesuchen wird die wichtige Stellung des Kardinalstaatssekretärs schon allein dadurch greifbar, dass er in der Regel gleich nach dem Papst die politischen Gespräche mit dem ausländischen Gast führt. Er unterschreibt auch die offiziellen Telegramme des Papstes in dessen Auftrag, oft sind es Beileidstelegramme zu Katastrophen und Kriegen, oft inklusive politischer Proteste. Doch der Kardinalstaatssekretär macht nicht nur klassische Außenpolitik, er ist gewissermaßen auch der Regierungschef der gesamten vatikanischen Kurie. Und so kommt es, dass nur ein Teil des Staatssekretariats mit echter Außenpolitik befasst ist. Die dafür nominell zuständige Abteilung wird als »Zweite Sektion« bezeichnet, ihr Aufgabenbereich sind die »Beziehungen zu den Staaten«. Die »Zweite Sektion« hat einen eigenen Leiter (»Sekretär«), der in etwa die Funktionen übernimmt, die bei anderen Staaten ein Außenminister innehat. Doch wegen der starken Stellung des über ihm stehenden Kardinalstaatssekretärs führt dieser Sekretär nicht formell den Titel Außenminister, auch wenn er in den Medien so genannt wird. Er ist auch gar nicht der Gestalter der vatikanischen Außenpolitik, diese Aufgabe obliegt dem Kardinalstaatssekretär oder dem Papst. Um die Verwirrung komplett zu machen, bleibt die Leitung der Apostolischen Nuntiaturen in aller Welt der »Ersten Sektion« des Staatssekretariats vorbehalten. Das hat einen klaren sachlichen Grund: Die Nuntien sind nach kirchlichem Selbstverständnis nicht nur die »Botschafter«, also diplomatischen Vertreter, des Papstes in einem fremden Land, sie handeln gleichzeitig in der weltweiten kirchlichen Binnenstruktur als verlängerter Arm des Kirchenoberhaupts gegenüber den jeweiligen Ortskirchen. Wie bei jedem weltweiten Unternehmen sind »Außenpolitik« und »Konzern-Innenpolitik« eng miteinander verflochten.

So, wie die »Zweite Sektion« einen eigenen Leiter, den so genannten Außenminister, hat, untersteht auch die »Erste Sektion« einem eigenen Chef, dem »Sostituto« (Stellvertreter oder Substitut). Er vereinigt in sich die Funktionen eines »Innenministers« für die gesamte Weltkirche und eines »Kanzleramtsministers« für die vatikanische Kurie. Einige »Sostituti« im 20. Jahrhundert, etwa Kardinal Giovanni Benelli unter Paul VI., haben ihre Stellung so ausgebaut, dass sie beinahe mächtiger wurden als der Kardinalstaatssekretär, doch dies sind Ausnahmen.

Mit seiner komplizierten und nicht immer ganz spannungsfreien Dreierspitze aus Kardinalstaatssekretär, Substitut und »Außenminister« ist das Staatssekretariat die zentrale Leitungsbehörde für die gesamte Weltkirche. Sie wird unterstützt durch die verschiedenen »Kongregationen« und »Räte« der römischen Kurie, die aber letztlich ebenfalls dem Kardinalstaatssekretär unterstehen. Dieser verfügt über eine solche Machtfülle, dass der machtbewusste Papst Pius XII. nach dem Tod seines Kardinalstaatssekretärs Luigi Maglione im Jahr 1944 dessen Funktionen vorsichtshalber in Personalunion gleich mit übernahm. Doch schon sein Nachfolger Johannes XXIII. setzte wieder einen Kardinalstaatssekretär ein und die Päpste nach ihm ebenfalls.

Die übrigen Organe der Kurie sind auf den ersten Blick eher unpolitisch. Seit der letzten Kurienreform im Jahr 1988 unterscheidet man zwischen neun »Kongregationen«, die für bestimmte Bereiche der Kirche verbindliche Normen vorgeben können, drei Gerichten, die kirchenintern Recht sprechen, und elf »Räten«, deren Beschlüsse eher den Charakter wohlmeinender Orientierung haben. Bei genauerem Hinsehen haben die meisten dieser Gremien jedoch eine ganze Menge mit Politik zu tun, wenn auch eher indirekt. Am deutlichsten ist dies bei der »Glaubenskongregation«, der zentralen Ideologie-Abteilung des Vatikans. Ihre Entscheidungen zur Unvereinbarkeit von Marxismus und katholischer Lehre hatten nach dem Zweiten Weltkrieg in Europa und eine Generation später auch in Lateinamerika direkten Einfluss auf die politische Entwicklung, weil sie die Ausbreitung des Kommunismus ins katholische Lager verhinderten. Aber selbst eine so rein kirchenintern wirkende Behörde wie die »Sacra Rota« (das für die meisten Fälle einer Eheannullierung als letzte Instanz fungierende Kirchengericht) kann politische Turbulenzen auslösen, etwa wenn es die Ehe eines katholischen Monarchen nicht so rasch annulliert, wie dieser das wünscht. Im Fall Heinrichs VIII. von England hat ein solcher Vorgang den Lauf der europäischen

Geschichte spürbar beeinflusst. Heute reicht es dank der schwächeren Stellung der Monarchen nur noch für ein wenig Aufregung in den betroffenen Fürstenhäusern und vor allem für eine lebhafte Anteilnahme der entsprechenden Medien. Durchaus politisch können sich aber auch Entscheidungen der für Klerikerdisziplin zuständigen vatikanischen Klerus-Kongregation auswirken, wenn etwa Priester in der Dritten Welt im offenen Verstoß gegen geltendes Kirchenrecht politische Führungsämter übernehmen und deshalb vom Vatikan mit Kirchenstrafen belegt werden. In Nicaragua und Haiti führten derartige Vorgänge zu schweren Belastungen zwischen dem Vatikan und den jeweiligen Regierungen und hatten weit reichende Konsequenzen für die politische Entwicklung dieser Länder.

Während des Zweiten Vatikanischen Konzils (1962–1965) wurden eigene Kurienorgane (zunächst Kommissionen, später »Räte«) für die Verständigung mit anderen christlichen Konfessionen und mit den Juden sowie für den Dialog mit den nichtchristlichen Religionen geschaffen. Unter Paul VI. und Johannes Paul II. wurden diese drei religiösen Dialogschienen ausgebaut, sie sind seither ein fester Bestandteil der vatikanischen Außenpolitik. Anders als bei den Beziehungen zu den Staaten werden hier keine Botschafter ausgetauscht, sondern regelmäßige Besuchskontakte und Dialog-Kommissionen zu bestimmten theologischen Streitfragen eingerichtet. Ferner schickt der »Päpstliche Rat für den Interreligiösen Dialog« regelmäßig freundliche Grußbotschaften an die Oberhäupter muslimischer, hinduistischer oder buddhistischer Religionsgemeinschaften, wenn diese einen hohen Festtag nach ihrem jeweiligen Kalender begehen. Kein anderes kirchliches Oberhaupt unterhält ein so umfassendes und regelmäßiges Netz interreligiöser Kontakte wie der Papst, und auch dies zahlt sich politisch aus. Dass der regelmäßige Dialog zwischen der katholischen Kirche und anderen Konfessionen ein politischer Faktor werden kann, zeigen etwa die Jugoslawienkriege oder der Konflikt in Nordirland, zu dessen Entschärfung der Papst durch seine ökumenische Öffnung wesentlich beigetragen hat. Gleiches gilt für die Konflikte zwischen Christen und Muslimen, wie sie im Sudan, in Nigeria und in Indonesien schwelen.

Wenn es bereits innerhalb des Staatssekretariats überlappende Kompetenzen und verwirrende Zuständigkeiten gibt, so gilt dies auch für das Staatssekretariat in seinem Verhältnis zu den »unpolitischen« Abteilungen der vatikanischen Kurie. Überlagerungen entstehen, wenn etwa der für den ökumenischen Dialog zuständige »Einheitsrat« auf der Suche nach Verständigung mit der russisch-orthodoxen Kirche einen sanfteren Kurs fahren will als das Staatssekretariat, das gegenüber Moskau Flagge zeigen will; oder wenn der »Rat für den Interreligiösen Dialog« islamischen Vertretern gegenüber einen anderen Ton anschlägt, als dies die vatikanische Außenpolitik zur Verteidigung der Rechte der christlichen Minderheit im Sudan tut. Umgekehrt ermöglicht aber gerade die Überlagerung in einigen Fällen auch ein konzertiertes Vorgehen auf mehreren Ebenen: So kann der Vatikan-Diplomat bei der UN gemeinsam mit dem Päpstlichen Familienrat, den Experten der Sozial- und der Bioethik-Akademie und zahlreichen Bischöfen in den betroffenen Ländern an einem Strang ziehen, um gegen bestimmte Resolutionen von UN-Konferenzen Stimmung zu machen.

Ergänzt werden diese vielschichtigen Möglichkeiten seit einigen Jahren noch durch die inoffizielle »Neben-Außenpolitik«, die sich mit dem Namen der römischen Gemeinschaft »Sant'Egidio« verbindet. Die 1968 als kirchliche Basisgruppe in Rom gegründete und später von Papst Johannes Paul II. geförderte Gemeinschaft hat mit ihren mittlerweile mehr als 40 000 Mitgliedern ein weltweites Netz gesponnen, über das sie gute persönliche Kontakte zu anderen Religionen sowie zu Politikern in Krisengebieten pflegt.

Wo die offizielle Außenpolitik des Heiligen Stuhls nicht weiterkommt, springen die Krisenmoderatoren von »Sant'Egidio« ein. Am erfolgreichsten waren sie in Mosambik, wo 1992 auf ihre Vermittlung hin ein Frieden zwischen der kommunistischen Regierung und der Rebellenarmee Frelimo geschlossen wurde, der einen langen Bürgerkrieg beendete. Auch in den Bürgerkriegen im Kosovo, in Algerien und in Kolumbien ist das diskrete Netzwerk der Basis-Diplomaten tätig – wenn auch nur mit mäßigem Erfolg. Zwar ist »Sant'Egidio« kein Teil der vatikanischen Kurie, doch gehört die Gemeinschaft klar zum Umfeld der vatikanischen Außenpolitik und stimmt sich informell mit ihr ab.

Alles in allem ist die geschichtlich gewachsene Auffächerung des Kurienapparats in eine politische, mehrere kirchenintern verbindliche sowie einige »weiche« Abteilungen von Vorteil. Sie führt dazu, dass Besucher und Gesprächspartner den Vatikan als ein erstaunlich plurales Gebilde erleben, in dem unterschiedliche Personen und Behörden die Probleme von verschiedenen Blickwinkeln betrachten. Wer von seinen Vorurteilen her gewohnt ist, den Vatikan als einen monolithischen Block zu sehen, wird von solchen Begegnungen angenehm überrascht. Diese innere Pluralität, die jedoch nicht mit einem Meinungspluralismus in Grundsatzfragen zu verwechseln ist, ermöglicht dem Vatikan ein abgestuftes Handeln. Die Dialog-Räte können auf der ökumenischen und interreligiösen Ebene freundliche Gesten und Vorstöße wagen, die auf der außenpolitischen Ebene mit ihren festen protokollarischen Regeln nicht möglich wären. Der »Rat für Gerechtigkeit und Frieden« kann politische Ideal-Forderungen formulieren, die aus dem Mund des Kardinalstaatssekretärs unschicklich wären. Auf der anderen Seite kann die offizielle vatikanische Außenpolitik mit Institutionen und Personen verhandeln, die etwa für die Glaubenskongregation als Dialogpartner undenkbar sind. Vom modernen Management-Standpunkt aus betrachtet ist dieser Aufbau der Kurie zwar nicht das Optimum an innerer Logik und Effizienz. Doch letztlich ist die Vielschichtigkeit des vatikanischen Apparats, der den Papst wie ein schillernder Mantel umgibt, ein Abbild der zahlreichen, sich überlagernden Rollen des Papstes als Bischof, Staatschef, Oberster Richter und Kirchenoberhaupt.

Kapitel III

Der Vatikan mischt mit

Die Politik des Heiligen Stuhls hat nur selten etwas mit Außenpolitik zu tun, wie sie sonst zwischen Staaten üblich ist. Zwar gibt es solche Banalitäten wie Zoll- und Handelsvereinbarungen zwischen dem Vatikanstaat und dem Nachbarland Italien. Es gibt auch Abmachungen mit der EU-Kommission und der Republik Italien über die Nutzung der Gemeinschaftswährung Euro auf dem Gelände des Vatikanstaats und gelegentlich streiten italienische Gerichte mit vatikanischen Instanzen über Abwässer oder über die elektromagnetische Strahlung, die von den Sendemasten des Radiosenders *Radio Vaticana* ausgeht. Doch diese Außenpolitik des Zwergstaats macht nicht einmal fünf Prozent der politischen Aktivitäten des Heiligen Stuhls aus, der ja weit mehr ist als der Staat, in dem er seinen Sitz hat. Der Unterschied zwischen beiden Ebenen könnte krasser kaum sein: Während der Stadtstaat Vatikan ähnlich wie die Republik San Marino oder die Fürstentümer Monaco, Liechtenstein und Andorra zur Kategorie der Zwergstaaten gehört, spielt der Heilige Stuhl außenpolitisch in einer Liga mit den USA, Russland und den Vereinten Nationen. Die vatikanische Politik hat deshalb weite, letztlich globale Horizonte, woran nicht zuletzt der Segen des Papstes »Urbi et Orbi« (für die Stadt und die ganze Welt) immer wieder erinnert. Gegenstand dieser Politik sind alle Länder, in denen Katholiken leben – also nahezu die gesamte Welt. In diesen Ländern mischt sich der Heilige Stuhl mit allen ihm zu Gebote stehenden Mitteln ein, um seine ganz besonderen Ziele zu verwirklichen. Dabei nutzt er die Kirche in dem jeweiligen Staat wie einen verlängerten Arm, den er mal mehr, mal weniger effektiv als Hebel in der politischen Auseinandersetzung gebraucht.

Der Papst und der Beratungsschein

Eine Kostprobe davon, wie vatikanische Politik funktioniert, erlebte der damalige deutsche Botschafter Jürgen Oesterhelt, als er am 18. Oktober 1997 seinen Antrittsbesuch bei Johannes Paul II. machte, um sein Beglaubigungsschreiben zu überreichen. Eigentlich hatte der gestandene Diplomat nicht viel mehr als eine zeremonielle Veranstaltung erwartet, in der das Kirchenoberhaupt die guten Beziehungen zwischen Staat und Kirche in Deutschland loben würde. Doch der Papst hatte andere Sorgen. In seiner Begrüßungsrede an den Botschafter forderte er die deutsche Regierung ohne Umschweife auf, das seit der Wiedervereinigung geltende, relativ liberale Abtreibungsgesetz abzuschaffen. Er beklagte, in Deutschland rechtfertigten »breite Schichten der öffentlichen Meinung Verbrechen gegen das Leben im Namen der Rechte der individuellen Freiheit und beanspruchen unter diesem Vorwand nicht nur Straffreiheit für derartige Verbrechen, sondern sogar die Genehmigung des Staates, sie in absoluter Freiheit und unter kostenloser Beteiligung des staatlichen Gesundheitswesens durchzuführen«. Ein Beispiel dieses tief greifenden Wandels stelle »die gegenwärtige Rechtspraxis der Abtreibung« dar. Und dann wurde der Papst noch härter und formulierte: »Wer sich am Menschen vergreift, vergreift sich an Gott. Wer sich an Gott vergreift, vergreift sich am Menschen. Welch schreckliche, blutige Mauer muss hier noch im eigenen Haus eingerissen werden, damit auch den Schwächsten, den ungeborenen Kindern, ihr Recht auf Leben zuerkannt wird!«

Mit dieser offenen Kampfansage an das in Deutschland geltende Abtreibungsrecht war ein Stein ins Wasser geworfen, der in den kommenden Jahren immer weitere Kreise zog und die katholische Kirche in Deutschland in ein peinliches Dilemma brachte. Der vom Vatikan gewünschte gesetzliche Schutz für das ungeborene Leben konnte in Deutschland (anders als im benachbarten Polen) angesichts der politischen Mehrheiten nicht durchgesetzt werden: Zwar wurde die Regierung von dem katholischen Kanzler Helmut Kohl geführt, doch gab es in den Regierungsfraktionen von CDU/CSU und FDP keine Mehrheit für ein restriktives

Abtreibungsrecht, das dem Lebensschutz in aller Härte den Vorrang vor dem Selbstbestimmungsrecht der Frau gegeben hätte. Folglich konzentrierte der Heilige Stuhl seine Aktivitäten darauf, wenigstens die katholische Kirche in Deutschland auf einen Kurs zu bringen, der die Ablehnung der Abtreibung klar zum Ausdruck bringen sollte. Tatsächlich war dies keineswegs selbstverständlich. Denn in den katholischen Bistümern Deutschlands gab es, noch aus der Zeit vor der Liberalisierung des Abtreibungsrechts, kirchliche Beratungsstellen für schwangere Frauen, die eine Abtreibung in Erwägung zogen. Diese Beratungsstellen mussten nach der neuen, gesamtdeutschen Gesetzeslage von 1995 einen »Beratungsschein« ausstellen, der zu einer straffreien Abtreibung berechtigte. Die meisten deutschen Bischöfe duldeten dies, weil sie hofften, dadurch möglichst viele Schwangere zu erreichen, die noch in ihrer Entscheidung schwankten, und somit ungeborenes Leben zu retten. Aus Sicht des Papstes wurde diese Hoffnung mit einem zu hohen Verlust an Glaubwürdigkeit bezahlt. In der Öffentlichkeit konnte, so sah es jedenfalls der Vatikan, der Eindruck entstehen, die katholische Kirche würde die deutsche Gesetzeslage für die straffreie Abtreibung anerkennen und sogar brav daran mitwirken, dass diese mittels des »Beratungsscheins« in die Tat umgesetzt wird. Die »Klarheit« der kirchlichen Position musste aus Sicht des Papstes dringend wiederhergestellt werden.

Drei Monate nach seiner geharnischten Rede an den deutschen Botschafter wandte Johannes Paul II. sich mit einem Brief an die deutschen Bischöfe und forderte sie auf, zwar weiterhin schwangere Frauen in Not zu beraten, aber dabei »Wege zu finden, dass der Schein solcher Art in kirchlicher oder der Kirche zugeordneten Beratungsstellen nicht mehr ausgestellt wird«. Der Aufschrei in der Öffentlichkeit angesichts der kompromisslosen Forderung des Papstes war laut und die meisten Bischöfe sträubten sich lange, die Weisung des Papstes zu akzeptieren. Nach langem Hin und Her beugten sie sich am Ende doch und stiegen aus dem staatlichen Beratungssystem mit den umstrittenen »Beratungsscheinen« aus. Kein innerkirchlicher Vorgang der letzten 20 Jahre hat in Deutschland so viele Schlagzeilen, Medienberichte und Kommentare von Politikern ausgelöst wie dieser viel kritisierte

Schritt. Daran zeigte sich nicht nur, in welch schwierigem moralischem Dilemma sich die deutschen Bischöfe befanden, sondern es wurde auch deutlich, dass der vom Papst beklagte breite gesellschaftliche Konsens über die mutmaßliche Erlaubnis der Abtreibung tatsächlich schon weit fortgeschritten war – und dass die Aufkündigung dieses Konsenses einen hohen Aufmerksamkeitswert erzielte.

Unabhängig von der politischen oder moralischen Bewertung ist der Fall der katholischen Beratungsstellen in Deutschland ein aufschlussreiches Fallbeispiel. An ihm ist zu erkennen, wie vatikanische Politik funktioniert. Es macht deutlich, dass die Mitwirkung der Kirche im Sozialsektor eines Landes stets auch eine politische Dimension hat, und es zeigt, wie der Heilige Stuhl versucht, über den »Hebel« der örtlichen Kirche Einfluss auf die Politik in einem Land zu nehmen, wenn es um Fragen geht, die aus seiner Sicht von vitaler Bedeutung sind. Der Fall illustriert aber auch in schonungsloser Weise die Begrenztheit vatikanischer Macht: Wo die Mehrheiten im Parlament fehlen, kann der Heilige Stuhl nicht viel mehr durchsetzen als eine Protest- und Verweigerungshaltung der örtlichen Kirche. Seine einzige politische Perspektive besteht dann darin, dass dieses konsequente Verhalten langfristig die Gesellschaft aufrüttelt und zu einer anderen Politik bewegt. Wie realistisch diese Option ist oder wie lange es dauert, bis der gewünschte Effekt eintritt, ist für ihn zweitrangig, denn als jahrhundertealte Institution denkt er in sehr langen Zeiträumen und glaubt sich ewigen Werten verpflichtet.

In jüngster Zeit hat im Vatikan außerdem die soziologische These Anhänger gewonnen, dass es angesichts der immer rascheren Veränderung der kulturellen und weltanschaulichen Trends für die katholische Kirche vorteilhaft ist, sich Trends nicht anzupassen, sondern ein klar erkennbares, gleich bleibendes Profil auch dann zu behalten, wenn es derzeit nicht mehrheitsfähig ist.

Politische Ziele

Die politischen Ziele des Vatikans sind weder in einer Verfassung noch in einem Grundgesetz schriftlich festgelegt. Doch deshalb sind sie nicht weniger ehrgeizig. Sie sind so global wie die Charta der Vereinten Nationen und so missionarisch wie das Matthäusevangelium. Aus zahllosen Texten des Papstes und der vatikanischen Kurie lassen sich ihre Grundsätze destillieren. Der erste ist allgemeiner Natur: Der Heilige Stuhl tritt immer und in jedem Land für fundamentale Werte wie Frieden, Gerechtigkeit und Menschenwürde ein. Im Weiteren geht es ihm um die weltweite Ausbreitung des christlichen Glaubens, so, wie ihn die katholische Kirche versteht, damit möglichst viele Menschen in Jesus Christus ihr Seelenheil finden. Vor allem die zweite dieser Zielvorgaben wirkt auf den ersten Blick rein religiös. Doch auch sie beinhaltet eine ganze Reihe von politischen Konsequenzen. Damit verbunden ist beispielsweise, dass der Vatikan versucht, in allen Staaten der Erde umfassende Religionsfreiheit durchzusetzen, damit die Menschen und die Gemeinschaften, die dem christlichen Glauben folgen, ihre Religion überall ohne staatliche Einschränkungen aktiv ausüben dürfen. Dazu gehört aus katholischer Sicht auch das Recht, die inneren kirchlichen Angelegenheiten selbst zu regeln, insbesondere Bischöfe ohne staatliche Einmischung zu ernennen, die Priester in eigener Regie auszubilden und den Religionsunterricht in Schule und Familie selbstständig zu gestalten. Erst seit dem Zweiten Vatikanischen Konzil und der Annäherung der vatikanischen Politik an die UNO unter den Päpsten Johannes XXIII. und Paul VI. gehört zu diesen Zielen auch die Religionsfreiheit für alle anderen Glaubensgemeinschaften. Allen soll erlaubt sein, in freier Konkurrenz mit fairen Mitteln für ihre jeweilige Heilsbotschaft zu werben.

Doch der christliche Glaube ist keine in sich selbst ruhende, tatenlose Jenseitsreligion. Zu seinem innersten Wesen gehört das Gebot der Nächstenliebe, also ein Auftrag zur praktischen Wirkung in der Welt. Aus diesem Grund werden christliche Glaubensgemeinschaften wie die katholische Kirche in jedem Land der Erde beinahe zwangsläufig zu einer gesellschaftlichen Größe.

Zu den Zielen des Heiligen Stuhls gehört diese Verwirklichung der Nächstenliebe ungeachtet aller politischen Umstände. Dies bedeutete im Zweiten Weltkrieg unter anderem, das Leben von Juden und anderen Verfolgten zu retten oder Flüchtlingen und Kriegsgefangenen zu helfen. In diesem Zusammenhang hatte auch der kleine Vatikanstaat selbst als materielle Basis päpstlicher Politik eine lebenswichtige Bedeutung. Denn ohne die von den deutschen Besatzern respektierten kirchlichen Schutzzonen in Rom, die als Vatikangebiet deklariert wurden, wären Tausende von Juden, die sich dort versteckt hielten, in die Vernichtungslager verschleppt worden. Was der Heilige Stuhl damals für die Verfolgten tat, leistet die katholische Kirche heute unter anderem in den Bürgerkriegsländern Afrikas, und die Hilfswerke der Ortskirchen und des Vatikans sind auf allen Erdteilen in der Katastrophenhilfe aktiv.

Für den Heiligen Stuhl gehört zum Auftrag der Katholiken in der Welt mehr als die Hilfe in akuten Notlagen. Er setzt sich dafür ein, Strukturen zu schaffen und abzusichern, die der Kirche in möglichst vielen Ländern möglichst stabile Formen praktischer Nächstenliebe ermöglichen. So verwundert es nicht, dass die katholischen »Caritas«-Organisationen in zahlreichen Staaten zu den größten Wohlfahrtsinstitutionen gehören. Auch die »tätige Nächstenliebe« hat eine politische Dimension: Die katholische Kirche will ihre sozial nützlichen Dienste, vom Waisenhaus bis zum Aids-Hospital, selbst aufbauen und auch selbstständig leiten. Durch die schiere Größe ihres karitativen Apparats gerät sie fast zwangsläufig auch in gesellschaftliche Konflikte. So verlangt sie als Arbeitgeber von den in diesen Einrichtungen beschäftigten Menschen ein Leben nach den Regeln der katholischen Moral – was mitunter zu Doppelmoral und Scheinanpassung führt. Und die zunehmend krisenhafte finanzielle Entwicklung des Gesundheitssektors macht die Kirche als medizinisch-karitatives Großunternehmen anfällig für Fehlinvestitionen und wirtschaftliche Desaster. Weniger krisenanfällig ist hingegen das Engagement im Bildungsbereich, wo die Kirche vom frühen Mittelalter bis heute weltweit zu den stärksten Trägern gehört. Auch in Ländern mit einem funktionierenden staatlichen Bildungssystem, wie den USA, Deutschland oder

Frankreich, gehören die kirchlichen Schulen zu den begehrtesten Bildungseinrichtungen weit über die Konfessionsgrenzen hinaus. Und in vielen Staaten der Dritten Welt beginnt die typische Karriere der politisch führenden Klasse bis heute meist in einer kirchlichen Schule. Das gilt für den korrupten Diktator ebenso wie für den revolutionären Guerillaführer.

Was die Kirche für sich verlangt

Der Idealzustand der Welt aus der Sicht des Vatikans wäre gegeben, wenn die katholische Kirche von Alaska bis nach Feuerland und von Lissabon bis Pjöngjang in voller Freiheit ihren Auftrag der Glaubensverkündigung – in ihrem Sinne – und der Nächstenliebe erfüllen könnte. Bei seinem Aufenthalt in Kuba 1998 drückte Johannes Paul II. dies folgendermaßen aus: »Alles, was die Kirche für sich verlangt, stellt sie in den Dienst des Menschen und der Gesellschaft. In der Tat hat Christus ihr den Auftrag gegeben, seine Botschaft allen Völkern zu bringen und dafür braucht sie einen Freiheitsraum und die notwendigen Mittel.«

Doch die Wirklichkeit sieht anders aus. Die Zahl der Länder, in denen Religionsfreiheit ein Fremdwort bleibt, ist zu Beginn des 21. Jahrhunderts immer noch groß. In den meisten Ländern Asiens, in fast allen arabischen und in einigen afrikanischen Staaten, aber auch in Russland oder Kuba ist die Freiheit der katholischen Kirche völlig oder teilweise eingeschränkt. In anderen Ländern machen bewaffnete Konflikte ein geregeltes Nebeneinander zwischen den Religionen oder Konfessionen unmöglich.

Das Bemühen, solche Behinderungen zu überwinden, macht einen wesentlichen Teil der vatikanischen Außenpolitik aus. In Staaten, zu denen keine diplomatischen Beziehungen bestehen, ist dies natürlich schwieriger als dort, wo dem Vatikan ein Apostolischer Nuntius als Verbindungsmann zur Verfügung steht. Mitunter sind, wie das Beispiel der früheren vatikanischen Ostpolitik zeigt, langwierige und geheim geführte Verhandlungen notwendig, um wenigstens kleine Freiheiten für die örtliche Kirche durchzusetzen. In den noch übrig gebliebenen marxistisch regierten Ländern wie China, Vietnam, Laos oder Kuba ist der Vatikan auch Jahre nach dem Untergang des Kommunismus in Europa noch nicht über diese Politik der kleinen Schritte hinausgekommen. Und gegenüber dem islamischen Staat schlechthin, dem Königreich Saudi-Arabien, herrscht fast völlige diplomatische Funkstille, obwohl dort mehrere hunderttausend katholische Gastarbeiter – die meisten stammen aus den Philippinen – leben.

In anderen Ländern hingegen sind katholische Einwanderer ein wichtiges Thema für die Politik des Vatikans. Nicht ganz uneigennützig verteidigt er das Recht auf Auswanderung als ein allgemein gültiges Grundrecht. Denn zur weltweiten Ausbreitung der katholischen Kirche haben Emigranten kräftig beigetragen, weshalb sie im 19. Jahrhundert mitunter misstrauisch als eine Art »Trojanisches Pferd« des Vatikans beäugt wurden. So etwa beim Aufstieg der katholischen Kirche zur stärksten Einzelkirche in den USA mit mehr als 60 Millionen Mitgliedern, der fast vollständig auf Auswanderung und anschließender Vermehrung beruht: erst waren es die Iren, Italiener und Polen, später die Zuwanderer aus Lateinamerika. Die protestantischen Kirchen behielten in ihrer Gesamtheit zwar eine klare rechnerische Mehrheit, doch ihre Zersplitterung in Hunderte von Einzelkirchen macht ihnen ein gemeinsames gesellschaftliches Auftreten unmöglich. Ähnliche Tendenzen wie in den USA gibt es in Kanada oder Australien. Doch trotz aller Ängste der Protestanten in den betroffenen Ländern hat die katholische Kirche bislang noch nie die konfessionellen Mehrheitsverhältnisse eines Staates durch Zuwanderung vollständig auf den Kopf gestellt, dies ist ihr stets nur durch Missionierung von »heidnischen« Völkern gelungen.

Unabhängig davon, wie groß der Katholikenanteil in einem Staat ist – die Spannbreite reicht von 0,01 Prozent in der Mongolei bis zu 97 Prozent in Italien –, bemüht sich der Heilige Stuhl um eine rechtliche Absicherung für die örtliche Kirchenstruktur. Wenn möglich, tritt er in Konkordatsverhandlungen mit der betroffenen Regierung ein. Bei Erfolg erreicht er zumindest, dass die katholische Kirche als Körperschaft öffentlichen Rechts anerkannt wird und dass sie ihre internen Angelegenheiten autonom regeln kann. Im Idealfall werden ihr zusätzlich alle Möglichkeiten der gesellschaftlichen Mitwirkung von der »Caritas« über den Religionsunterricht bis hin zum Betreiben eigener Medien eingeräumt. Wirklich weit reichende Vereinbarungen gelingen in der Regel nur in Ländern, in denen die katholische Kirche aus historischen Gründen eine starke Stellung innehat, in vielen anderen Fällen muss sich der Vatikan mit Teilerfolgen zufrieden geben. Entscheidend ist aus Sicht des Heiligen Stuhls, dass die grundsätzlichen Koordinaten für die katholische Kirche stimmen. Dazu gehört, dass der Papst durch einen Apostolischen Nuntius (Vatikan-Botschafter) vertreten ist und dass ein völkerrechtlicher Vertrag (meist ein Konkordat) das Miteinander und Nebeneinander von Staat und Kirche regelt. Ein derartiger Zustand ist mittlerweile in der gesamten »Freien Welt« und in einigen Staaten Afrikas und Asiens gegeben. Doch bedeutet dies keineswegs, dass die Mitarbeiter in den entsprechenden Abteilungen des vatikanischen Staatssekretariats die Hände in den Schoß legen können. Im Gegenteil: Sobald die Grundlagen vertraglich festgeschrieben sind, geht das politische Geschäft erst richtig los. Denn der Vatikan verfolgt neben dem »strukturellen« Ziel der gesellschaftlichen Freiheit für die katholische Kirche auch eine Reihe von inhaltlichen Zielen, die, wie das Beispiel der deutschen »Beratungsscheine« zeigt, oft direkt in die Tagespolitik eines Landes eingreifen.

Diese Ziele werden, da der Heilige Stuhl keine Demokratie ist, weder auf Parteitagen diskutiert noch in Regierungserklärungen festgelegt. Meist ist es der Papst selbst, der sie vorgibt. Mitunter diskutieren auch ausgewählte Bischöfe aus allen Teilen der Erde (die so genannte Bischofs-Synode) oder die rund 150 Kardinäle der katholischen Kirche über solche Zielvorgaben. Im Laufe des 20. Jahrhunderts haben sich die Anlässe und Formen der Bekanntgabe politischer Leitlinien im Vatikan verändert. Zu Zeiten von Pius XII. und Johannes XXIII. waren insbesondere die päpstlichen Radioansprachen zu Weihnachten eine Gelegenheit zu grundsätzlichen Aussagen. Ein weiteres wichtiges Datum war die alljährliche Ansprache an das Kardinals- und Kurien-Kollegium. Daneben gab es das althergebrachte Mittel der päpstlichen Rundschreiben (Enzykliken), eine Art Hirtenbrief des Papstes an alle katholischen Gläubigen. Unter Paul VI. und Johannes Paul II. sind neue Formen hinzugekommen, während andere, wie die traditionelle Radioansprache, an Bedeutung verloren haben. So wurde das an jedem Sonn- und Feiertag zur Mittagsstunde vom Papst öffentlich gehaltene Angelusgebet immer mehr zu einem Anlass für politische Appelle, die unter Johannes Paul II. mitunter auch zu politischen Kampagnen ausgebaut wurden. Beispiele sind der polnische Freiheitskampf, die UN-Konferenz in Kairo 1994, die Golfkriege und die Debatte um die EU-Verfassung anlässlich der Erweiterung der Union im Jahr 2004.

Seit der Einführung des alljährlichen »Weltfriedenstages« durch Paul VI. im Jahr 1968 ist auch dieses Datum von den Päpsten zum Anlass für die Verkündigung einer programmatischen politischen Botschaft genutzt worden, die zudem schriftlich allen Regierungen der Welt übermittelt wird. Ein weiterer Termin ist die wiederkehrende Neujahrsansprache des Papstes an das Diplomatische Corps, die immer mehr den Charakter einer »Regierungserklärung« erhält und mit ihrem weiten Horizont durchaus mit den Reden des US-Präsidenten zur Lage der Nation vergleichbar ist. Die größte Medienwirksamkeit haben hingegen die vom Fernsehen in alle Erdteile übertragenen Ansprachen des Papstes zu Weihnachten und zu Ostern, wobei letztere in der Regel konkrete politische Aussagen enthält.

Durch die umfangreiche Reiseaktivität des Papstes in den vergangenen 25 Jahren ist noch ein weiteres Element hinzugekommen: Bei jedem seiner »Pastoralbesuche« im Ausland spricht er in Predigten und Ansprachen neben rein religiösen meist auch die politischen Themen an, die der Kirche im jeweiligen Land besonders am Herzen liegen.

Unflexibel und zäh

Es gehört zu den Besonderheiten der vatikanischen Politik, dass ihre ideologische Grundlage – anders als die von Parteien oder Regierungen – nahezu unveränderlich ist: Letztlich sind es die Zehn Gebote aus dem Alten Testament, die in den Evangelien überlieferten ethischen Grundsätze Jesu und schließlich die jahrhundertealte Lehrtradition der katholischen Kirche. Dieses Fundament erlaubt einem Papst, sofern er seine Vorgaben ernst nimmt, nur in sehr begrenztem Umfang neue Ideen. Trotzdem ändern sich die Themen vatikanischer Politik über die Jahre erheblich. Der Vatikan reagiert auf aktuelle politische Herausforderungen, wobei er allerdings viel weniger sprunghaft ist als weltliche Regierungen, die unter dem Druck der Opposition und der Medien fast täglich eine »neue Sau durchs Dorf treiben« müssen. Zu den politischen »Dauerbrennern« der katholischen Kirche in den vergangenen 35 Jahren gehören der Schutz der Familie und die Verteidigung des menschlichen Lebens.

Diese beiden Politikfelder waren keineswegs schon immer die vorherrschenden Themen, auch wenn ihre Grundlagen – das vierte, fünfte und sechste Gebot – keine Erfindungen der Neuzeit sind. Die Fixierung darauf kam zustande, als die Kirche Mitte der 1960er-Jahre auf einige von den USA nach Europa und später auch auf andere Kontinente überschwappende Trends reagierte. Diese Trends bedrohten den Bestand der stabilen, traditionellen Familie, die nach katholischer Auffassung nicht eine, sondern die Urzelle menschlicher Gesellschaft ist. Und sie stellten die von der Kirche gelehrte Heiligkeit und Unverfügbarkeit des menschlichen Lebens in Frage. In beiden Bereichen führt der Vatikan seither einen zähen, aber wenig erfolgreichen Abwehrkampf.

In der Gesetzgebung zum Thema Ehe und Familie versucht er schon seit längerem die sich ausbreitende Scheidungsmentalität zu bremsen. Seit einigen Jahren neu hinzugekommen ist der Kampf gegen die Ablösung der gesellschaftlichen Institution der Ehe durch neue Formen des Zusammenlebens wie »eheähnliche Gemeinschaften« und die »Homosexuellen-Ehe«. Hier bewegt sich der Vatikan mit seinen Stellungnahmen an der Schnittstelle von Religion, gesellschaftlicher Tradition, Ethik, Politik und Recht. Sein Problem ist, dass in vielen westlichen Ländern die überlieferte, letztlich aus der Religion stammende Moral nicht mehr selbstverständlich als Grundlage für die Rechtsordnung im Bereich Familie akzeptiert wird.

Der Papst vertritt hingegen die Überzeugung, dass Gesetze

nicht einfach an eine gesellschaftliche Praxis angepasst werden dürfen. Er glaubt, dass gesetzliche Verbote sich an den Vorgaben des »Göttlichen Gesetzes« orientieren müssen, wenn sie einen positiven Einfluss auf das sittliche Empfinden der Menschen haben sollen. Aus der Sicht einer pluralistisch-freiheitlichen Position nähert er sich mit diesem Denken dem religiösen Fundamentalismus anderer Glaubensgemeinschaften, etwa des Islam, an.

Noch kompromissloser als im Bereich Familie engagiert sich der Vatikan beim Thema Lebensschutz. Hierzu gehört das Dauerthema Abtreibung sowie in jüngster Zeit die künstlichen Fortpflanzungstechnologien und die Technik des »Klonens« von Embryonen. Bei diesen Themen tritt die katholische Kirche als Verteidiger von Werten auf, die nicht nur zum Kern ihrer Morallehre gehören, sondern von denen nach ihrer Überzeugung der Fortbestand der zivilisierten Menschheit abhängt. Wenn er den Schutz des Lebens bedroht sieht, engagiert sich der Vatikan mit besonderem Nachdruck. So hat er seit längerem eine Kampagne gegen die neuen Fortpflanzungstechnologien von der Reagenzglas-Zeugung bis zum Klonen begonnen. Um seine politischen Schlachten an dieser für ihn wichtigen Front nicht bloß mit der Kraft seiner Überzeugung, sondern mit den bestmöglichen Argumenten auf dem Gebiet der Biologie, der Medizin und der Rechtswissenschaft führen zu können, hat Johannes Paul II. 1994 die »Päpstliche Akademie für das Leben« in Rom gegründet. In dieser »Denkfabrik«, die von einer eigenen Stiftung finanziert wird, arbeiten Wissenschaftler unterschiedlicher Nationalitäten und Glaubensüberzeugungen zusammen, um den Vatikan mit Argumenten auf den Feldern Bioethik, Abtreibung, Euthanasie, Gentechnik und dergleichen mehr zu beliefern.

Wenn sich der Vatikan intensiv für den Lebensschutz einsetzt, hat dies stets auch Auswirkungen auf nationale politische Prozesse. Natürlich fallen diese Versuche in solchen Ländern besonders massiv aus, wo die katholische Kirche über großen gesellschaftlichen Einfluss verfügt. In Ländern wie Irland, Polen oder Portugal ist sie in der Lage, Mehrheiten im Parlament oder bei Volksabstimmungen gegen liberale Abtreibungsgesetze zu mobilisieren. Auch in einigen Ländern Lateinamerikas verhinderte sie die strafrechtliche Freigabe der Abtreibung. Allerdings kommt es hier seltener zu offenen Kampfabstimmungen: Oft genügt bereits die Drohung der örtlichen Kirchenhierarchie mit massivem Widerstand, um die politische Führungsschicht von entsprechenden Gesetzesvorhaben abzubringen. Aber auch in Staaten, in denen die Katholiken nur eine Minderheit bilden, wie etwa in den USA, in Großbritannien oder im vereinten Deutschland, ist konzertierte Lobbyarbeit der Bischöfe für den Lebensschutz in Abstimmung mit dem Vatikan keine Seltenheit.

Mal rechts, mal links

Seit in den meisten Ländern Europas große katholische Parteien wie einst das »Zentrum« in Deutschland oder die »Democrazia Cristiana« in Italien verschwunden sind, fehlt dem Vatikan ein wichtiger Verbündeter, um auf die nationale Politik Einfluss zu nehmen. Auch in Lateinamerika gibt es Parteien dieses Typs nur selten und in den USA sind Katholiken mittlerweile in beiden großen Parteien beheimatet. Seit einigen Jahren verfolgt der Heilige Stuhl daher einen neuen Ansatz. Er versucht, die katholischen Politiker, die sich in mehreren Parteien des politischen Spektrums ihre jeweilige Nische gesucht haben, bei wichtigen Themen zu einer einheitlichen Linie zu bringen. Außer in den Appellen und Rundschreiben des Papstes geschieht dies verstärkt durch spezielle Schreiben der Römischen Glaubenskongregation. Mit dem Anspruch verbindlicher Autorität versucht sie den katholischen Politikern in allen nationalen Parlamenten der Erde klare Leitlinien vorzugeben. Sie beschränkt sich dabei nicht nur auf Grundsatzappelle der Art, dass katholische Politiker gegen die Liberalisierung von Abtreibung oder Euthanasie stimmen sollen, sondern sie geht auch auf Fragestellungen mit politisch-taktischer Bedeutung ein. Ein solcher Versuch war die »Lehrmäßige Note zu einigen Fragen über den Einsatz und das Verhalten der Katholiken im politischen Leben« vom November 2002. In ihr erklärt es die Glaubenskongregation für erlaubt, dass ein katholischer Politiker bei der Entscheidung zwischen einem völlig liberalen und einem eingeschränkt liberalen Abtreibungsgesetz für das Letztere stimmen darf, wenn damit das größere Übel einer völligen Freigabe der Abtreibung verhindert werden kann.

Die öffentliche Wahrnehmung vatikanischer Stellungnahmen auf gesellschaftspolitischem Gebiet ist ungeachtet solcher Feinheiten in vielen Ländern eher holzschnittartig und von Polemik geprägt. Vor allem in Staaten, die sich wie Teile Italiens oder manche Länder Lateinamerikas erst im 19. Jahrhundert aus einer kirchlichen Bevormundung in der Politik gelöst haben, werden derartige Vorgaben von Liberalen und Linken scharf kritisiert: Sie erscheinen als Versuch des Vatikans, die pluralistische Gesellschaftsordnung in Frage zu stellen und die eigenen katholischen Wertvorstellungen ganzen Staaten aufzuzwingen. In anderen Ländern, vor allem im angelsächsischen Raum, führen solche Politik-Richtlinien zu einem Aufschrei in Medien und Parteien, weil der Vatikan sich offen zu konservativen Positionen bekennt, die nicht mehr als »politisch korrekt« gelten – etwa wenn er die Politiker zur Ablehnung der »Homosexuellen-Ehe« oder der »Pille danach« auffordert. Der Vatikan legt jedoch in seinen Stellungnahmen zu diesen Themen Wert auf die Feststellung, dass es sich nicht nur um konfessionell-katholische, sondern um allgemein gültige Grundsätze handle. Diese sind nach katholischer Überzeugung aus dem Naturrecht abzuleiten und können auch von Nichtkatholiken geteilt werden. Tatsächlich findet die katholische Kirche bei diesen Themen immer wieder Verbündete auf der rechten Seite des politischen Spektrums, etwa in fundamentalistisch-evangelikalen Kreisen in den USA.

Ganz anders sortieren sich die Reaktionen auf die vatikanische Politik, wenn sich Papst und Kirche öffentlich zu »sozialen« Themen äußern. Wenn ein Bischof in einem Hirtenwort den Abbau von Arbeitsplätzen in seiner Region infolge der Schließung eines großen Industriebetriebs kritisiert oder neue Initiativen gegen die Arbeitslosigkeit fordert, erhält er für solche »linken« Äußerungen in der Regel viel Beifall auch von Kreisen, die nicht zur Kirche zählen. Ähnliches gilt, wenn der Papst oder das »Sozialministerium« des Vatikans, der von Paul VI. gegründete »Rat für Gerechtigkeit und Frieden«, die schrecklichen Auswirkungen der Verschuldung der Dritten Welt beklagt und mehr Solidarität für die ärmsten Länder anmahnt. All diese sozialpolitischen Äußerungen fußen letztlich auf der von Leo XIII. mit seiner Enzyklika *Rerum novarum* begründeten Soziallehre der katholischen Kirche. Ausgehend von der Annahme, dass der Mensch im Zentrum der Wirtschaft steht, lehnt sie – ähnlich wie der Marxismus – die Vergötzung des Markts und den Vorrang des Kapitals vor der Arbeit ab. Auf der anderen Seite distanziert sie sich vom Menschenbild des Kommunismus und von der Staatswirtschaft sozialistischer Prägung. Sie verteidigt das Privateigentum, fordert aber gleichzeitig dessen gerechte Verteilung und Solidarität mit den Schwächeren. Abgesehen von diesen eher allgemeinen Vorgaben sind die Inhalte der katholischen Soziallehre seit ihrem Entstehen vor gut 100 Jahren in einem ständigen, für vatikanische Verhältnisse geradezu dynamisch schnellen Wandlungsprozess begriffen.

Im Unterschied zum Koran enthält das Neue Testament nämlich keine klaren Aussagen über sozial- und wirtschaftspolitische Fragen. Und die kirchliche Lehrtradition aus Spätantike, Mittelalter und Barock bietet ebenfalls wenig, was auf die heutige Gesellschaft überhaupt anwendbar wäre. Deshalb ist die Kirche auf diesem Gebiet vergleichsweise frei und kreativ in der Entwicklung ihrer Positionen. Dennoch hinkt sie mit ihren Stellungnahmen meist ein gutes Stück hinter der politischen und wirtschaftlichen Realität hinterher. Als Grundlage für das Wahlprogramm einer christlichen Partei taugt sie deshalb nur bedingt. So erkannte die Enzyklika *Rerum novarum* mit einer Verspätung von einigen Jahrzehnten die Rechte der Arbeiter an. Ähnliche Verspätungen sind auch heute noch zu beobachten: Zu Beginn des 21. Jahrhunderts fehlen noch immer päpstliche Lehrschreiben zu so wichtigen Themen wie Ökologie oder Globalisierung. Das Hinterherhinken im Angesicht der sozialpolitischen Tagesaktualität hat freilich auch seine Vorzüge: Es gibt dem Papst und seinen Beratern Zeit, ein Problem gründlich, von vielen Seiten und auch mit dem gebührenden Abstand zu reflektieren, bevor er sich dazu verbindlich äußert. Angesichts seiner weltweiten Verantwortung ist dies nicht immer die schnellste, aber auch nicht die schlechteste Methode, zu gut durchdachten politischen Grundsätzen zu kommen.

ZWEITER TEIL

Wie der Vatikan zu seiner Macht kam

KAPITEL I

Der Weg zur staatlichen Anerkennung

Die heute selbstverständliche weltweite Aktivität der päpstlichen Diplomaten und die starke Stellung der vatikanischen Kurie waren noch vor gut 100 Jahren kaum vorstellbar. Nach 1870 lag das Papsttum politisch am Boden. Es hatte seinen Staat verloren und sein internationaler Einfluss ging gegen null. Das Überraschendste an der heutigen starken Stellung des Vatikans ist die kurze Zeit, in der sich das Papsttum von diesen schweren Rückschlägen erholt hat. Wie tief unten die Päpste anfangen mussten, bevor sie sich wieder auf die Ebene der Weltmächte hocharbeiteten, zeigt ein historischer Rückblick, der mit der politischen Isolation eines Papstes an einem Pfingstsonntag beginnt.

Comeback in schwierigen Zeiten

Das Pfingstfest des Jahres 1889 fiel auf den 9. Juni. Pfingsten ist der Tag, an dem die katholische Kirche das Herabkommen des Heiligen Geistes auf die Apostel und damit gewissermaßen ihre eigene Geburtsstunde feiert. In der katholischen Liturgie ist es daher ein besonders festlicher Tag. Doch dieser spezielle Pfingstsonntag ging in die Annalen des Heiligen Stuhls als ein Tag voller Schmach ein. Papst Leo XIII. stand im 80. Lebensjahr, einem Alter, das vor ihm nur wenige Päpste erreicht hatten. Ohne Rücksicht auf seine angeschlagene Gesundheit harrte der greise Pontifex mit eisernem Willen den ganzen Tag lang unter freiem Himmel an der Statue des Apostels Petrus auf dem Petersplatz aus. Trotz des Festtags fastete das hagere Kirchenoberhaupt adliger Herkunft bis zur Nacht und betete. Ein stummer Protest gegen das, was in kaum zwei Kilometern Entfernung im Zentrum der

Ewigen Stadt geschah: Dort wurde unter dem Jubel einer antikirchlich gesinnten Menge auf dem Platz Campo de' Fiori ein Denkmal für jemanden enthüllt, der aus der Sicht der Kirche das genaue Gegenteil des Heiligen Geistes verkörperte. Gemeint ist der im Jahr 1600 an gleicher Stelle hingerichtete Ketzer und Freidenker Giordano Bruno. Der Bildhauer Ettore Ferrari, ein führender Freimaurer, hatte es geschaffen. Und ein von antiklerikalen und papstfeindlichen Kräften geführter Stadtrat, dem auch Ferrari angehörte, hatte seine Errichtung beschlossen. Zuvor war es bei Demonstrationen in Rom wiederholt zu handgreiflichen Auseinandersetzungen zwischen Befürwortern und Gegnern des Monuments gekommen.

Der Papst, dessen Vorgänger Pius IX. noch Alleinherrscher über Rom und den Kirchenstaat war, versuchte mit allen Mitteln zu verhindern, dass inmitten der »Heiligen Stadt« der Ketzerei ein Denkmal gesetzt wurde. Die Sache war auch für die Gegner des Papsttums weit über Rom und Italien hinaus von hohem Symbolwert. Eine merkwürdige internationale Allianz von Intellektuellen, darunter die Schriftsteller Ferdinand Gregorovius, Victor Hugo und Henrik Ibsen, der Biologe Ernst Haeckel und der Anarchistenvordenker Michail Bakunin, hatten Geld für das Projekt gesammelt. Der Papst und seine wenigen Getreuen standen, so schien es, beinahe allein gegen den Rest der Welt. Ungläubig nahmen die Römer die Machtlosigkeit des Papstes zur Kenntnis. Drohungen und Bannflüche waren wirkungslos verhallt, der Pontifex Maximus wählte daher eine beinahe modern anmutende Form des Protests: das öffentliche Fasten und Schweigen eines politisch Unterlegenen. Der ungewöhnliche päpstliche Fasttag konnte die Enthüllung des Denkmals auf dem Campo de' Fiori nicht verhindern, im Gegenteil: Nach der Enthüllungszeremonie zogen Tausende von Freimaurern und Antiklerikalen durch die Stadt und riefen: »Nieder mit dem Papst!«

Trotz dieser scheinbaren Niederlage war der Pfingstsonntag des Jahres 1889 nicht nur ein düsterer Tag für den Vatikan. Denn mit ihm bahnte sich eine Wende an. Neben dem Hass auf das Papsttum gewann durch die stumme Protestaktion des Papstes in Rom ein Gefühl des Respekts für den Nachfolger des Apostels Petrus Raum. Dass er – trotz des Verlusts seiner weltlichen Macht – seinen moralischen Anspruch als Kirchenoberhaupt nicht aufgab, beeindruckte nicht nur die Anhänger, sondern auch manchen Gegner.

Auch in der internationalen Politik hatte Leo XIII. mit vielen Widrigkeiten zu kämpfen, doch er blieb zäh. Mit geschickter Diplomatie setzte er Akzente, um dem Papsttum wieder ein wenig von seiner weltweiten Bedeutung zu verschaffen. Er musste einen Ausweg aus der Sackgasse finden, in die sein Vorgänger Pius IX. nach dem Verlust des päpstlichen Staatsgebiets geraten war. Im Deutschen Reich tobte der »Kulturkampf« Bismarcks gegen die katholische Kirche. Leo wollte verhindern, dass die katholische Kirche in der aufsteigenden Großmacht Deutschland an den Rand der Gesellschaft gedrängt wurde. Als Bismarck zu erkennen gab, dass auch er aus pragmatischen Gründen an einer weiteren Zuspitzung des Streits nicht interessiert war, wirkte der Papst mäßigend auf die katholischen Bischöfe in Deutschland und auf die katholische Zentrumspartei ein. Der Konflikt wurde durch gegenseitige Zugeständnisse entschärft. 1882 wurde erneut eine preußische Gesandtschaft »beim Heiligen Stuhl« eingerichtet – ein wichtiger Teilerfolg für die Bemühungen des Papstes um internationale Respektabilität. Nicht das Deutsche Reich, aber immerhin sein führender Teilstaat nahm diplomatische Beziehungen mit einer Institution auf, die über keinen eigenen Staat mehr verfügte.

Der preußische Gesandte war ein willkommener Neuzugang im kleinen Corps der Diplomaten beim Heiligen Stuhl. Dieser hatte zwar nach dem Untergang seines Staates Beziehungen zu rund einem Dutzend Staaten aufrechterhalten können, darunter waren aber nur wenige bedeutende wie etwa Frankreich oder Österreich-Ungarn. Bismarck, dem nicht an einem dauerhaften »Krieg« mit der großen katholischen Minderheit im Deutschen Reich gelegen war, empfand persönliche Sympathien für den willensstarken Intellektuellen auf dem Papstthron. Als großherzige Geste bot er dem Heiligen Stuhl 1885 die Vermittlerrolle im deutsch-spanischen Konflikt um die Karolinen-Inseln im fernen Pazifik an. Tatsächlich wurde der Streit aufgrund eines weisen

Schiedsspruchs des Papstes friedlich beigelegt. Für kurze Zeit träumte Leo XIII. von der Rückkehr der »guten alten Zeit«, in der Päpste von den weltlichen Mächten als oberste Schiedsherren anerkannt und verehrt wurden. Bestärkt wurde er in dieser Illusion durch die Visite des protestantischen deutschen Kaisers Wilhelm II., der am 12. Oktober 1888 bei einer Italienreise dem Papst einen Besuch abstattete. Das Ereignis besiegelte feierlich die Aussöhnung zwischen Deutschland und dem Vatikan.

Fortschritte an anderen »Fronten« machten dem Papst ebenfalls Mut. Seine 1891 veröffentlichte Sozial-Enzyklika *Rerum novarum* verschaffte dem Papsttum unter den Führern der Arbeiterbewegung erstmals einen – wenn auch sehr begrenzten – Respekt. Der Papst verdeutlichte mit diesem Lehrschreiben, dass die Kirche keineswegs eine Verbündete des Adels und der Ausbeuterklasse sei, sondern die legitimen Ansprüche der Arbeiter unterstütze. Erfolge gab es auch in Russland und in den USA. So erreichte Leo XIII. in Verhandlungen mit dem Zaren einige Zugeständnisse für die unterdrückten Polen und verhinderte den kulturellen Untergang der polnischen Nation. In der heranwachsenden Großmacht USA gewann die katholische Kirche Ende des 19. Jahrhunderts an Gewicht. Dort arbeitete sich die von der protestantischen Mehrheit verachtete Einwandererkonfession irischer, polnischer und italienischer Habenichtse unter Leos Führung allmählich zu einer respektierten Kirche mit eigenem Kardinal (in Baltimore) und einer eigenen Universität (in Washington) empor. Doch zur Aufnahme diplomatischer Beziehungen reichte es nicht. Zu stark blieben die Vorbehalte der protestantischen Mehrheit.

So war es kein Zufall, dass Leo XIII. bei seinen Bemühungen um ein neues internationales Gewicht des Papsttums in den USA Schiffbruch erlitt. Angespornt vom Erfolg in der Karolinen-Krise, versuchte er auch im Konflikt zwischen Spanien und den USA um die Karibikinsel Kuba im Jahr 1898 zu vermitteln. Da er in Washington keinen Nuntius hatte, beauftragte er den Erzbischof von Saint Paul, John Ireland, der sich guter Kontakte zum amerikanischen Präsidenten William McKinley rühmte, mit der heiklen Mission. Der Versuch scheiterte kläglich, nicht zuletzt, weil

Ireland als Person mit der Aufgabe überfordert war. Der Krieg ließ sich nicht mehr verhindern, Spanien verlor Kuba.

Ebenso frustrierend verliefen die Bemühungen des Heiligen Stuhls, im folgenden Jahr zur ersten internationalen Abrüstungskonferenz nach Den Haag eingeladen zu werden. Sie war vom russischen Zaren Nikolaus II. angeregt worden, weil sich in Europa die Wolken eines großen internationalen Konflikts fern am Horizont zusammenballten. Für Leo XIII. und seinen politisch denkenden Kardinalstaatssekretär Mariano Rampolla war die Konferenz die ideale Gelegenheit für ein glanzvolles Comeback des Heiligen Stuhls auf die Schaubühne der Weltpolitik. Es verstand sich von selbst, dass das Königreich Italien dies mit aller Kraft zu verhindern suchte. Es hatte begründete Ängste: Wenn der Heilige Stuhl erst einmal als gleichberechtigter Gesprächspartner an einer solchen Konferenz teilnehmen würde, wäre es nur eine Frage der Zeit, bis das Thema der staatlichen Souveränität des Papstes vor dem internationalen Forum erörtert würde. Das musste Italien um jeden Preis vermeiden. Der Papst seinerseits setzte alles daran, die übrigen Mächte so zu beeinflussen, dass sie sich über den Widerstand Italiens hinwegsetzten und den Heiligen Stuhl trotzdem einluden. Leo XIII. hatte damit keinen Erfolg – unter anderem deshalb, weil er keinen Einfluss auf die wirklich wichtigen Mächte hatte. Ausschlaggebend war die Ablehnung Deutschlands, das Rücksicht auf Italien nahm. Hilflos musste Leo mit ansehen, wie die Einladungen an die Mächtigen verschickt wurden und er selbst leer ausging. Er hatte nicht einmal einen Nuntius in Moskau oder Berlin, um für sein Anliegen zu werben. Und das Königreich Italien betrachtete er ohnehin noch immer als unrechtmäßigen Besatzer des Kirchenstaats.

Trotz seiner unübersehbaren Position der Schwäche genoss Leo Achtung bei Staatsoberhäuptern und Regierungschefs seiner Zeit. Ein Mann, der in Rom nicht einmal die Errichtung einer Ketzer-Statue verhindern konnte und als Souverän ohne Staat und Volk in den Vatikangärten wie ein Gefangener spazieren ging, wurde von ihnen mit Hochachtung für seine Person und für die uralte Institution, die er repräsentierte, behandelt. Freilich erschöpften sich die Respektbekundungen oft in freundlichen Gesten. Seine Machtlosigkeit war auch auf der praktischen Ebene unübersehbar: Die päpstliche Bautätigkeit musste Leo auf das winzige Gebiet beschränken, in dem ihn die italienische Regierung als eine Art Dauergast duldete. Zu seiner Unterhaltung ließ er sich einen kleinen Zoo und einen Weinberg in den Vatikangärten anlegen. Den Bau der Benediktiner-Abteikirche Sant'Anselmo auf dem wenige Kilometer entfernten Aventin-Hügel (1892–1896) konnte er nur durch ein Fernglas mitverfolgen. Dennoch wurde der erste große, weithin sichtbare Kirchenbau in Rom nach dem Untergang des alten Kirchenstaats zu einer Genugtuung nach der Niederlage. Der Papst ließ die besten Baumeister und die kostbarsten Materialien kommen. Alle sollten sehen, dass die Heilige Römische Kirche noch lange nicht am Ende war.

Der Erste Weltkrieg als Bewährungsprobe

Nach und nach setzte sich im Vatikan die Erkenntnis durch, dass es sinnlos war, im Schmollwinkel der Geschichte zu verharren. Schon bald zeigte sich, dass der Papst die katholische Kirche eigentlich auch ganz gut ohne seinen alten Staat leiten konnte. Manches funktionierte jetzt sogar besser als früher, als der Heilige Vater einen Großteil seiner Energie damit vergeudete, Bauprojekte umzusetzen, Steuern einzutreiben, Aufstände im Inneren niederzuschlagen und Kriege nach außen zu führen. Doch von dieser Einsicht bis zur Preisgabe jahrhundertealter Rechtsansprüche war es noch ein weiter Weg. Erst mussten die katholische Kirche und das Papsttum in der Welt der Moderne Fuß fassen.

Zur inneren Stabilisierung der Kirche trug nach Leos Tod im Jahr 1903 als erster Papst des 20. Jahrhunderts Pius X. (1903–1914) einiges bei. Im Gegensatz zu seinem Vorgänger war er alles andere als ein geschickter Außenpolitiker. 1904 nahm er sogar den Bruch der diplomatischen Beziehungen mit Frankreich in Kauf, indem er einen Besuch des französischen Präsidenten beim italienischen König als feindseligen Akt auffasste und sich weigerte, den Präsidenten anschließend zu empfangen. Doch der undiplomatische Papst gab der katholischen Kirche die nötige Geschlossenheit, aus der heraus der Vatikan schon wenig später eine neue weltpolitische Rolle einnehmen konnte. Beim Konklave, aus dem er als Sieger hervorging, hatte es noch eine massive Einmischung einer weltlichen Großmacht gegeben: Kaiser Franz Joseph von Österreich legte ein Veto gegen den allgemein favorisierten Kandidaten, Kardinalstaatssekretär Rampolla, ein, der als zu frankreichfreundlich galt. Schon bald nach seiner Wahl sorgte Pius X. dafür, dass es solche Einmischungen nicht mehr gab: Per Erlass verbot er anderen Staaten Eingriffe in die Papstwahl für immer und festigte damit die politische Unabhängigkeit des Papsttums.

In der kirchlichen »Innenpolitik« brachte der erzkonservative Papst die Katholiken weltweit durch Betonung der »reinen Lehre« gegen alles moderne Gedankengut stramm auf Kurs. Aus den Auseinandersetzungen mit dem »Modernismus«, den der Papst mit beinahe diktatorischer Härte führte, ging die katholische Kirche trotz mancher Proteste von innen und von außen in kompakter Stärke hervor. Der Preis war hoch: Katholizismus und Moderne standen sich nach dieser konservativen Rosskur, bei der selbst die innerkirchlichen Denunzierungsmethoden der mittelalterlichen Inquisition gegen Abweichler wieder auflebten, unversöhnlich gegenüber. Dennoch schien der Erfolg dem letzten 100-prozentigen Antimodernisten auf dem Papstthron Recht zu geben. Die Zahl der Priester- und Ordensberufungen stieg, zugleich vervielfachte Pius X. die katholische Missionstätigkeit in Übersee. Am Ende seiner Amtszeit war ein Heer von 12 000 Missionaren und fast 20 000 Missionsschwestern in Afrika, Asien, Ozeanien und Lateinamerika unterwegs. Sie waren besser ausgebildet als ihre Vorgänger in früheren Jahrhunderten. Die katholische Kirche setzte zum Sprung an, um von einer noch immer überwiegend europäischen zu einer weltweiten Organisation zu werden. Sie schuf die Voraussetzungen, um in vielen Teilen der Erde nach dem Rückzug der europäischen Kolonialmächte deren Erbe anzutreten – ganz ähnlich, wie sie einst in Europa das Imperium Romanum beerbt hatte. Die Auswirkungen sind vor allem in Lateinamerika bis heute sichtbar: Mehr als 100 Jahre nach dem Ende der letzten iberischen Kolonialbesitzungen ist die spanisch-

oder portugiesischsprachige katholische Kirchenhierarchie dort ein kultureller und politischer Machtfaktor ohnegleichen.

Die Rückkehr auf die Bühne der Weltpolitik vollzog der Vatikan schon bald nach dem Tod Pius' X. unter dem Adligen und Diplomaten Benedikt XV. (1914–1922). Er wurde wenige Wochen nach dem Ausbruch des Ersten Weltkriegs gewählt und er nutzte die schwierige historische Stunde, um dem Papsttum wieder internationale Geltung zu verschaffen. Als die europäischen Mächte sich im Ersten Weltkrieg gegenseitig zerfleischten, wurde der Papst zu einer von allen Seiten gesuchten Instanz. Allerdings blieb seine Rolle auf tragische Weise begrenzt. Nicht, um den Frieden zu vermitteln, für den er immer wieder inständig warb, sondern um ihn für die eigene Seite zu gewinnen, gingen im Vatikan Diplomaten, Sondergesandte und Spione der unterschiedlichsten Staaten ein und aus. Für die politischen Sympathien des Papstes interessierten sich jetzt auf einmal nicht nur jene Mächte, die traditionell als »katholisch« galten. Für Propagandazwecke und für die Moral der Truppen in dem langen, am Ende mit immer weniger Begeisterung geführten Krieg war die Unterstützung durch die moralische Autorität des neutralen Papstes ein wünschenswertes Ziel. Selbst die Weltmacht Großbritannien eröffnete einen diplomatischen Kanal zum Heiligen Stuhl.

Dennoch hatten die »Mittelmächte« Deutschland und Österreich eindeutig die besseren Drähte zum Vatikan und sie nutzten sie tatkräftig mit dem Ziel, der Papst möge bei den katholischen Italienern Stimmung gegen den Krieg machen, damit Italien neutral bliebe. Sie waren nicht nur über drei gut funktionierende Botschaften (Preußen, Bayern, Österreich) beim Heiligen Stuhl vertreten, sondern verfügten darüber hinaus auch über wichtige informelle Kanäle. Dazu gehörte der Zentrumspolitiker Matthias Erzberger, der sich häufig in Rom aufhielt, und der deutsche Italien-Diplomat Franz von Stockhammern. Sie belieferten den Vatikan, der sich seit dem Ende des Kirchenstaats in einer extrem schwierigen Finanzlage befand, über ein Schweizer Konto mit großzügigen Zuwendungen aus Deutschland – ein Vorgehen, das von der italienischen Regierung zu Recht als Versuch der politischen Bestechung empfunden wurde. Eine Schlüsselfigur war dabei der bayerische Prälat Rudolf von Gerlach. Er gehörte als Päpstlicher Kammerherr zu den Vertrauten Benedikts XV. und spielte nicht nur den Geldboten, sondern versorgte die Regierung in Berlin auch mit geheimen Informationen aus der päpstlichen Diplomatie. Die Finanzspritzen aus Deutschland waren im Vatikan umso willkommener, als durch den Krieg die internationalen Pilgerströme zurückgingen und die Spenden der Gläubigen spärlicher wurden. Nicht nur im Vatikan, auch in Italien fanden von Stockhammern und von Gerlach willige Abnehmer für Geld aus Berlin. Das Deutsche Reich finanzierte über sie gezielt katholische Journalisten und Geistliche, damit diese gegen einen Kriegseintritt Italiens an der Seite der Alliierten Propaganda machten. Tatsächlich warb die Mehrheit der katholischen Presse bald für eine neutrale Position ihres Landes und warnte vor kriegerischen Abenteuern. In der italienischen Regierung setzte sich dennoch im Frühjahr 1915 die Pro-Kriegs-Haltung durch. Zu verlockend war die Gelegenheit, endlich die noch »unerlösten« Gebiete Norditaliens zu gewinnen, die unter österreichischer Herrschaft standen. Am 23. Mai erklärte Italien Österreich den Krieg.

Der Papst war trotz der moralisch äußerst bedenklichen Annahme der Finanzspritzen des Krieg führenden Deutschen Reichs und der guten Beziehungen zu Wien und Berlin klug genug, sich nicht in das deutsch-österreichische Lager hineinziehen zu lassen. Er verurteilte den ersten »modernen« Krieg und seine immer deutlicher sichtbar werdenden Schrecken mit Hunderttausenden von Opfern. Ähnlich wie das Rote Kreuz engagierte sich der Vatikan in einem bis dahin unbekannten Ausmaß für Flüchtlinge und Verwundete und half bei der Suche nach Vermissten und der Familienzusammenführung. Diese Bemühungen strapazierten die finanziellen Reserven des Papstes so sehr, dass der Heilige Stuhl zeitweise kurz vor dem Bankrott stand.

Doch der Papst wurde auch politisch aktiv, um den Krieg zu beenden. So startete er im Sommer 1917, als das Gemetzel auf den Schlachtfeldern schon zahllose Leben gekostet hatte, einen geheimen Vermittlungsversuch in Berlin und Wien, mit dem er seinen jungen Staatssekretär Eugenio Pacelli betraute. Als denkbare Zugeständnisse Deutschlands und Österreichs brachte er unter anderem Gebietsabtretungen in Elsass-Lothringen sowie in Norditalien ins Gespräch. Das waghalsige Unternehmen scheiterte letztlich an den deutschen Generälen, denen die Zugeständnisse zu weit gingen. Trotzdem veröffentlichte der Papst eine auf den 1. August 1917 datierte »Friedensnote«, in der er alle betroffenen Mächte aufrief, den Krieg zu beenden. Er erklärte, die »moralische Gewalt des Rechts« müsse an die Stelle der »materiellen Gewalt der Waffen« treten. Deshalb sollten die wechselseitigen Gebietsansprüche der Länder auf dem Verhandlungsweg geklärt werden, alle sollten sich einer internationalen Schiedsgerichtsbarkeit unterwerfen. Dieser Vorschlag enthielt im Kern bereits die Prinzipien der späteren Friedenspolitik der Päpste im 20. Jahrhundert.

Der Plan scheiterte aber nicht nur an den deutschen Generälen, die glaubten, das Kriegsglück werde sich doch noch zu Gunsten Deutschlands wenden. Auch die Westmächte winkten ab. Frankreich, das den Papst für prodeutsch hielt, antwortete nicht einmal. Italien, das den Schriftverkehr zwischen dem Vatikan und den Nuntiaturen in Wien und Berlin regelmäßig abfing und öffnete, wusste, dass der Papst einseitig nur mit den Mittelmächten verhandelte und lehnte den Vorschlag deshalb ab. Außerdem fürchtete die Regierung in Rom eine internationale Aufwertung des Heiligen Stuhls, wenn dieser bei einer eventuellen Friedenskonferenz mitreden und vielleicht sogar eine teilweise Wiederherstellung des Kirchenstaats fordern würde. Auch die beiden angelsächsischen Allianzpartner antworteten negativ. Großbritannien verlangte klarere Garantien und aus den USA kam ein entschiedenes Nein von Präsident Wilson: Er war kurz zuvor in den Krieg eingetreten, um ihn zu entscheiden und sich dann selbst als der große Friedensstifter für Europa in Szene zu setzen. Dass er dem Papst diese Rolle nicht überlassen wollte, lag auf der Hand. Tatsächlich beendeten die USA durch ihr massives Eingreifen das militärische Patt ziemlich rasch. Doch der Friedensvertrag, der danach zustande kam, war weit von den hehren Zielen Wilsons entfernt. Das unterlegene Deutschland wurde gedemütigt. Statt der vom Papst geforderten Prinzipien der Gerechtigkeit und der Moral hatte sich das Verlangen nach Rache und Vergeltung durchgesetzt. Dass ein solcher Friede für die Zukunft wenig tragfähig war, zeigte sich ziemlich bald – als Hitler an die Macht kam.

Trotz seines friedenspolitischen Scheiterns nahm das internationale Renommee des Heiligen Stuhls im Ersten Weltkrieg enorm zu. Dies belegt nicht zuletzt die Zahl der Länder, die in der Folge offiziellen Kontakt zum Vatikan suchten. 17 Staaten unterhielten vor dem Krieg diplomatische Beziehungen zum Heiligen Stuhl, vier Jahre nach dem Krieg waren es bereits 27. Unter anderem wurde aus der Preußischen Gesandtschaft die erste Vertretung des gesamten Deutschen Reichs. 1921 nahm auch die Französische Republik die Beziehungen wieder auf. Der noch immer ohne eigenen Staat agierende Vatikan war auf dem diplomatischen Parkett jetzt schon beinahe wieder so aktiv wie die mächtigen Päpste der Renaissance-Ära. Allerdings gab es noch immer riesige weiße Flecke auf der vatikanischen Weltkarte. So fehlten etwa politische Beziehungen zur neuen Großmacht USA und zur gerade entstehenden Sowjetunion.

Kirchenintern setzte Benedikt XV. die Bestrebungen seiner Vorgänger um eine effizientere Leitung und eine Ausweitung der Präsenz der Kirche fort. Er ließ ein überall gültiges Kirchengesetzbuch in Kraft treten. Damit hatte die katholische Kirche erstmals ein in einem einzigen Gesetzbuch schriftlich fixiertes, weltweit einheitliches Recht, das die Rechte und Pflichten vom einfachen Gläubigen, über die Pfarrer und Bischöfe bis hin zum Papst regelte. Für das Funktionieren einer weltweit agierenden Institution, die nach dem Willen Benedikts auch in den Missionsländern einen einheimischen Klerus und eine eigene Hierarchie herausbilden sollte, war dies unerlässlich. Und Benedikt führte noch eine weitere wichtige Neuerung ein: Er gestattete den Katholiken die Betätigung in politischen Parteien – ein Schritt, zu dem seine Vorgänger nicht bereit gewesen waren. Ihnen schien eine eigenverantwortliche Mitwirkung der katholischen Laien im demokratischen Staat als zu unkontrollierbar und zu gefährlich, selbst die katholische Zentrumspartei in Deutschland wurde aus diesem Grund vom Vatikan misstrauisch beobachtet. Dahinter stand die Furcht, dass katholische Bürger, die sich auf das Spiel von Abstimmungen und Mehrheiten einlassen, am Ende bereit sein könnten, die ewigen Wahrheiten der kirchlichen Lehre zu ignorieren und sich selbst in prinzipiellen, ethischen Fragen demokratischen Entscheidungen zu unterwerfen. Benedikt XV. begriff jedoch, dass die Kirche im Zeitalter der Demokratien ohne die Mitwirkung von katholischen Laien am demokratischen Prozess erneut ins Abseits zu geraten drohte. Deshalb hob er 1919 das Politikverbot auf. In Italien wurde die katholische Volkspartei gegründet, die zum Vorbild anderer christdemokratischer Parteien werden sollte. Die Hoffnung der vatikanischen Realpolitiker, über diese Parteien einen »verlängerten Arm« zu erhalten, um sich in die Innenpolitik einiger Staaten einmischen zu können, erfüllte sich jedoch nur ansatzweise.

Benedikt XV. starb im Alter von 67 Jahren an einer Lungenentzündung. Den letzten noch fehlenden Baustein für die neue Kirchenstruktur unter den Rahmenbedingungen des 20. Jahrhunderts konnte er wegen seines frühen Todes nicht mehr setzen. Die Aufnahme von offiziellen Verhandlungen mit Italien zur Wiedergewinnung einer staatlichen Souveränität des Vatikans blieb seinem Nachfolger vorbehalten.

Auferstanden als Zwergstaat

Als Benedikts Nachfolger Pius XI. am 6. Februar 1922 seinen ersten Segen »Urbi et Orbi« spendete, war die Spannung groß. Der neu gewählte Pontifex wollte endlich wieder wie seine Vorgänger in früheren Zeiten auf den Segnungsbalkon über dem Eingang des Petersdoms treten und die Worte »Benedicat vos omnipotens Deus« (Es segne euch der allmächtige Gott) auf den Petersplatz und in die Welt hinaus sprechen. Seit über 50 Jahren hatte es das nicht mehr gegeben. Denn weil die Päpste nach dem Verlust des Kirchenstaats im Vatikan in einer Art selbst gewähltem Exilzustand lebten, war der Segen »für die Stadt und den Erdkreis« zu einer Karikatur geworden. Ausgerechnet die Zeremonie, die den weltweiten Anspruch des Papstes herausstellte, als Stellvertreter Christi auch der Hohepriester der gesamten Menschheit zu sein, wurde seit der Niederlage von 1870 nur noch im Inneren der Peterskirche hinter meterdicken Mauern begangen. Doch nun waren Tausende von Pilgern und Neugierigen mit Droschken, Automobilen oder zu Fuß auf den Platz geströmt, um den ersten »öffentlichen« Papstsegen seit 50 Jahren mitzuerleben. Selbst eine Abteilung der italienischen Armee war anwesend. Und als Pius XI. tatsächlich auf den Balkon trat, wussten die Zuschauer, dass eine neue Zeit begann: Der Papst wandte sich wieder »seiner Stadt Rom« und der Welt zu.

Die Beobachter ahnten, dass es der Papst nicht bei seinem symbolischen Schritt auf den Balkon belassen würde. Die Zeit war reif für eine Lösung der »Römischen Frage«. Es ging darum, unter welchen Bedingungen das Papsttum den 1870 erlittenen Verlust des alten Kirchenstaats und der Stadt Rom akzeptierte. Zu klären war ferner, welche Entschädigung der junge italienische Staat für die rechtswidrige Aneignung dieses Besitzes zahlen sollte und wie die Unabhängigkeit des Papstes als Oberhaupt der katholischen Kirche gesichert werden konnte.

Pius XI. verkündete gleich zu Beginn seines Pontifikats, dass er den Zustand, die Schwellen des Vatikans nicht überschreiten zu können, für »unerträglich« hielt. Gleichzeitig betonte er, dass der Heilige Stuhl über eine »rechtliche und tatsächliche Unabhängigkeit« verfügen müsse, und diese müsse auch nach außen sichtbar sein. Damit waren die Grundlinien für mögliche Verhandlungen bereits aufgezeigt. Dass diese dann tatsächlich zustande kamen, verdankte der Papst der neuen politischen Konstellation in Italien. Wenige Monate nach seinem Amtsantritt im Vatikan hatte in Rom der politische Abenteurer Benito Mussolini mit seiner neuartigen, ideologisch noch nicht klar definierten Bewegung des Faschismus die Macht übernommen. Obwohl er ursprünglich viel sozialistisches und antiklerikales Gedankengut mitbrachte, war der »Duce« dem Papsthass der Linken und Nationalisten nicht so verhaftet, dass ihn dies am Verhandeln gehindert hätte. Er brauchte für sein Experiment einer faschistischen Gesellschaft internationalen Respekt und ein Ende der inneritalienischen Spaltungen zwischen papsttreuen und königstreuen Bürgern. Nur mit einem in sich versöhnten Italien konnte er sein ehrgeiziges Ziel einer Erneuerung des römischen Imperiums verwirklichen. Um den Papst zu gewinnen, machte Mussolini schon in den ersten Jahren seiner Regierungszeit einige antikirchliche Gesetze rückgängig. Unter anderem wurde der katholische Religionsunterricht wieder eingeführt, die Kruzifixe wurden per Gesetz wieder in den staatlichen Schulen aufgehängt, der Klerus vom Militärdienst freigestellt.

Bevor beide Seiten offiziell miteinander verhandelten, gab es zunächst inoffizielle (1926) und dann zahlreiche halb offizielle Treffen (1926–1928). Als der Erfolg schon so gut wie feststand, übernahm Mussolini 1929 persönlich die Verhandlungsführung für die italienische Seite. Das Ergebnis war ein für alle Seiten annehmbarer Kompromiss und die Geburtsstunde einer höchst eigenartigen staatlichen Konstruktion aus zwei Teilen, die bis heute gültig ist. Sie ist so angelegt, dass »der Vatikan« unter zwei klar unterscheidbaren Aspekten auftritt. Der Heilige Stuhl, also der Papst als Oberhaupt der katholischen Weltkirche mitsamt seinem Apparat, der »Römischen Kurie«, wurde von Italien als eigenständiges Subjekt des Völkerrechts anerkannt. Diese Institution hat das Recht, diplomatische Beziehungen zu anderen Staaten zu unterhalten bzw. aufzunehmen. Zugleich gestand Italien dem Heiligen Stuhl eine 0,44 Quadratkilometer große staatliche Basis zu: den jenseits des Tiber auf dem vatikanischen Hügel gelegenen Zwergstaat »Stato della Città del Vaticano« (kurz: Vatikanstaat). Der aus Kirchen, Amtsgebäuden, Museen, Plätzen und Gärten bestehende Vatikanstaat erhielt eine eigene Verwaltung, Polizei, Post und Bahnanbindung, seine Grundversorgung mit Wasser und Strom garantierte der italienische Staat. Für den Verzicht auf den fast 45 000 Quadratkilometer großen alten Kirchenstaat und seine erheblichen Güter erhielt der Papst eine Entschädigung von 1,75 Milliarden Lire – eine für damalige Verhältnisse beachtliche Summe, die bis heute die Grundlage des Vatikanvermögens ist. Der Papst erkannte seinerseits den italienischen Staat, das Königshaus und Rom als Hauptstadt des Königreichs an und verpflichtete sich zu außenpolitischer Neutralität. Die feierliche Unterzeichnung im Lateranpalast, dem traditionellen Bischofssitz des Papstes, am 11. Februar 1929 war für den Duce ein Triumph. Er hatte den gordischen Knoten der »Römischen Frage« nicht gewaltsam zerschlagen, sondern staatsmännisch elegant gelöst. Nun konnten auch papsttreue italienische Katholiken ihren Frieden mit dem Staat machen, der mittlerweile unter faschistischen Vorzeichen auftrat. Doch trotz der spektakulären Versöhnung zwischen den so unterschiedlichen Partnern waren die Lateranverträge keineswegs der Beginn einer uneingeschränkten Freundschaft. Ein kleines Detail am Rande macht dies deutlich: Vier Monate nach der Unterzeichnung der Abkommen wies Mussolini die Forderung des Vatikans nach einer Beseitigung der Giordano-Bruno-Statue auf dem Campo de' Fiori zurück. Die Statue blieb auf Anordnung des Duce, wo sie war.

Die verlorene Unschuld

Die Auswirkungen der Lateranverträge reichten weit über den Horizont Italiens hinaus. Letztlich bedeuteten sie, dass das Papsttum den erzwungenen Abschied von seiner alten Stellung als weltliche Macht in Europa anerkannte. Diese Veränderung brachte einen gewaltigen Modernisierungsschub mit sich. Nach außen wirkte der Vatikan durch seine althergebrachten Liturgien und das grandiose höfische Zeremoniell einer absoluten Monarchie weiterhin wie ein verstaubtes Relikt aus längst vergangenen Zeiten. Doch in Wahrheit wurde der Heilige Stuhl mit dem fast vollständigen Verzicht auf Staatsvolk und -gebiet eine der modernsten internationalen Institutionen überhaupt: Er löste sich von der Last eines Territorialstaats und steigerte damit seine Effizienz als Leitungsorgan einer weltweiten Kirche. Nicht zufällig fiel in diese Zeit die Anschaffung einer für damalige Verhältnisse hochmodernen Telefonanlage, mit der der Heilige Stuhl seine interne und seine externe Kommunikation revolutionierte. Schneller als erwartet passte er sich der neuen Zeit an. Wie die multinationalen Konzerne des 20. Jahrhunderts nichts anderes brauchten als einen Stammsitz, dessen territoriale Ausdehnung unerheblich ist, so benötigte auch der Heilige Stuhl nicht mehr als ein winziges Fleckchen Land, um seinen Weg durch die Geschichte fortzusetzen und seinen globalen Einfluss zu sichern.

Der Preis, den der Papst für diese neuartige, bis heute einmalige Form der Souveränität zahlen musste, war freilich hoch. Indem der Vertrag aus Verhandlungen mit einem Partner entstand, dessen totalitäre Ideologie 1929 längst offenkundig war, verlor der neue Vatikanstaat gewissermaßen schon in der Geburtsstunde seine Unschuld. Im Überschwang des Jubels über die zurückgewonnene Unabhängigkeit äußerte Pius XI. folgenden Satz über Mussolini: »Vielleicht bedurfte es auch eines solchen Mannes, auf den die Vorsehung uns hat treffen lassen.« In der faschistischen Propaganda wurde das Zitat rasch zurechtgebogen: Kein Geringerer als der Papst habe Mussolini als den »Mann der Vorsehung« bezeichnet. Und auf dem diplomatischen Parkett wurde die gegenseitige Anerkennung von Papst und Duce als ein Signal verstanden, dass der Faschismus nun ernst zu nehmen sei. Dass eine so kluge und erfahrene Institution wie der Heilige Stuhl mit Mussolini Verträge abschloss, wirkte wie ein Ritterschlag für die emporstrebende Bewegung und ihren Führer.

Mit wem er sich da eingelassen hatte, bekam der Papst jedoch bald zu spüren. Schon die Ratifizierungsdebatten im italienischen Parlament zeigten, dass Mussolini nur für die Dauer der Verhandlungen Kreide gefressen hatte. »Wir haben ihnen (den Päpsten) so viel Territorium überlassen, wie wir brauchen, um ihren Leichnam zu begraben«, höhnte er. Das Vertragswerk trat dennoch in Kraft. Kaum zwei Jahre nach den Lateranverträgen entbrannte ein offener Konflikt zwischen Pontifex und Duce über den Versuch der Faschisten, die gesamte Jugenderziehung in Italien auf Kosten der Kirche an sich zu reißen und den Handlungsspielraum der kirchlichen Laien-Bewegung »Azione Cattolica« drastisch einzuschränken. Dies widersprach dem »Konkordat«, das als Teil der Lateranverträge unterzeichnet worden war, um die Handlungsfreiheit der katholischen Kirche in Italien zu garantieren. In einem geharnischten Rundschreiben mit dem Titel *Non abbiamo bisogno* (Wir haben es nicht nötig) wies der Papst die Konkordatsverletzungen zurück, doch die Faschisten zeigten sich davon wenig beeindruckt.

Noch weniger richtete der Papst aus, als er sich am Ende seines Pontifikats gegen die neuen Rassengesetze Mussolinis wandte.

Mit ihnen wurden die italienischen Juden massiv diskriminiert, die Gesetze erstreckten sich aber auch auf die katholisch getauften Juden und auf katholisch-jüdische Mischehen. Trotz aller Empörung über diese offensichtlichen Vertragsverletzungen kündigte Pius XI. die Beziehungen zum Mussolini-Staat nicht auf. Mit einem solchen Eklat hätte er die neu erlangte staatliche Unabhängigkeit des Vatikans gleich wieder aufs Spiel gesetzt und den Faschisten einen Vorwand geliefert, der Kirche in Italien das Leben noch schwerer zu machen. Es wurde also rasch deutlich, dass der päpstliche Zwergstaat trotz vertraglich zugestandener Souveränität von seinem großen Nachbarn Italien de facto nicht völlig unabhängig war. Der Einfluss der politischen Faktoren in seinem Umfeld blieb jedenfalls erheblich.

Trotz dieses Geburtsfehlers waren die Lateranverträge eine wichtige Etappe auf dem Weg des Heiligen Stuhls zu einer weltweit anerkannten Macht im System der Nationalstaaten. Diese Macht wollte nicht nur überall als moralische Instanz respektiert werden, sie bestand auch auf einer vertraglichen Absicherung ihrer Rechte und ihres Einflusses auf die katholische Kirche in möglichst vielen Ländern der Erde.

Wenn auch erfolglos, so verhandelte Pius XI. in den 20er-Jahren sogar mit der ideologisch zutiefst verfeindeten Sowjetunion. Der Papst äußerte zur Rechtfertigung seiner Kontakte mit dem atheistischen Regime in Moskau einen bemerkenswerten Satz: »Wenn es sich darum handeln würde, auch nur eine einzige Seele zu retten oder einen größeren Schaden von den Seelen abzuwenden, so würden wir den Mut haben, auch mit dem Teufel in Person zu verhandeln.« Er ahnte nicht, dass schon bald der Leibhaftige anklopfen würde, um ihm Verhandlungen über ein Konkordat vorzuschlagen.

KAPITEL II

Der Heilige Stuhl in schlechter Gesellschaft

Der in den Lateranverträgen geschaffene Zwergstaat Vatikan ist, wie es der vatikanische Außenpolitiker Agostino Casaroli gegen Ende des 20. Jahrhunderts einmal scharfsinnig formulierte, »ein unbedeutender Sockel, auf welchem allerdings eine unabhängige und souveräne Macht sitzt, die ihre Flügel ausbreitet, um die ganze Welt abzudecken: Sie wird respektiert und geschätzt oder aber verdächtigt und bekämpft, aber sie ist imposant durch ihre Größe, ihre Geschichte und ihren Einfluss«. Diese Macht ist, kirchenrechtlich gesprochen, der Heilige Stuhl, und ihre Flügel sind die weit verzweigten Strukturen der katholischen Weltkirche. Als Folge dieser eigenartigen Konstruktion vereinigt der Papst in seiner Person ein ganzes Bündel von Führungsrollen. Er ist Monarch und Staatschef des winzigen Vatikanstaats, ihm untersteht der Heilige Stuhl und er ist Oberhaupt der katholischen Kirche. Faktisch wird er darüber hinaus in Fragen von globaler Bedeutung von den Oberhäuptern anderer Religionen informell als eine Art Sprecher der Christen anerkannt. Dies alles ist er deshalb, weil er Bischof von Rom und somit Nachfolger des Apostels Petrus ist. Im Verständnis der katholischen Kirche ist er somit Leiter des Bischofskollegiums und »Stellvertreter Christi«. Unter allen Bischöfen der Erde ist nur dem Bischof von Rom im Laufe der Jahrhunderte diese Sonderstellung mit ihrer einzigartigen Vermischung religiöser und weltlicher Autoritätsansprüche zugewachsen. Sie eröffnet dem Papst Möglichkeiten, die weit über das Profil eines Religionsführers hinausreichen und ihn eine aktive Rolle in der internationalen Politik spielen lassen.

Castro und der Papst

Ein Beispiel aus der jüngsten Vergangenheit zeigt, welche unterschiedlichen Register der Papst als Oberhaupt der Kirche und des Vatikanstaats ziehen kann, um seinen politischen Einfluss geltend zu machen: die Kuba-Reise Johannes Pauls II. im Jahr 1998. Aus dem Blickwinkel eines Beobachters, der diese Rollenvielfalt nicht kennt, hat das Auftreten des Papstes bei seinen Reisen etwas Rätselhaftes, beinahe Mythisches an sich. So ging es auch den meisten Kubanern, als sie am frühen Nachmittag des 21. Januar 1998 im Fernsehen ein Flugzeug der italienischen Fluggesellschaft Alitalia mit vatikanischen Wimpeln am Bug auf dem internationalen Flughafen von Havanna landen sahen. Ihr Staatsoberhaupt und Revolutionsführer Fidel Castro wartete vor einer Ehrenformation der revolutionären Streitkräfte auf den Staatsgast aus Rom. Der »Lider Maximo« hatte die olivgrüne Kämpferuniform im Schrank gelassen. Trotz der tropischen Hitze, die mehrere der angetretenen Gardesoldaten mit Kreislaufschwäche umkippen ließ, war der 71-jährige Staatschef in einen dunklen Zweireiher aus schwerem Stoff gekleidet und trug die elegante Seidenkrawatte stramm gebunden. Er stand steif, als hätte er einen Stock verschluckt, und ging, als der Flieger aus Rom endlich gelandet war, ungeduldig wie ein Schuljunge dem alten Mann in Weiß entgegen, der mit einiger Mühe die Gangway heruntergekommen war.

Seit Wochen schon hatte die staatliche Propaganda die Kubaner in Zeitungsartikeln, Radio- und Fernsehsendungen sowie bei »Volksversammlungen« auf den Besuch des ungewöhnlichen Gastes aus Rom vorbereitet. Alle, auch die rund 50 Prozent Nichtkatholiken, waren mit Informationen über ihn eingedeckt worden. Doch warum um alles in der Welt der Lider Maximo sich angesichts eines Staatschefs aus einem so kleinen Land so ungewöhnlich verhielt, war zumindest den Nichtkatholiken unter den kubanischen Fernsehzuschauern nicht ganz klar. Sie hatten sich im Jahr zuvor bereits darüber gewundert, dass Castro den im revolutionären Eifer der 60er-Jahre abgeschafften Weihnachtsfeiertag am 25. Dezember wieder einführte, um dem Papst einen Gefallen zu tun. Geradezu irreal erschien den Kubanern aber die Zahl der Journalisten, die zu dem Staatsbesuch nach Kuba gekommen waren: Tausende von ihnen waren seit Tagen über die besseren Hotels in Havanna hergefallen. Die Prostituierten, die Taxifahrer und die Besitzer der wenigen privaten Restaurants machten noch bessere Geschäfte als sonst, einen Staatsbesuch wie diesen erlebten sie nicht alle Tage.

Als der Papst dann am Flughafen seine Begrüßungsansprache hielt, dämmerte den Fernsehzuschauern, dass dieser Besucher mehr war als der Chef eines exotischen Kleinstaats in Europa und das Oberhaupt einer Religion unter vielen. Er sprach mit der Autorität einer internationalen Größe: »Ich bete und wünsche, dass dieses Land allen eine Atmosphäre der Freiheit, des gegenseitigen Vertrauens, der Gerechtigkeit und des dauerhaften Friedens bietet. Kuba soll sich mit all seinen wunderbaren Möglichkeiten der Welt öffnen, und die Welt soll sich Kuba öffnen, damit dieses Volk, das wie jede Nation und jeder Mensch die Wahrheit sucht (…), mit Hoffnung in die Zukunft blicken kann!« Nach dieser live übertragenen Rede begannen die Kubaner allmählich zu begreifen. Die Zauberworte Freiheit, Vertrauen, Öffnung und Wahrheit hatten sie in dieser Form noch keinen Besucher Kubas unzensiert aussprechen hören. Und dann verfolgten sie, wie Fidel Castro in den kommenden fünf Tagen kaum von der Seite seines Gastes wich: Ob bei der Rede an die Akademiker in der Universität oder bei der Abschlussmesse auf dem Revolutionsplatz in Havanna, immer wieder tauchte der angegraute bärtige Revolutionsführer im dunklen Zweireiher dort auf, wo der Papst war.

Es staunte bald kaum noch jemand darüber, dass jeden Tag mehr Menschen zu den päpstlichen Gottesdiensten strömten: erst 100 000, dann mehrere Hunderttausend, schließlich eine Million. Die Massenbegeisterung übertrug sich wie eine geheimnisvolle Kraft. Auch die Freilassung von mehr als 100 Gefangenen, die der Staatschef während des Besuchs auf Bitten seines Gastes anordnete, schien Teil dieses Wunders zu sein. Als sie davon hörten, weinten viele Kubaner Tränen der Freude. Als der Papst später bei einer Predigt in Santiago de Cuba Freiheit für die Kirche, für alle Kubaner und für politische Vereinigungen (!) forderte, hörte der anwesende Oberkommandierende der Streitkräfte, Raul Castro, die Rede mit versteinerter Miene an, während die Menge begeistert Beifall klatschte.

Erst ein paar Jahre später wurde eine begrenzte politische Wirkung der Papstreise nach Kuba sichtbar. Mit seinen Worten und Gesten hatte Johannes Paul II. etwas angestoßen: Er wurde zum Stichwortgeber einer bis dahin verängstigten Oppositionsbewegung. Schon wenige Monate nach seinem Besuch führte sie ihren Kampf mit neuer Kraft fort und von da an gab sie das Ziel der Freiheit in Würde trotz Einschüchterungen und neuen Verhaftungen nicht mehr auf. Der Papst hatte, so gut er es unter den schwierigen Umständen einer totalitären Inseldiktatur konnte, Politik gemacht.

Der Fall Kuba ist deshalb besonders interessant, weil Johannes Paul II. hier unter den Augen der internationalen Medien von Anfang an in erster Linie unter politischen Vorzeichen auftrat, während seine Stellung als religiöses Oberhaupt in den Hintergrund rückte. Seine politische Vorgehensweise konnte hier wie unter einem Vergrößerungsglas betrachtet werden. Und sein Gegenüber war ein Politiker, der den Oppositionellen und der Kirche im Land seit Jahrzehnten das Leben schwer machte. Johannes Paul II. enttäuschte seine Beobachter nicht, sondern füllte die Vielfalt der Rollen, die nur ein Papst hat, mit größter Konsequenz aus: Als Monarch des Vatikanstaats ließ er sich mit den protokollarischen Ehren eines Staatsoberhaupts empfangen. Zugleich kam er als religiöses Oberhaupt einer Weltreligion und sprach mit derselben Selbstverständlichkeit über Fragen der internationalen Politik wie über humanitäre Anliegen. Er mischte sich in innenpolitische Angelegenheiten des Gastlands ein und verkörperte zugleich eine außerhalb der Politik liegende, weltweit anerkannte moralische Instanz. Er nutzte die Macht der Medien und forderte Rechte für die Kirche in Kuba als gesellschaftliche Kraft. Durchgängig bediente er sich einer Ausdrucksweise, in der sowohl religiöse als auch weltliche Begriffe vorkamen.

Seine Vielschichtigkeit und der Respekt vor seiner Person und seinem Amt machen den Papst für einen Staatspräsidenten oder Regierungschef zu einem nicht ganz einfachen Gegenüber. Seine

Legitimierung hängt anders als die des Politikers nicht von Mehrheiten, Armeen oder Wirtschaftskraft ab. Sie ist, vereinfacht gesprochen, »nicht von dieser Welt« – und doch geht es dem Papst um nichts anderes als diese Welt und ihre Erlösung. Bezeichnenderweise wird deshalb bei manchen Auslandsbesuchen des Papstes gerade von Diktatoren versucht, seine Bedeutung in der offiziellen Propaganda auf eine der vielen Funktionen einzugrenzen – etwa indem sein Besuch als »normaler« Besuch eines »Staatsoberhaupts« deklariert wird. Doch gerade die Vielfalt der einander überlagernden und sich gegenseitig verstärkenden Rollen des Papstes ist der Schlüssel zum Verständnis seines Einflusses auf die Menschen, der mehr mit »Autorität« im alten Sinn als mit der neuzeitlichen Idee politischer Macht zu tun hat.

Der Tanz mit dem Teufel

Es ist ein offenes Geheimnis, dass Castro den Besuch des Papstes vor allem deshalb arrangierte, um mit dem Glanz dieser Autorität ein Stück weit aus seiner internationalen Isolation herauszukommen. Er kalkulierte, dass der Gewinn an globalem Prestige größer wäre als die innenpolitischen Erschütterungen, die von diesem Ereignis ausgingen. Castro bewegte sich mit diesen Überlegungen in einer langen Tradition von Diktatoren. Einer der ersten von ihnen in der turbulenten Geschichte des Vatikanstaats war der junge deutsche Reichskanzler Adolf Hitler. Auch der »Führer« hatte ein feines Gespür dafür, wie nützlich der päpstliche Glanz für ihn sein könnte. Er sah, welchen internationalen Prestigegewinn, vor allem aber welchen Zuwachs an innenpolitischer Zustimmung Mussolini aus den Lateranverträgen mit dem Heiligen Stuhl zog. Auch seine eigenen Visionen, die viel weiter reichten als die des Duce, waren nur zu verwirklichen, wenn zu Beginn seiner Herrschaft der große katholische Bevölkerungsanteil mehrheitlich hinter ihm stand – oder ihm wenigstens nicht feindlich gesinnt war. Nur eine Woche, nachdem Hitler am 23. März 1933 mit den Stimmen der katholischen Zentrumspartei das Ermächtigungsgesetz durch den Reichstag gebracht und damit die

Basis für die Errichtung der nationalsozialistischen Diktatur gelegt hatte, reiste sein Vizekanzler Franz von Papen in den Vatikan, um über ein Konkordat zu verhandeln, das Hitler zumindest in der Anfangsphase seiner Herrschaft nützlich sein konnte. Für den Vatikan wurden das Konkordat und sein späterer Bruch durch die Nationalsozialisten zur ersten großen Bewährungsprobe nach der Rückkehr in die internationale Politik.

Als der Vizekanzler nach einer langen Zugfahrt am 9. April in Rom ankam und im Vatikan um eine Audienz bat, standen Papst Pius XI. und sein Staatssekretär Pacelli vor einem Dilemma. Vor wenigen Jahren erst hatte Pacelli vergeblich mit dem Deutschen Reich um ein Konkordat verhandelt und nun bot die neue Regierung es von sich aus an. Musste man da nicht zugreifen? Auf der anderen Seite gab es täglich neue Nachrichten aus Deutschland über Ausschreitungen und Terror der Nationalsozialisten gegen katholische Verbände, Laien und sogar Priester. Konnte man mit diesen Leuten verhandeln? Aber noch war nicht endgültig klar, wie es im Reich weitergehen würde. Der katholische Adlige von Papen repräsentierte jedenfalls nicht die unkontrollierbare, Furcht einflößende nationalsozialistische Bewegung. Vielleicht war es ja möglich, auch die Nazis in geordnetere Bahnen zu lenken, wenn die wilden Zeiten der Straßenschlachten mit der Linken erst einmal vorüber waren und die Regierung fest im Sattel saß …

Nach kurzem Abwägen beschloss der Papst, die Konkordatsverhandlungen mit dem Deutschen Reich aufzunehmen. Die deutschen Bischöfe, die sich von einer völkerrechtlich verankerten Vereinbarung mehr Rechtssicherheit und Schutz vor der Nazi-Willkür erhofften, bestärkten Pius XI. bei seiner Entscheidung. Das nach nur knapp drei Monaten Verhandlungsdauer unterzeichnete Konkordat brachte der Kirche fast alle erwünschten Rechtsgarantien. Im Gegenzug musste der Vatikan nur zwei »Kröten schlucken«: Zwar war jetzt die Existenz der katholischen Schulen garantiert, auch die katholischen Verbände wurden im Prinzip geschützt, doch war ihre Möglichkeit, öffentlich aufzutreten, stark eingeschränkt. Ferner sollten sich katholische Priester nicht mehr parteipolitisch betätigen dürfen, wie sie dies etwa im »Zentrum« getan hatten. Aus Sicht des Heiligen Stuhls schienen beide

Einschränkungen nicht allzu schwerwiegend. Langfristig konnte das Verbot der Parteipolitik der Priester für die Kirche eine Art Schutzwall sein. Denn es war ja nicht ausgeschlossen, dass die Nazis eines Tages versuchen würden, den Klerus zu unterwandern, oder dass sich Priester der Bewegung anschließen würden.

In der Praxis erwiesen sich die Rechtsgarantien Hitlers für die Kirche als bloße Willensbekundung, die von ihm und seinen Handlangern je nach Bedarf übertreten wurden. Nach einer ersten, kurzen Phase der Rücksichtnahme ging die Unterdrückung durch Gewaltakte, Hausdurchsuchungen ohne Haftbefehl, Verhaftungen und pseudolegale Einschüchterungsmaßnahmen weiter. Der Papst reagierte zunächst mit diplomatischen Protestnoten, doch der Erfolg blieb aus. 1934 ließ er das Buch des Nazi-Ideologen Alfred Rosenberg »Der Mythus des 20. Jahrhunderts« auf den »Index der verbotenen Bücher« setzen. Die Nazis reagierten ihrerseits mit immer härteren Methoden und scheuten auch vor der Ermordung katholischer Laien-Aktivisten nicht mehr zurück. Schließlich zog der Papst 1937 die Notbremse. Er entschied sich zur schärfsten und wirksamsten Form des Widerstands, die einem Papst zur Verfügung stand: einer Enzyklika gegen die Nazis.

Unter größter Geheimhaltung ließ er den deutschen Kardinal Michael von Faulhaber und Staatssekretär Eugenio Pacelli, den späteren Papst Pius XII., einen Text entwerfen, der zum letzten landesweit verbreiteten Protest in der Geschichte des Dritten Reichs werden sollte. Die auf deutsch verfasste Enzyklika *Mit brennender Sorge* beschuldigte die Reichsregierung, sie verletze systematisch das Konkordat und ziele auf die Vernichtung der katholischen Kirche. Wörtlich hieß es in dem Lehrschreiben: »Der Anschauungsunterricht der vergangenen Jahre klärt die Verantwortlichkeiten. Er enthüllt Machenschaften, die von Anfang an kein anderes Ziel kannten als den Vernichtungskampf. In die Furchen, in die Wir den Samen aufrichtigen Friedens zu pflanzen bemüht waren, streuten andere (…) die Unkrautkeime des Misstrauens, des Unfriedens, des Hasses, der Verunglimpfung, der heimlichen und offenen, (…) mit allen Mitteln arbeitenden grundsätzlichen Feindschaft gegen Christus und Seine Kirche.« Der Papst scheute sich nicht einmal, die Reden des Führers auf indirekte, aber allen Zuhörern klar verständliche Weise zu attackieren und ihn in die Ecke der vom Glauben Abgefallenen (und damit faktisch der Exkommunizierten) zu stellen: »Wer nach angeblich altgermanisch-vorchristlicher Vorstellung das düstere unpersönliche Schicksal an die Stelle des persönlichen Gottes rückt, leugnet Gottes Weisheit und Vorsehung (…). Ein solcher kann nicht beanspruchen, zu den Gottgläubigen gerechnet zu werden. Wer die Rasse oder das Volk oder den Staat oder die Staatsform, die Träger der Staatsgewalt oder andere Grundwerte menschlicher Gemeinschaftsgestaltung (…) zur höchsten Norm aller, auch der religiösen Werte macht und sie mit Götzenkult vergöttert, der verkehrt und fälscht die gottgeschaffene und gottbefohlene Ordnung der Dinge. Ein solcher ist weit von wahrem Gottesglauben (…) entfernt.« Zum letzten Mal unter Hitlers Herrschaft wurde damit der nationalsozialistische Kult der Rasse und des Volkes in Deutschland öffentlich kritisiert.

Der Gestapo gelang es nicht, die Verlesung des Schreibens von 11 500 Pfarreikanzeln zu verhindern. Dieses eine Mal noch konnte die katholische Kirche beweisen, dass sie als einzige nicht gleichgeschaltete Massenorganisation im Deutschen Reich handlungsfähig war. Mit einer generalstabsmäßigen Planung war der Text zunächst in einigen Exemplaren per Diplomatenpost zur Nuntiatur in Berlin und von dort in zwölf über das Land verteilte »zuverlässige« Druckereien gebracht worden, die jeweils wenige tausend Stück druckten. Kuriere brachten den Pfarrern ihre Exemplare, Übergabeort waren oft Beichtstühle oder Sakristeien. Bis zum Tag der Verlesung, dem Palmsonntag des Jahres 1937, wurden sie im Tabernakel oder in anderen sicheren Verstecken aufbewahrt. Als die Nazis schließlich doch durch Spitzel von der bevorstehenden Aktion erfuhren, war es zu spät. Nur mit einer massiven, landesweiten Verhaftungswelle gegen alle katholischen Priester wäre die Verlesung noch zu verhindern gewesen. Um den Aufruhr gering zu halten, schlug das Regime erst nach der Verlesung zu. Alle greifbaren Exemplare wurden beschlagnahmt, Druckereien geschlossen, Kuriere – insbesondere Mitglieder der katholischen Jugend – verhaftet. Landesweit wurde die Repression gegen die Kirche abermals verschärft.

Doch eines konnte die Gestapo nicht mehr rückgängig machen: Millionen von Katholiken im Reich hatten dank der ungeschminkten Formulierungen dieses Rundschreibens begriffen, dass der Führer und der Papst politische Gegner waren. Nachdem nun die letzten Zweifel beseitigt waren, ging Hitler noch ungenierter gegen die Kirche vor. Er verbot die übrig gebliebenen katholischen Schulen und die kirchlichen Jugendverbände. Damit musste die letzte noch legale Form einer vom Regime unabhängigen Verbandsarbeit in den Untergrund abtauchen. Da sie unter dem löchrigen Schutzdach des Konkordats zwischen 1933 und 1937/38 jedoch genug Zeit gehabt hatte, sich gegen die immer mächtiger werdende Hitlerjugend zu profilieren und sogar – regional unterschiedlich – einen Mitgliederzuwachs zu erreichen, konnte die katholische Jugendarbeit trotz des Verbots noch bis weit in die Kriegsjahre hinein in der Illegalität überleben.

Rom unterm Hakenkreuz

Der Bruch mit den Nationalsozialisten führte nicht zu einem Abbruch der diplomatischen Beziehungen zum Deutschen Reich. Der Papst wollte sich diesen Kanal zur Einflussnahme auf die Entwicklung in Deutschland erhalten, ganz gleich wie schwach dieser war, und Hitler war seinerseits nicht an einer frühzeitigen außenpolitischen Isolation des Reichs gelegen. Dennoch prallten der Papst und der Führer bald erneut in einer denkwürdigen indirekten Konfrontation aufeinander. Ein Jahr nach dem Eklat um die Enzyklika kündigte Hitler einen siebentägigen Staatsbesuch in Italien vom 3. bis 9. Mai 1938 an. Er wollte sich in glanzvollen Paraden auch von den italienischen Faschisten feiern lassen und vor der Weltpresse Eindruck schinden. Ganze Waggonladungen voll Journalisten der unterschiedlichsten Nationalitäten sollten ihn begleiten und den gemeinsamen Triumphzug von Nationalsozialismus und Faschismus durch Rom erleben und darüber berichten. Politisch hatte das Treffen andere Hintergründe: Mussolini hatte den Anschluss Österreichs durch Hitler im März widerspruchslos hingenommen, obwohl dadurch plötzlich das übermächtige Großdeutsche Reich an Südtirol grenzte, das Italien sich – gegen den Willen der dort lebenden deutschsprachigen Bevölkerung – nach dem Ersten Weltkrieg einverleibt hatte. Die beiden Diktatoren mussten sich angesichts dieser nicht spannungsfreien Lage miteinander neu verständigen. Hitler wollte die Gelegenheit nutzen, Mussolini zu beruhigen, und der Duce war seinerseits darauf aus, dem Führer den Glanz seiner Herrschaft zu demonstrieren.

Ganz Rom stand vor dem Besuch wochenlang im Hitler-Fieber. An Tausenden von Gebäuden wurden lang gestreckte rote Flaggen mit dem Hakenkreuz im weißen Kreis aufgehängt, daneben die des italienischen Königreichs mit dem Rutenbündel der Faschisten. Scheinwerfer und Lautsprecher wurden installiert, Marschmusik dröhnte stundenlang, die Zeitungen überschlugen sich mit hymnischen Vorabberichten über das zu erwartende Schauspiel des Zusammentreffens der beiden »großen Führer« des 20. Jahrhunderts. Für Pius XI. war die Situation peinlich. Hitler hatte in Missachtung aller diplomatischen Gepflogenheiten die Möglichkeit eines Besuchs im Vatikan nicht einmal sondieren lassen. Anders als im Jahr 1933 bei Aufnahme der Konkordatsverhandlungen saß der deutsche Führer jetzt fest im Sattel, er war innenpolitisch wie außenpolitisch auf einem Höhepunkt seiner Macht angekommen. Kompromisse oder freundliche Gesten gegenüber dem ideologischen Gegner im Vatikan, der ihn mit der Anti-Nazi-Enzyklika im Jahr zuvor bis aufs Blut gereizt hatte, standen für ihn zu diesem Zeitpunkt nicht mehr zur Debatte. Ganz anders war die Interessenlage des Papstes. Pius XI. hätte Hitler empfangen, wenn dieser zuvor schriftlich erklärt hätte, dass er künftig die Bestimmungen des Reichskonkordats endlich respektieren und die Kirche nicht weiter unterdrücken würde. Doch die Situation war nicht mehr so, dass der Papst Hitler noch zu irgendetwas bewegen konnte.

Die nationalsozialistische Presse schrieb in diesen Tagen hasserfüllte Kommentare gegen den Vatikan und die katholische Kirche. Im Reich stand das Regime kurz davor, von der gelegentlichen zur systematischen Kirchenverfolgung überzugehen. Goebbels stellte in seinem Kampfblatt *Angriff* auch das Konkordat in Frage und Hitler verhielt sich in Rom entsprechend. Er wollte den Papst, der seine Partei mit der Enzyklika *Mit brennender Sorge* so frontal angegriffen hatte, mit Verachtung strafen. Dass er den Papst bei seinem Besuch einfach übergehen wollte, war in Rom eine Sensation und wurde in der Bevölkerung kritisch kommentiert. In Sorge war nun Mussolini, dem aus innenpolitischen Gründen sehr an einer Fortsetzung des Verständigungskurses mit dem Vatikan lag. Er versuchte, auf Hitler einzuwirken, wenigstens vor der Italienvisite seinen antikatholischen Kurs abzumildern und eine Audienz beim Papst in Erwägung zu ziehen. Hitler lehnte ab, doch Mussolini teilte dem Papst mit, dass er alles in seiner Macht Stehende getan habe. Der Papst ließ seinen Dank für die (erfolglosen) guten Dienste ausrichten.

Wenige Tage später wuchsen die Spannungen auch zwischen der faschistischen Regierung in Rom und dem Vatikan. Der Anlass waren die immer konkreter werdenden Vorbereitungen für den Hitler-Besuch. Das Vorbereitungskomitee hatte geplant, dass der Führer in seinem Triumphzug unter anderem auch durch die neue Via della Conciliazione unmittelbar vor dem Petersplatz vorbeifahren sollte. Pius XI. ließ Mussolini daraufhin eine Protestnote zukommen, in der er fragte, ob eine so exzessive Verherrlichung eines erklärten Gegners der katholischen Kirche nicht gegen das Konkordat zwischen Italien und dem Heiligen Stuhl verstoße. Der Duce reagierte sofort und ließ die Via della Conciliazione aus dem Routenplan herausnehmen. Hitler musste nun den Vatikan auf dessen mauernbewehrter Rückseite umfahren.

Trotz dieser Zugeständnisse war für Pius XI. der Gedanke unerträglich, den Triumphzug des Kirchenfeindes Hitler durch Rom schweigend mit anzusehen. Immerhin war der Papst noch immer Bischof von Rom und Rom blieb für ihn eine besondere Stadt. Um die Haltung des Vatikans gegenüber dem Besuch zu unterstreichen, verbot der Papst den italienischen Bischöfen die Teilnahme an allen Empfängen zur Hitlervisite. Die Vatikanzeitung *L'Osservatore Romano* berichtete in den Tagen und Wochen vor dem Eintreffen Hitlers mit keiner Zeile über den bevorstehenden Besuch. Das eisige Schweigen des Vatikanblatts löste erboste Kommentare der faschistischen Presse aus. Daraufhin entschied sich Pius XI. zu einem Schritt, der von allen, die zwischen den Zeilen zu lesen vermochten, sofort verstanden wurde: Er verließ die Ewige Stadt am 30. April, drei Tage vor Hitlers großem Auftritt, und fuhr zur Sommerresidenz nach Castel Gandolfo. Vorsorglich ordnete er auch die Schließung der Vatikanischen Museen an. Um seine kühle Geste zu unterstreichen, ließ er die Vatikanzeitung *L'Osservatore Romano* an dem Tag, als Hitler in Rom eintraf, eine Titelseite veröffentlichen, die allen mitteilte, was der Papst von dem Besuch aus Berlin hielt. Der Leitartikel schilderte die Abreise des Papstes von Rom nach Castel Gandolfo. Darin enthalten war ein kurzer Kommentar. Dieser ging zunächst auf kritische Stimmen ein, die in der vorzeitigen Abreise des Papstes einen Affront sahen: »Es hat nicht an Kommentaren gefehlt, die Seine Abfahrt in den Zusammenhang mit den Ereignissen dieser Tage stellen und auf diese Weise aus den offensichtlichsten Dingen eine besondere Bedeutung herauslesen wollten.« Und dann kam ein Satz, der an der Oberfläche wie ein trockenes Dementi schien, zwischen den Zeilen aber eine schallende Ohrfeige war: »Der Heilige Vater hat sich nicht wegen diplomatischer Kleinigkeiten nach Castel Gandolfo begeben, sondern einfach deshalb, weil Ihm die Luft dort gut tut, wohingegen Ihm die hiesige nicht bekommt.« Daneben zeigte ein Foto in Großaufnahme die schwarze Limousine des Papstes, wie sie den Vatikan verließ – und zwar von hinten.

Hitler wurde am 3. Mai mit großem Bahnhof in Rom empfangen. Mussolini nutzte die mehrtägige Anwesenheit des Verbündeten aus dem Norden wie geplant zu einer großmäuligen Heerschau der faschistischen Errungenschaften. Der Papst ließ sich auf seinem Landsitz von den Aufmärschen und Stadtrundfahrten des Führers berichten. Die römischen Jubelfeiern inmitten von Hakenkreuzfahnen und Liktorenbündeln kommentierte er am 4. Mai bei der Generalaudienz in Castel Gandolfo mit der Mahnung an die Gläubigen, dem christlichen Leben treu zu bleiben, weil »nah und fern traurige, sehr traurige Dinge geschehen. Eines der traurigsten Ereignisse ist, dass es überhaupt möglich ist, in Rom am Tag des Heiligen Kreuzes das Zeichen eines anderen Kreuzes, das nicht das Kreuz Christi ist, aufzupflanzen.«

KAPITEL III

Der Vatikan im Zweiten Weltkrieg

Der Hitlerbesuch in Rom vermittelte im Vatikan eine Ahnung von dem, was bevorstand, wenn die noch wenig bewährte Grundlage seiner neuen staatlichen Existenz in Frage gestellt würde. Der Geist, in dem die Lateranverträge 1929 unterzeichnet wurden, war verflogen. Die Zusicherung des italienischen Staates, den »heiligen Charakter der Ewigen Stadt« zu sichern und gegen alles vorzugehen, was diesem Charakter widerspricht, hatte nicht einmal zehn Jahre Bestand gehabt. Wie viel waren die schriftlich gegebenen Versprechen des Duce wert, man werde die Unversehrtheit des Vatikanstaats und des Papstes sichern und »auch in Kriegszeiten« die Neutralität und Unverletzlichkeit des Zwergstaats in Rom respektieren? Die wirkliche Bewährungsprobe stand kurz bevor. In ihrem Verlauf gerieten der Vatikan und das Deutsche Reich an mehreren Fronten aneinander. Die Konfrontation fand zunächst auf den Ebenen der Politik und der Diplomatie statt und am Ende standen sich die beiden ungleichen Mächte auch noch mitten in Rom gegenüber. Dank des taktischen Geschicks von Pius XII. überlebte der Vatikan diese mörderische Partie als Zwergstaat ebenso wie als weltweite Institution.

Krönung im Kanonendonner

Die Gesundheit Pius' XI. besserte sich trotz des langen Sommeraufenthalts in Castel Gandolfo nicht. Er starb am 10. Februar 1939, der Ausbruch des Zweiten Weltkriegs stand bereits drohend am Horizont. Am 12. März 1939 trat der zehn Tage zuvor gewählte Papst Pius XII. anlässlich seiner Krönung auf den Segnungsbalkon hoch über dem Petersplatz. Wegen der riesigen Menschenmassen hatte man die Zeremonie nach draußen verlegt, so etwas hatte es seit über 100 Jahren nicht mehr gegeben. Zum ersten Mal in der Geschichte wurde das Ereignis im Radio übertragen. Nach Jahrhunderten Unterbrechung wurde mit Eugenio Pacelli wieder ein gebürtiger Römer zum Papst gekrönt. Zehntausende jubelten ihm zu, seine asketische Erscheinung und sein durchdringender Blick begeisterten die Menschen.

Bei der pompösen Veranstaltung schweifte der Blick des neuen Pontifex über die Menschenmenge auf dem Petersplatz hinaus auf die travertinweiß gerahmte Prachtstraße »Via della Conciliazione«, für deren Bau in den vergangenen drei Jahren ein halbes Stadtviertel dem Erdboden gleichgemacht worden war. Der breite Boulevard verband den Vatikan mit dem Tiber und unterstrich damit augenfällig die Versöhnung zwischen dem italienischen Staat und dem Heiligen Stuhl. Zwar hatte der »Führer« bei seinem Rombesuch im Jahr zuvor die Prachtstraße nicht befahren dürfen, aber es war, als ob die bellende Stimme und der fordernde Blick des Schnauzbärtigen selbst in diesem feierlichen Moment den neu gewählten Papst bedrängten. Seine Gedanken kreisten in den festlichen Tagen der Thronbesteigung nicht in erster Linie um Rom und Italien, die Sorge um das Deutsche Reich und um die Zukunft des Weltfriedens lag wie eine dunkle Wolke über den Feierlichkeiten. In seiner Zeit als Kirchendiplomat hatte Pacelli fremde Erdteile bereist, er sprach ein halbes Dutzend Sprachen. Der Römer auf dem Papstthron war in gewisser Weise der erste Papst mit einem weltweiten Horizont, doch von den fremden Nationen kannte er keine so gut wie Deutschland, dessen Sprache er fast so fließend sprach wie seine Muttersprache.

Diplomatische Delegationen aus 35 Staaten – so viele waren mittlerweile beim Heiligen Stuhl akkreditiert! – nahmen an den Krönungsfeierlichkeiten teil und sie waren nicht nur in Erfüllung ihrer protokollarischen Pflicht gekommen. Viele Diplomaten hofften, möglichst bald eine Audienz beim neuen Papst zu erhalten. Sie wollten etwas über dessen mögliche Initiativen zur Vermeidung eines erneuten Kriegs erfahren, der wegen des deutschen Drangs nach Osteuropa bevorzustehen schien. Pacelli war vatikanischer Karrierediplomat in Deutschland und später Kardinalstaatssekretär von Pius XI. gewesen, bevor er selbst Papst wurde. Unter den Päpsten seit dem Untergang des Kirchenstaats war er der erste »Politprofi«. Wer, wenn nicht der Deutschlandkenner auf dem Papstthron, konnte die internationale Lage kenntnisreich beurteilen und vielleicht sogar etwas ausrichten, um den Frieden doch noch zu retten? Die Zeit drängte. Nur drei Tage nach dem Festakt in Rom besetzte Hitler Prag. Er verletzte damit in eklatanter Weise das von ihm selbst unterzeichnete Münchner Abkommen, in dem Deutschland einige Teile der Tschechoslowakei zugestanden wurden – unter der Bedingung, dass Prag und der Rest des Landes unabhängig blieben. Aus Sicht Großbritanniens und Frankreichs hatte Hitler mit dem Einmarsch in Prag den Rubikon überschritten. Für den Fall einer weiteren gewaltsamen Ost-Expansion drohten London und Paris mit Krieg.

Obwohl die Schuld an der Zuspitzung der Kriegsgefahr eindeutig beim Deutschen Reich lag, versuchte Pius XII. noch einmal zu vermitteln. Ähnlich wie Benedikt XV. zu Beginn des Ersten Weltkriegs wandte er sich an alle beteiligten Staaten mit dem Vorschlag, die Konflikte doch noch auf dem Verhandlungsweg zu lösen. Als die künftigen Kriegsgegner höflich, aber bestimmt die päpstliche Friedensinitiative abwiesen, verkündete Pius XII. am 23. August in einer Radiobotschaft einen verzweifelten Appell, dessen Worte Jahrzehnte später auch seine Nachfolger bei ihren Friedensbemühungen immer wieder zitierten: »Nichts ist mit dem Frieden verloren, alles aber kann mit dem Krieg verloren werden.« Am 31. August, unmittelbar vor Kriegsausbruch, machte er einen allerletzten Versuch, indem er »im Namen Gottes« die Regierungen Deutschlands und Polens anflehte, eine Zuspitzung der Lage zu verhindern. Hitler ließ dem Papst wenige Stunden nach dem erfolgten Angriff auf Polen eine Botschaft zukommen, in der er die Wochenschau-Propagandalüge »Von nun an wird zurückgeschossen!« kaltschnäuzig wiederholte: »Wie Seine Heiligkeit aus den inzwischen eingelaufenen Meldungen ersehen haben wird, haben die Ereignisse leider die von Deutschland erhoffte friedliche Lösung unmöglich gemacht (…) Weiter ist gestern eine neue Reihe unerhörter Grenzverletzungen von den Polen begangen worden, bei denen dieses Mal reguläres polnisches Militär auf deutsches Reichsgebiet eingedrungen ist. Diese unerträglichen Herausforderungen haben den Führer veranlasst, auch an der Ostgrenze die Ruhe und den Frieden zu schaffen, die Deutschland benötigt und die es an seinen anderen Grenzen hat.«

In den ersten Tagen nach dem Kriegsausbruch war der Papst wie gelähmt. Hilflos musste er zusehen, wie die beiden erbittertsten Feinde der katholischen Kirche, der nationalsozialistische Führer und der kommunistische Diktator, das katholische Polen unter sich aufteilten und die Bevölkerung brutal unterdrückten. Seine erste offizielle Reaktion erfolgte in der Enzyklika *Summi pontificatus* vom 20. Oktober, an der er seit seinem Amtsantritt immer wieder gearbeitet hatte. Darin beklagte er die unsäglichen Leiden des erneuten Kriegs und ging ausdrücklich auf die Lage im besetzten Polen ein. »Das Blut unzähliger Menschen, auch von Zivilisten, lässt ein düsteres und herzzerreißendes Wehklagen anheben über eine geliebte Nation, es handelt sich um Polen, die wegen ihrer Treue zur Kirche (…) ein Recht auf menschliche und brüderliche Sympathie in der Welt hat und (…) die Stunde ihrer Auferstehung in Gerechtigkeit und Frieden erwartet.« Die Worte »geliebte« und »es handelt sich um Polen« fügte der Papst eigenhändig als Korrektur in den Textentwurf ein.

Sowohl der britische Außenminister als auch der französische Botschafter beim Heiligen Stuhl zeigten sich erfreut über die klaren Worte des Papstes. Doch die Enzyklika konnte, anders als noch *Mit brennender Sorge* im Jahr 1937, nicht mehr von den katholischen Kanzeln im Deutschen Reich verlesen werden. Nur eine von den Nazis zensierte Form, in der das Wort »Polen« durch das Wort »Deutschland« ersetzt wurde, war erlaubt. Priester, die den Text in Originalfassung vortrugen, wurden verhaftet. Als später die deutsche Repression in Polen weiter zunahm, drängten exilpolnische Kreise immer wieder auf neue, härtere Verurteilungen durch den Papst. Doch der Papst beschränkte sich auf diplomatische Protestnoten des Heiligen Stuhls gegen die unzähligen Gewaltakte, denen auch Hunderte katholische Priester zum Opfer fielen. Die Proteste richteten jedoch in der Regel nichts aus, vor allem aber wurden sie bei der polnischen Bevölkerung nicht bekannt, im Gegenteil: Um die Moral der polnischen Katholiken zu schwächen, behauptete die deutsche Propaganda, der Papst billige schweigend das deutsche Regiment in Polen. Nur einmal noch, an seinem Namenstag am 2. Juni 1943, rang sich Pius XII. in einer Rede an das Kardinalskollegium zu einer weiteren öffentlichen Verurteilung der Leiden des polnischen Volkes durch.

Von Hitlers Truppen umzingelt

Anders als sein Vorgänger Pius XI. mit der mutigen, Aufsehen erregenden Verurteilung des Nationalsozialismus in der Enzyklika *Mit brennender Sorge* wich Pius XII. fast durchwegs der offenen Auseinandersetzung mit dem Dritten Reich aus – und das, obwohl er 1937 noch als Kardinalstaatssekretär die prophetische Enzyklika gegen die Nazis mit verfasst hatte. Sein Verhalten als Papst war weder heroisch noch prophetisch, sondern vorsichtig taktierend. Viele Kritiker bewerteten es im Nachhinein sogar schlichtweg als feige und opportunistisch. Selbst eine ideologische oder nationale Sympathie für das Deutsche Reich wurde ihm vereinzelt unterstellt, weil er sich stets mit Deutschen umgab und die deutsche Kultur hoch schätzte. Tatsache ist: Von wenigen Ausnahmen abgesehen setzte Pius XII. in seiner Politik im Zweiten Weltkrieg fast ausschließlich auf die diskreten Methoden der Diplomatie und der humanitären Hilfe. Ein klares, öffentliches Bekenntnis, wonach für ihn in der schwierigen weltpolitischen Konstellation Nazideutschland eindeutig das größte aller Übel war, blieb aus.

In den ersten Kriegsmonaten bemühte sich der Papst vor allem darum, Italien von einem Kriegseintritt abzuhalten, und warf dazu das ganze Gewicht der noch frischen Aussöhnung mit dem italienischen Staat in die Waagschale. Über Sonderkontakte versuchte er den »Duce« zur Zurückhaltung zu bewegen. Dabei zog er mit US-Präsident Franklin D. Roosevelt an einem Strang, zu dem er vergleichsweise enge Beziehungen unterhielt. Der Amerikaner hatte beschlossen, angesichts des Kriegs in Europa ungeachtet aller protestantischen Aversionen gegen das Papsttum eine politische Kooperation mit dem Vatikan anzustreben. Am 14. Februar 1940 schickte Roosevelt den US-Unternehmer Myron Taylor als seinen persönlichen Sondergesandten in den Vatikan. In dem handgeschriebenen Begleitbrief grüßte er den Papst als »meinen alten und guten Freund« und beschwor die gemeinsamen Ideale der Religion und der Menschlichkeit.

Doch weder das moralische Gewicht des Papstes noch das Locken der Amerikaner mit den zu erwartenden Vorteilen einer neutralen Haltung Italiens überzeugten Mussolini. Nach dem triumphalen Vormarsch der Deutschen in Frankreich kannte er kein Halten mehr und trat am 10. Juni 1940 an der Seite Hitlers in den Krieg ein. Die zwei Jahre zuvor beim pompösen Führerbesuch in Rom beschworene Achse Berlin–Rom wurde Realität. Nun entstand eine schwierige völkerrechtliche Situation für den Vatikanstaat. Während Frankreich, Großbritannien und andere »Feindstaaten« ihre Italien-Botschafter aus Rom abzogen, blieben die diplomatischen Vertretungen derselben Länder beim Heiligen Stuhl bestehen. Sie hatten aber ihre Residenzen und Kanzleien auf italienischem Territorium in der Stadt Rom. Nach dem Kriegseintritt drohte Mussolini, Italien werde ihnen den exterritorialen Gaststatus kündigen. Da sie ihren Kontakt mit dem Heiligen Stuhl nicht aufgeben wollten, mussten die ausländischen Diplomaten nun im Inneren des Vatikanstaats untergebracht werden, obgleich dort die räumlichen Möglichkeiten äußerst begrenzt waren. Der deutsche Botschafter beim Heiligen Stuhl konnte hingegen seine prächtige Villa in Rom behalten. Die psychologische Wirkung des Umzugs der Diplomaten in den Vatikan muss erheblich gewesen sein. Der Papst und die Botschafter der Gegner des Deutschen Reichs saßen nun im Alltagsleben »in einem Boot«: Sie wohnten gemeinsam auf dem winzigen, von misstrauischen Beobachtern kontrollierten und von Feinden umgebenen Territorium des jungen Vatikanstaats.

Die neue Lage in der Stadt Rom trug dazu bei, dass sich der Papst angesichts der allgegenwärtigen Bedrohung (für seinen Staat in Rom, aber auch für die katholische Kirche im Deutschen Reich) ab 1940 noch vorsichtiger verhielt. Vor dem Hintergrund der ungeheuerlichen Verbrechen, von denen er schon frühzeitig wusste, wirkte sein Verhalten jetzt beinahe feige. Sehr diskret war vor allem sein Engagement für die von den Nazis deportierten Juden. Als sich im Laufe des Jahres 1942 die Informationen über das schier unglaubliche Ausmaß der Judenvernichtung in Osteuropa verdichteten, beklagte der Papst in seiner Weihnachtsansprache im Radio lediglich, dass »Hunderttausende nur wegen ihrer Volkszugehörigkeit oder Abstammung dem Tode geweiht sind«. Klarere Worte wagte er zu diesem Zeitpunkt nicht. Bereits am 13. Mai 1940 hatte er in einem Gespräch mit dem italienischen Botschafter Dino Alfieri erklärt, warum er sich trotz der Gräueltaten der deutschen Besatzer in Osteuropa so bedeckt hielt: »Angesichts der schrecklichen Ereignisse in Polen müssten wir Worte des Feuers sagen gegen derartige Dinge. Und nur das Wissen, dass wir die Lage jener Unglücklichen noch schlimmer machen würden, wenn wir härter redeten, hält uns davon ab.« Offenbar ließ er sich nicht zuletzt von den Warnungen polnischer Bischöfe beeinflussen, die ihn im Interesse ihrer Gläubigen zur Zurückhaltung drängten. Sie fürchteten eine Verschärfung der Verfolgung der Katholiken, wenn der Papst sich offen als Beschützer der Juden zu erkennen geben sollte. Die Logik dieses Handelns war ebenso einleuchtend wie fatal. Weil er um das Überleben der Kirche im besetzten Polen (und um die Zukunft der Katholiken im Deutschen Reich) bangte, hielt sich Pius XII. mit Protesten gegen die Judenvernichtung in einer Weise zurück, die nur schwer mit dem moralischen Anspruch eines Stellvertreters Christi angesichts des größten planmäßig durchgeführten Massenmordes der Geschichte in Einklang zu bringen ist. Er sah sich in seiner vorsichtigen Haltung bestätigt durch ein tragisches Ereignis in den Niederlanden. Dort hatten katholische und evangelische Kirchenführer 1942 gegen die Judenverfolgung protestiert, und der Erzbischof von Utrecht hatte sogar einen Hirtenbrief dazu verlesen lassen. Die Folge war eine noch intensivere Verfolgung, die auch auf Hunderte katholisch getaufter Juden übergriff. Dazu gehörte die Philosophin und Ordensfrau Edith Stein, die den Mut der niederländischen Bischöfe zu einem klaren Wort auf der Kanzel mit ihrem Tod im KZ bezahlte.

Großen Einfluss auf das Verhalten des Papstes hatten auch die

Bischöfe im Reich. Pius XII. kannte die meisten aus seiner Diplomatenzeit in Deutschland persönlich. Er forderte sie ausdrücklich dazu auf, ihn während des Kriegs mit Briefen per Diplomatenpost über die Lage auf dem Laufenden zu halten. Diese umfangreiche Korrespondenz bestärkte ihn darin, bei schwierigen Entscheidungen stets danach zu fragen, welche Auswirkungen sie für die 40 Millionen Angehörigen der großen katholischen Minderheit im Reich haben könnten. Nach seiner eigenen Lageeinschätzung waren Pius XII. deshalb die Hände gebunden. Ein offener Bruch mit der Regierung in Berlin hätte wahrscheinlich die bekennenden Katholiken in Deutschland zu den nächsten Verfolgungsopfern gemacht – selbst ohne päpstlichen Protest starben ja Hunderte von Priestern und katholischen Laien in den KZs. Und ein erneuter Paukenschlag nach dem Vorbild der Enzyklika *Mit brennender Sorge* war in Zeiten des Kriegs und angesichts der inzwischen fast lückenlosen Kontrolle von SS und Gestapo im öffentlichen Leben nicht mehr möglich.

Im Spätsommer 1943 wurde es trotz aller Vorsicht und allen Taktierens eng für den Papst. Mussolini wurde vom »Großen Faschistischen Rat« entmachtet, eine neue italienische Regierung gebildet. Italien wechselte am 8. September die Fronten und schloss sich dem Lager der Alliierten an. Daraufhin besetzten die Deutschen große Teile des bislang befreundeten Landes, einschließlich der Hauptstadt Rom. Die Männer unterm Stahlhelm patrouillierten nun auch auf dem Petersplatz, der Verkehr des Papststaats mit der Außenwelt wurde eingeschränkt. Plötzlich hatte der Zweite Weltkrieg den Vatikan physisch erreicht.

In Rom kursierten Gerüchte, Hitler sei davon überzeugt, dass der Papst an der Entmachtung Mussolinis und dem Frontwechsel Italiens beteiligt gewesen sei. Deshalb werde der Führer in seiner grenzenlosen Wut den Vatikan besetzen und den Papst entführen. Im Apostolischen Palast nahm man das Gerede der Römer nicht auf die leichte Schulter, man wusste nur zu genau, wie skrupellos Hitler in anderen Teilen der Welt vorgegangen war. Pius XII. hinterlegte eine Rücktrittserklärung, die im Falle seiner Gefangennahme durch die Deutschen wirksam werden sollte. Der Vatikanstaat traf praktische Vorbereitungen für den Ernstfall und stärkte die wenigen Muskeln, die er hatte. Auf die Mauerkrone der den Vatikan umgebenden Schutzmauer wurde ein Eisenzaun gesetzt, um die Hürde für nächtliche Eindringlinge ein wenig höher zu legen. Die Abteilungsleiter der Kurie mussten für den Fall einer plötzlichen Evakuierung einen gepackten Koffer im Büro und einen in ihrer Wohnung bereithalten. Die vatikanischen Archive wurden für Benutzer von außen geschlossen und die Mitarbeiter verbargen sensibles Material hinter Marmorplatten. Die im Vatikan lebenden Botschafter der Alliierten vernichteten Akten und rechneten mit dem Schlimmsten. Die Palatingarde, eine Art Freiwilligenarmee von Vatikanangestellten mit weniger militärischer Erfahrung als die Schweizergarde, wurde zahlenmäßig verstärkt und mit Waffen ausgestattet. Die vatikaninterne Wachpolizei protokollierte alle ein- und ausgehenden Personen hinter der Staatsgrenze. Die Bewaffnung der Schweizergarde wurde verbessert, moderne Karabiner und Pistolen wurden angeschafft. Zugleich erhielt der Kommandant der kleinen päpstlichen Armee zunächst mündlich und, weil er darauf bestand, auch schriftlich die Anweisung, im Falle eines massiven deutschen Angriffs keinen Widerstand zu leisten. Der Papst wollte sinnloses Blutvergießen gegen die tausendfach überlegene Macht vermeiden. Die verschärften Sicherheitsmaßnahmen an den Grenzen hatten vor allem das Ziel, unkontrollierte »Infiltrationen« oder Provokationen von deutscher Seite aus zu erschweren. Der Zwergstaat Vatikan igelte sich ein, so gut er konnte.

Monsignore Giovanni Montini, der spätere Papst Paul VI., war eine Schlüsselfigur im Staatssekretariat Pius' XII. Als überzeugter Antifaschist hatte er schon 1942 eine für den Papst höchst peinliche Informationslinie von der vatikanischen Gendarmerie zur italienischen Geheimpolizei gekappt, über die Mussolini von vielen internen Vorgängen im Vatikan und insbesondere über das Verhalten der dort wohnenden Botschafter der Alliierten informiert wurde. Die Nachrichten liefen unter anderem über Giovanni Fazio, den Chef der »Spezialabteilung« der vatikanischen Gendarmerie. Gedeckt wurde diese höchst eigenartige Konstellation von dem pro Mussolini eingestellten »Governator« des Vatikanstaats, Kardinal Nicola Canali. Als Montini die Informationskette unterbrach, indem er alle einschlägigen Berichte aus den Diplomatenresidenzen direkt auf seinen Schreibtisch umleiten ließ, kam es zum offenen Konflikt zwischen dem Vatikanstaat und dem Staatssekretariat des Heiligen Stuhls. Am Ende setzte sich das Staatssekretariat durch und Canali musste den Faschistenfreund Fazio entlassen.

Die Situation zwischen dem Vatikan und den deutschen Besatzern Italiens glich immer mehr einem Belagerungszustand – wobei allerdings die Deutschen die materielle Versorgung des Zwergstaats nicht ernsthaft behinderten. Die Alliierten versuchten, für die eigene Propaganda Kapital aus dieser schwierigen Lage zu schlagen. In amerikanischen Medien war bald zu lesen, der Vatikan werde von der Wehrmacht belagert, und US-Präsident Roosevelt bezeichnete das alliierte Vorrücken in Italien auch schon mal als »Kreuzzug« zur Befreiung des Vatikans aus der Nazi-Besatzung. Bemerkenswerterweise ließ dieser Vorwurf die Reichsregierung trotz des fortgeschrittenen Kriegsgeschehens und ihres international ziemlich ramponierten Rufs nicht kalt. Hitlers Außenminister Joachim von Ribbentrop schickte seinen Botschafter Ernst von Weizsäcker zum Papst mit der Aufforderung, diese Falschmeldungen zu korrigieren. Der Papst erklärte sich einverstanden und veröffentlichte eine Erklärung, in der er den Besatzungstruppen korrektes Verhalten gegenüber dem Vatikan bescheinigte. Zugleich brachte er die Hoffnung zum Ausdruck, dass dies auch in Zukunft so bleiben werde. Der Vorfall beweist: Die Alliierten »pokerten« ebenso wie die Deutschen in diesem Moment mit der prekären Lage der weltweit geachteten Institution Vatikan – und der Papst selbst pokerte zwangsläufig mit.

Nur wenige Male riskierte die Besatzungsmacht ein aggressives Vorgehen gegen den Vatikan. Den dramatischsten Vorstoß erlebten rund 300 Flüchtlinge, darunter zahlreiche Juden und desertierte italienische Militärs, in der Basilika Sankt Paul vor den Mauern. In der Nacht vom 3. zum 4. Februar 1944 drang kurz vor Mitternacht ein Trupp von mehr als 100 Angehörigen der mit den Deutschen kollaborierenden faschistischen »Polizia Repubblicana« in die Abtei ein, die nach den Lateranverträgen als exterritorialer Besitz des Vatikans geschützt war. Den Befehl zu dieser illegalen Aktion hatte ihnen SS-Obersturmbannführer Eugen Dollmann, persönlicher Repräsentant Himmlers in Rom, mündlich erteilt. Mit Bedacht hatten sich die SS und ihre Handlanger von der Faschisten-Polizei gerade die weit außerhalb des Stadtzentrums liegende Abtei für ihre nächtliche Aktion ausgesucht. Ein ähnliches Vorgehen inmitten der Stadt wäre zu eklatant gewesen und hätte für Unruhe gesorgt. Zum ersten und einzigen Mal kam es zu einem Schusswechsel zwischen den Faschisten und der vatikanischen »Palatingarde«, die das Gebäude bewachte. Ein Gardist wurde dabei verletzt, die anderen rasch entwaffnet. Die »Polizisten« drangen in die Räume der weitläufigen Abtei ein, durchsuchten und plünderten, was ihnen in die Finger kam. Sie fanden Dutzende von versteckten Flüchtlingen, die sie mit Schlägen und Tritten misshandelten. Viele von ihnen wurden ins Gefängnis »Regina Coeli« abtransportiert, anderen gelang die Flucht oder sie konnten sich als Mönche ausgeben. Durchsuchungen, Misshandlungen und Verhöre dauerten bis zum späten Morgen an.

Erst im Morgengrauen erfuhr der Papst von dem Vorfall und ließ umgehend eine Protestnote an den deutschen Botschafter aufsetzen. Gleichzeitig wurde eiligst eine Delegation zusammengestellt, die den Eindringlingen Einhalt gebieten sollte. Sie bestand aus einem Vatikan-Diplomaten, einem Kommissar der vatikanischen Polizei und dem zivilen Verwalter des Vatikanstaats, Enrico Galeazzi. Die Delegation verschaffte sich Eintritt und Galeazzi hatte den Mut, den formellen Oberkommandierenden der Aktion, den römischen Polizeipräsidenten Pietro Caruso, zur Rede zu stellen. Er verlangte einen schriftlichen Durchsuchungsbefehl und wollte wissen, ob die deutschen Stellen von dem Vorgehen informiert seien. Galeazzi warnte die Eindringlinge, dass diese Aktion sich rufschädigend für Italien auswirken und dass man Caruso persönlich für die Konsequenzen verantwortlich machen werde. Caruso, von Haus aus Katholik, der erst vor kurzem zum »Questore« von Rom ernannt worden war, bekam nun kalte Füße und lenkte ein. Kurz vor Mittag befahl er den sofortigen Abbruch der Aktion.

Für den Heiligen Stuhl war die Verletzung der Exterritorialität ein schlimmer Präzedenzfall. Die einzige Schutzzone, die von den Deutschen noch respektiert worden war, schien nun nicht mehr viel zu gelten. Letztlich stand neben dem Leben von mehr als 4000 meist jüdischen Flüchtlingen, die in Kirchen, Schulen und Konventen versteckt waren, auch die Souveränität des Vatikanstaats insgesamt auf dem Spiel. Angesichts der Bedrohung mussten alle Hebel in Bewegung gesetzt werden, um die Besatzer in die Schranken zu weisen. In dieser Situation zeigte sich, wie vorsichtig der Heilige Stuhl agierte. Ähnlich wie bei den zurückhaltenden Protesten in der Judenfrage wurde auch jetzt zuerst abgewogen, ob nicht ein vehementes Aufbegehren »Reaktionen von noch größerer Gewalt provozieren könnte«, wie es in einer vatikanischen Aktennotiz heißt. Tatsächlich fiel der Protest nach einigem Hin und Her zahm aus – wozu auch von Weizsäcker nicht unerheblich beitrug. Der deutsche Botschafter konnte nach Berlin berichten, Kardinalstaatssekretär Maglione habe ihm versichert, dass man keineswegs von einer deutschen Mitwisserschaft an dem illegalen Vorgehen der faschistischen Polizei ausgehe. Auf Bitten von Weizsäckers wurde dies auch den Botschaftern mehrerer neutraler Länder ausdrücklich mitgeteilt. Ein offizielles Rundschreiben an das beim Vatikan akkreditierte diplomatische Corps brachte lediglich das »lebhafte Bedauern« des Heiligen Stuhls über die »Verletzung der exterritorialen Rechte« zum Ausdruck und schloss mit dem Wunsch, dass »ähnliche Unannehmlichkeiten« in Zukunft hoffentlich vermieden werden könnten. Der angesichts des unerhörten Vorfalls sehr gemäßigte 15-Zeilen-Text wurde in einer gekürzten Fassung auch in der Vatikanzeitung *L'Osservatore Romano* abgedruckt und über Radio Vatikan verbreitet. Mehr geschah auch in diesem Punkt nicht.

Wenig später stellte die deutsche Seite sogar die Unantastbarkeit des eigentlichen vatikanischen Territoriums in Frage. Anlass war die monatelange, hartnäckige Weigerung des Heiligen Stuhls, einen am 13. Juni 1943 als Deserteur in den Vatikan geflohenen deutschen Obergefreiten auszuliefern. Nach mehreren vergeblichen Ermahnungen schickte von Weizsäcker dem Kardinalstaatssekretär am 17. Februar 1944 einen Drohbrief. In dem kurzen Schreiben erinnerte er daran, dass »dieser Fall das Problem der Kontrollen der Türen und der Eingänge zum Vatikanstaat und seiner angegliederten Gebäude sehr eng berührt«. Bislang habe die Besatzungsmacht dieses Problem »auf vernünftige Weise und sehr viel weniger streng als gegenüber anderen Staaten wie etwa der Schweiz gehandhabt«. Im Vatikan wurde dies, zumal nach den Erfahrungen in Sankt Paul, als unmissverständliche Androhung einer Blockade oder gar einer Durchsuchung des Vatikans verstanden. Doch auch der Papst wusste, dass die Gegenseite dieses letzte Mittel wegen des zu befürchtenden weltweiten Aufschreis sicherlich nicht wegen eines einzelnen Deserteurs einsetzen würde. Folglich spielte er auf Zeit und lieferte den fahnenflüchtigen Soldaten nicht aus.

Es war in den neun Monaten der deutschen Besetzung Roms nicht zu übersehen, dass die Besatzungsmacht trotz gelegentlicher Drohungen dem Vatikan gegenüber erstaunlich viele Rücksichten nahm. So wusste etwa der deutsche Polizeichef Herbert Kappler genau, dass Juden und Mitglieder der Opposition in kirchlichen Gebäuden versteckt waren, die er mit einer Handbewegung hätte ausradieren können. Er tat es nicht, weil zu befürchten war, dass der Papst dann seinen einzigen Trumpf ausgespielt, die neutrale Position aufgegeben und die Alliierten offiziell um Hilfe gerufen hätte. Dies wäre angesichts der allgemein respektierten Stellung des Papstes selbst in Kriegszeiten eine außenpolitische Peinlichkeit für das Deutsche Reich gewesen. Außerdem hielten die von internationalen Verschwörungstheorien besessenen Nazis den Vatikan für weit stärker, als er tatsächlich war. Sie vermuteten, der Papst verfüge über ein effizientes geheimes Netz, das ihm nicht nur Informationen aus allen Teilen der Welt verschaffe, sondern über das er auch weltweiten Einfluss ausüben könne. Diese Überschätzung der Kräfte des Gegners trug mit dazu bei, dass Hitlers starke Sprüche in privater Runde, er werde den Vatikan in ein Museum verwandeln und den Papst deportieren, am Ende doch nicht in die Tat umgesetzt wurden. Entscheidenden Einfluss auf diese ungewohnte Zurückhaltung der Nationalsozialisten hatte Reichspropagandaminister Josef Goebbels. Er riet aus taktischen Gründen davon ab, den Vatikan zu besetzen, da dies wenig praktischen Nutzen brächte, zugleich aber negative Auswirkungen auf die öffentliche Meinung in vielen neutralen Ländern Europas und Lateinamerikas hätte.

Der Nazi-Spuk verzog sich am 4. Juni 1944 aus Rom, ohne dass es zu einem Flächenbombardement der Stadt oder zu einer Sprengung vieler Brücken und Gebäude durch die abziehenden deutschen Truppen kam. Dieser glimpfliche Verlauf war nicht zuletzt einer dramatischen Intervention des Papstes zu verdanken. Er appellierte an die Deutschen wie auch an die Alliierten, Rom als »Offene Stadt« zu behandeln und den Status einer umkämpften Frontstadt zu vermeiden. Aus unterschiedlichen Motiven und in unterschiedlicher Konsequenz gingen beide Seiten auf den Vorschlag ein. Gemeinsam war ihnen ein Wunsch, den der deutsche Oberbefehlshaber in Italien, Generalfeldmarschall Albert Kesselring, in die Worte fasste: »Ich werde meinen Namen nicht vor der Geschichte mit dem Vorwurf belasten, die Zerstörung Roms mit verursacht zu haben.« In diesem Moment trug die Taktik des Papstes, sich jenseits der politischen Lager zu bewegen, Früchte. Im allgemeinen Machtvakuum war er die einzige Institution in Rom, die noch über internationalen Einfluss verfügte.

Nach der Befreiung wurde der Papst wegen seines Einsatzes für die Unversehrtheit der Stadt als Retter Roms gefeiert. Sogar Kommunisten jubelten ihm zu. Zum ersten und letzten Mal in der Geschichte wurden auf dem Petersplatz rote Fahnen mit Hammer und Sichel zu Ehren des Papstes geschwungen. In den Tagen des Freudentaumels und des allgemeinen Chaos fand, von der Öffentlichkeit weitgehend unbemerkt, ein fliegender Wechsel auf dem Gelände des kleinen Kirchenstaats statt. Während die bislang dort einquartierten Botschafter der Alliierten und anderer Länder erleichtert in ihre Residenzen im befreiten Rom zurückkehrten, setzte sich der deutsche Botschafter in den Vatikan ab, um der Lynchjustiz der Volksmassen zu entgehen.

Pius XII. als Verschwörer

Aus der Sicht seiner »Staatsraison« hatte Pius XII. mit seinem Taktieren gegenüber den Nationalsozialisten Erfolg: Er konnte den Vatikanstaat und die Stadt Rom über die Besatzungszeit und das Inferno des Kriegs hinweg fast unversehrt retten. Und die katholische Kirche überlebte – auch in Deutschland, wo sie leiden musste, und selbst in Polen, wo sie einen extrem hohen Blutzoll an Priestern und Gläubigen zahlte. Doch obwohl die politische Bilanz des Papstes aus kirchlicher Sicht einigermaßen erfolgreich schien, so wirkte es einige Jahre nach Kriegsende doch kompromittierend, dass der Papst nicht entschieden gegen Hitler aufgetreten war und nicht vehement gegen die Judenvernichtung protestiert hatte. Kaum ein Papst polarisiert deshalb die öffentliche Meinung noch Jahrzehnte nach seinem Tod so sehr wie Pius XII. Während seine Bewunderer ihn möglichst bald selig gesprochen sehen wollen, werfen ihm seine Kritiker Feigheit, Opportunismus oder sogar aktive Kollaboration mit den Massenmördern vor. Erst in jüngster Zeit ermöglicht die allmähliche Öffnung der Archive dieser Epoche einen genaueren Blick auf das Verhalten des umstrittenen Papstes. Zwei Fallbeispiele zeigen, wie Pius XII. wirklich handelte:

Der einzige riskante Akt des Papstes gegen Hitler geschah im Verborgenen – und hatte überdies keinen Erfolg. Er fiel in die Frühzeit seines Pontifikats und blieb jahrzehntelang kaum beachtet. Für die Einordnung des Weltkriegspontifikats ist er dennoch aufschlussreich. Ohne es geplant zu haben, geriet Pius XII. in den ersten Kriegsmonaten ins Zentrum der Verschwörung deutscher Wehrmachtsoffiziere um General Ludwig Beck. Die Verschwörer um Beck missbilligten den Einmarsch Deutschlands in Polen im September 1939 wegen des Hitler-Stalin-Pakts und der Grausamkeiten gegen die Zivilbevölkerung. Ihr Ziel war es, mit der britischen Regierung ins Gespräch zu kommen. Das Angebot an London lautete: Die Verschwörer wollten den Diktator stürzen, wenn die Briten im Gegenzug einen ehrenvollen Frieden für das Deutsche Reich in den Grenzen von 1938 akzeptierten. Als neutralen Vermittler für diesen Vorschlag wollten die deutschen

Offiziere den Papst in Rom gewinnen. Sie richteten einen umständlichen, aber effizienten Informationskanal zum Vatikan ein, indem sie dem katholischen Rechtsanwalt Joseph Müller aus Bayern zur Tarnung einen Job bei der »Abwehr«, dem Geheimdienst des Deutschen Reichs, verschafften. Müller sollte offiziell im Auftrag des Reichs den Vatikan ausspionieren. Tatsächlich aber arbeitete er gegen die Regierung in Berlin und nutzte seine Anwesenheit in Rom, um Pius XII. als Mittelsmann der Verschwörer zu gewinnen. Über den deutschen Prälaten Ludwig Kaas und den deutschen Privatsekretär des Papstes, Pater Robert Leiber SJ, gelang es Müller, dem Papst den Vorschlag zu unterbreiten.

Pius XII. wusste, welches Risiko er einging. Wenn die Sache bekannt wurde, musste er mit schärfsten Reaktionen Hitlers gegen die katholische Kirche im Deutschen Reich und möglicherweise auch mit Sanktionen der italienischen Faschisten gegen den materiell völlig von Italien abhängigen Vatikanstaat rechnen. Trotz dieser Gefahren beteiligte sich der Papst an der Verschwörung. Bei einem privaten Essen mit dem britischen Vatikan-Botschafter d'Arcy Osborne informierte Kaas am 1. Dezember 1939 den Diplomaten vom Plan der Verschwörer. Am 12. Januar 1940 kam es endlich zu einem Geheimtreffen zwischen Osborne und dem Papst in dessen Privatgemächern. Pius XII. setzte alles auf eine Karte. Gegenüber Osborne unterstützte er den Plan der Verschwörer und ließ sogar seinen Kardinalstaatssekretär Maglione im Dunkeln, um das Risiko aufzufliegen so gering wie möglich zu halten. Doch die Verhandlungen dauerten lange und waren kompliziert. Müller reiste mehrere Male als Bote zwischen dem Vatikan und den Verschwörern in Berlin hin und her. Er überbrachte deren Vorschläge dem Privatsekretär Leiber, dieser trug sie dem Papst vor. Der wiederum empfing den britischen Botschafter. Doch die Briten trauten dem Braten nicht, sie witterten eine Falle. Um London von der Ernsthaftigkeit ihres Anliegens zu überzeugen, entschlossen sich die Verschwörer im Frühjahr 1940 zu einem weiteren riskanten Schritt. Sie übermittelten den Briten über die Informantenkette Müller–Leiber–Papst–Osborne die Angriffspläne Hitlers gegen die Benelux-Staaten und Frankreich. Das war der Augenblick des größten Wagnisses für den Papst: Er gab militärische Geheimnisse des Deutschen Reichs an dessen Kriegsgegner weiter.

London sperrte sich noch immer hartnäckig. Der britische Außenminister antwortete seinem Botschafter, man könne nicht auf der Grundlage von Informationen aus unbekannten Quellen handeln. Er forderte ein präzises Programm der Verschwörer und Garantien. Nach weiteren erfolglosen Vorstößen erfuhr der britische König von dem Komplott. An diesem Punkt platzte dem sonst stets diplomatisch zurückhaltenden Papst der Kragen. Bei einem Treffen mit Osborne am 30. März klagte er verbittert über den Mangel an Geheimhaltung, der das ganze Unternehmen gefährde und die katholische Kirche größten Risiken aussetze. Am Ende scheiterte das tollkühne Projekt der deutschen Militärs und des Papstes, weil die Regierung in London das Angebot der Putschisten weiterhin ablehnte.

Inzwischen hatte aber das Wissen um den geplanten Angriff Hitlers gegen die Benelux-Staaten und Frankreich eine Eigendynamik entwickelt. Als Müller nach mehrmals angekündigten und dann wieder verschobenen Angriffsterminen am 1. Mai 1940 den Papst davon informierte, dass es nun wirklich so weit sei, gab dieser die alarmierende Nachricht an den belgischen Botschafter beim Heiligen Stuhl weiter. Der wiederum telegrafierte nach Brüssel. Die Warnungen hatten aber nicht den gewünschten Erfolg, keines der bedrohten Länder war in der Lage, sich gegen die deutsche Übermacht zu verteidigen. Am 10. Mai begann Hitler mit der Besetzung der kleinen Nachbarstaaten im Westen.

Auf diplomatischem Weg, aber doch unüberhörbar erhob der Papst nun seine Stimme zum Protest. Er sandte offizielle Telegramme an die Monarchen der eroberten Länder und verurteilte darin die Besetzung als rechtswidrig und grausam. Die Telegramme wurden im *L'Osservatore Romano* veröffentlicht – ein für den sonst so ängstlich agierenden Papst ein vergleichsweise mutiger Schritt. Dies trug Pius XII. wütende Proteste und Drohungen der Faschisten in Rom, aber auch Kritik der Alliierten ein, die eine noch schärfere Verurteilung der Invasion forderten.

Wenig später gelang es dem deutschen Geheimdienst, die verschlüsselten Meldungen des belgischen Vatikan-Botschafters zu dekodieren, in denen dieser am 2. und am 4. Mai seine Regierung vor dem Angriff der Deutschen gewarnt hatte. Dummerweise hatte der Botschafter in seinen Mitteilungen auch die Quelle seiner Information genannt: einen Mitarbeiter der deutschen Abwehr, der sich in Rom aufhielt. Damit hatten die Stellen in Berlin die Spur Müllers aufgenommen und standen kurz davor, die Verschwörung aufzudecken. Mit Tricks und Finten gelang es Abwehrchef Admiral Wilhelm Canaris, der mit den Verschwörern zusammenarbeitete, den Verdacht in letzter Minute abzulenken. Das Komplott wurde erst nach dem gescheiterten Attentat auf Hitler am 20. Juli 1944 von der Gestapo aufgedeckt. Canaris und seine Mitverschwörer wurden zum Tode verurteilt, nur Müller überlebte.

Was Pius XII. in den ersten Monaten des Jahres 1940 empfand, als er durch schier unglaubliche Zufälle zum Mittelsmann für einen geheimen Vermittlungsversuch wurde, der im Fall seines Gelingens den Lauf der Geschichte grundlegend verändert hätte, lässt sich nur erahnen. Höchstwahrscheinlich hat es ihn in seiner Haltung bestärkt, im Weltkrieg unbedingt eine überparteiliche Position zwischen den Mächten zu bewahren, um vielleicht eines Tages als der einzig mögliche Friedensstifter gerufen zu werden.

Der Papst schweigt

Diese irrige Hoffnung war vermutlich auch dann noch im Denken des Papstes wirksam, als im Herbst 1943 die Vernichtungsmaschine des Judenmords Rom erreichte. In dieser Situation verhielt sich der Papst widersprüchlich: Einerseits rettete er mehreren tausend Juden das Leben, andererseits schwieg er im entscheidenden Moment, als über 1000 von ihnen in die Vernichtungslager der SS deportiert wurden.

Wenige Kilometer vom Vatikan entfernt, im einstigen jüdischen Ghetto, begann am 20. September die Tragödie. Herbert Kappler, der gefürchtete deutsche Polizeichef in Rom, verlangte von den Mitgliedern der großen jüdischen Gemeinde die Bereitstellung von 50 Kilo Gold binnen 24 Stunden. Andernfalls sollten 300 römische Juden getötet werden. Als die Juden nur 35 Kilo zusammenbrachten, wandte sich der Rabbi der Gemeinde, Israel Zolli, in seiner Verzweiflung direkt an den Vatikan. Als Ingenieur getarnt wurde er in den umzingelten Zwergstaat des Papstes eingelassen, und Pius XII. bewilligte umgehend die benötigte Summe. Viele der rund 8000 römischen Juden begriffen nach dieser Erpressung nun endlich, was die Stunde geschlagen hatte. Es gab nur eine einzige Fluchtmöglichkeit in der besetzten Stadt: die Klöster und kirchlichen Einrichtungen.

Der vergleichsweise papstfreundliche Besatzungskommandant der ersten Stunde, General Rainer von Stahel, hatte an weit über hundert Kirchen, Klöstern und anderen kirchlichen Einrichtungen eine »Bekanntmachung« in deutscher und italienischer Sprache anbringen lassen, die faktisch den Einfluss- und Schutzbereich des Heiligen Stuhls erheblich ausdehnte. Der Text war ebenso eindeutig, wie er in etlichen Fällen falsch war: »Dieses Gebäude dient religiösen Zwecken und gehört dem Vatikanstaat. Haussuchungen und Beschlagnahmungen sind verboten. Der Deutsche Kommandant.« Glücklicherweise respektierten die Wehrmacht und die SS diese hastig errichteten Schutzzonen, obwohl nach den Lateranverträgen nur einige wenige kirchliche Gebäude in Rom tatsächlich exterritorialen Status gemäß dem Völkerrecht beanspruchen konnten. Auf diese Weise hatten allein in Rom mehr als 4000 Juden die Möglichkeit, sich in über 150 kirchlichen Häusern (bis hin zum Vatikan selbst) erfolgreich zu verstecken. Um die klammheimliche und für die beteiligten Kirchenleute lebensgefährliche Rettungsaktion zu erleichtern, hob der Papst einige strenge innerkirchliche Vorschriften für die Klöster auf. Beispielsweise konnten Männer in Nonnenkonvente flüchten und Frauen in Männerklöster.

Doch nicht alle Mitglieder der jüdischen Gemeinde nutzten die letzte Möglichkeit zum Untertauchen, viele gaben sich der Illusion hin, ihnen werde schon nichts Schlimmes widerfahren. In der Nacht auf den 16. Oktober begann eine 365 Mann starke SS-Spezialeinheit mit der Festnahme der noch greifbaren römischen Juden. In den frühen Morgenstunden wurden 1259 Menschen aus ihren Wohnungen verschleppt und in der Militärakademie am Tiberufer zusammengetrieben. Der Papst erfuhr beim Morgengebet von der Aktion. Eine junge römische Adlige hatte von dem Einrücken der deutschen LKWs ins Judenviertel gehört und stürmte voller Empörung in den Vatikan. Aufgrund ihres Ranges wurde sie tatsächlich zum Papst vorgelassen und dieser ordnete umgehend die Einbestellung des deutschen Botschafters an. Wenige Stunden später kam es zu einer bemerkenswerten Begegnung zwischen dem Staatssekretär des Papstes, Kardinal Luigi Maglione, und dem Berliner Botschafter, Ernst von Weizsäcker. Der Verlauf dieses Gesprächs ist für die Bewertung der Politik des Papstes von entscheidender Bedeutung.

Für von Weizsäcker war die Verhaftung der römischen Juden höchst ärgerlich. Seit er im Sommer 1943 von Berlin nach Rom entsandt worden war, verfolgte er einen ehrgeizigen Plan. Er wollte einen Separatfrieden zwischen Deutschland und den Westalliierten einfädeln und träumte davon – nicht anders als die Beck-Verschwörer von 1940 –, dass der Papst dafür der neutrale Vermittler sein könnte. Um aber das Deutsche Reich dazu zu bringen, dem Vatikan eine solche Vermittlerrolle einzuräumen, musste die Regierung in Berlin davon überzeugt werden, dass der Papst in seinem bedingungslosen Antikommunismus letztlich der einzig Geeignete wäre, ein gemeinsames Bollwerk des Westens gegen den vorrückenden Bolschewismus zustande zu bringen. Folgerichtig zeichnete von Weizsäcker in seinen Berichten aus Rom das Bild eines Papstes, der den Deutschen letztlich wohlgesinnt war und im Zweifelsfalle den Sowjetkommunismus und nicht den Nationalsozialismus für den schlimmsten Feind des Abendlandes hielt. Der Papst, den von Weizsäcker schilderte, war zuallererst ein glühender Antikommunist, zu den Alliierten und zu Berlin hielt er hingegen in etwa die gleiche Distanz. Durch die Judenrazzia in Rom bestand nun die Gefahr, dass dieses Bild zerbrechen würde. Nichts fürchtete von Weizsäcker mehr als einen offenen Protest Pius' XII. gegen Deutschland. Damit hätte sich der Papst aus der Sicht Berlins als Freund der Juden und Feind des Reichs geoutet, von Weizsäckers Plan wäre geplatzt wie eine Seifenblase. Dies wollte er um jeden Preis verhindern.

Der Papst und sein Kardinalstaatssekretär wussten, wenn auch nicht bis ins letzte Detail, dass der deutsche Botschafter ein eigenes Spiel spielte. Maglione versuchte, dies in der brisanten Situation zugunsten der gefangenen Juden auszunutzen. Zunächst begann er das Gespräch ungewöhnlich emotional, appellierte an das »weiche und gute Herz« des Diplomaten und rief: »Tun Sie etwas für diese armen Menschen!« Danach änderte er seinen Tonfall und bemerkte, es sei für den Heiligen Vater äußerst schmerzlich, dass man ausgerechnet in Rom unter seinen Augen so viele Menschen wegen ihrer Rassenzugehörigkeit leiden lasse.

Draußen glänzten die vom Herbstregen nassen Dächer von Rom. Für die deutschen Streitkräfte stand der fünfte Kriegswinter vor der Tür und von Weizsäcker ahnte, dass nach den Niederlagen in Nordafrika, Sizilien und in Stalingrad auch der Fall Roms an die Alliierten nur noch eine Frage der Zeit war. Dennoch glaubte er weiter an die Chance, über den Papst zu einem Separatfrieden zu gelangen, und die wollte er nicht ausgerechnet in diesem kritischen Moment verspielen. Von Weizsäcker überlegte und fragte dann rundheraus: »Was würde der Heilige Stuhl tun, wenn die Verhaftungen fortgesetzt werden?«

Das war genau die Frage, auf die der Kardinalstaatssekretär gewartet hatte. Nun kam es auf jedes Wort an. Maglione erklärte trocken: »Der Heilige Stuhl möchte nicht vor die Notwendigkeit gestellt werden, ein Wort der Missbilligung sagen zu müssen.« Die Drohung war subtil, aber sie funktionierte. Von Weizsäcker beschwor Maglione, der Heilige Stuhl möge bitte die Konsequenzen eines Protests bedenken. Bisher sei es dem Vatikan doch stets gelungen, alle Klippen zu umschiffen und trotz einer größeren Nähe zu den Alliierten immer ein perfektes Gleichgewicht zu halten. »Wollen Sie denn wirklich alles aufs Spiel setzen, gerade jetzt, wo doch das Schiff schon fast im sicheren Hafen eingetroffen ist?« Außerdem gab er zu bedenken, dass der Befehl aus Berlin für die Razzia von ganz weit oben gekommen sei.

Am Ende seiner Ausführungen gab von Weizsäcker zu verstehen, dass er sich für die Juden einsetzen wolle, machte aber zugleich einen Vorschlag, der garantieren sollte, dass er sein doppeltes Spiel gegenüber Berlin fortführen konnte: »Lassen Sie mir die

Freiheit, von diesem Gespräch keine offizielle Mitteilung zu machen?«

Maglione legte noch einmal nach und drohte unverhohlen: »Man darf den Heiligen Stuhl nicht vor die Notwendigkeit stellen zu protestieren. Sollte der Heilige Stuhl aber dennoch dazu gezwungen sein, dies zu tun, dann wird er sich, was die möglichen Konsequenzen angeht, der göttlichen Vorsehung anvertrauen.« Für einen kurzen Augenblick ließ der Stellvertreter des Papstes hinter der Fassade diplomatischer Formulierungen den Mut zum Martyrium aufblitzen, den der Vatikan in diesen Monaten sonst so sehr vermissen ließ. Dann fasste er kurz und bündig zusammen: »Sie haben mir gesagt, dass Sie versuchen werden, etwas für die armen Juden zu tun. Dafür danke ich Ihnen. Alles Weitere überlasse ich Ihnen. Wenn Sie glauben, es sei nicht opportun, etwas über unsere Unterredung verlauten zu lassen, dann soll es so sein.«

Nach Lage der Akten ist nicht ganz klar, ob es dann tatsächlich einer Intervention von Weizsäckers oder einer Eingabe des Generals von Stahel beim Reichsführer der SS zu verdanken war, dass die Razzia zunächst aufhörte – auch wenn danach nochmals über 1000 Juden, die nicht in kirchlichen Gebäuden Zuflucht gefunden hatten, aufgegriffen und deportiert wurden. Tatsache ist, dass der Papst seinen Sondergesandten Pater Pankratius Pfeiffer zu von Stahel schickte. Pfeiffer bat den General dringend, in Berlin anzurufen, um der Razzia Einhalt zu gebieten. Auch der österreichische Bischof Alois Hudal, eine schillernde Figur, der als Rektor der deutschen Nationalstiftung »Anima« in Rom stets eine vermittelnde Position zwischen dem Dritten Reich und der katholischen Kirche einzunehmen versuchte, wandte sich direkt an den General und schrieb: »Im Interesse des friedlichen Einvernehmens zwischen Vatikan und deutschem Militärkommando bitte ich vielmals, eine Order zu geben, dass in Rom und Umgebung diese Verhaftungen (...) sofort eingestellt werden. Das deutsche Ansehen im Ausland fordert eine solche Maßnahme und auch die Gefahr, dass der Papst öffentlich dagegen Stellung nehmen wird.« Von Stahel leitete das Schreiben unmittelbar an Heinrich Himmler weiter und versuchte, die Reichsleitung der SS mit einem rein militärischen Argument davon zu überzeugen, dass die Fortsetzung der Judenrazzia in Rom zum gegenwärtigen Zeitpunkt nicht opportun sei: Sie könne einen Aufstand auslösen, der dann die Nachschublinien für die südlich von Rom liegenden Einheiten gefährden und letztlich den Alliierten nützen würde. Himmler gab daraufhin Order, »mit Rücksicht auf den besonderen Charakter Roms diese Verhaftungen sofort einzustellen«.

Den bereits Festgenommenen half dies jedoch nichts mehr. Am 16. and 17. Oktober wandten sich Dutzende von verzweifelten Juden, deren Familienangehörige wenige hundert Meter vom Vatikan entfernt in der Militärakademie am Tiberufer festgehalten wurden, mit Briefen an den Papst oder kamen persönlich in den Vatikan. Die Antwort war immer dieselbe: »Wir tun alles, was in unserer Macht steht.« Der Papst hatte einen Kundschafter an den Tiber geschickt, der ihm über die schrecklichen Zustände in dem Militärgebäude berichtete: Die Menschen waren auf engstem Raum zusammengepfercht, am ersten Tag hatten sie weder zu essen noch zu trinken. Für die meisten war es aber nur ein milder Vorgeschmack dessen, was sie erwartete. Die stille Diplomatie des Papstes rettete nur wenige der Todgeweihten. Von den 1259 aus dem Ghetto verschleppten Juden wurde rund ein Fünftel, möglicherweise aufgrund der Intervention von Weizsäckers nach dem Treffen mit Maglione im Vatikan, wieder freigelassen. Die meisten der Befreiten waren mit Katholiken verheiratet oder hatten das Glück, Kinder aus Mischehen zu sein. Der größte Teil der Gefangenen aber begann am 18. Oktober die Reise nach Auschwitz, ohne dass der Papst vernehmbar dagegen protestierte. Nur 15 von ihnen kehrten lebend zurück.

Das Gespräch zwischen von Weizsäcker und Maglione diente später manchen Autoren als Beweis dafür, dass Pius XII. zur Judenverfolgung, die unter seinen Augen stattfand, schlichtweg geschwiegen hätte. Einige Historiker interpretieren die Unterredung anders: Schon durch seinen angedrohten Protest habe der Papst mehr bewegt, als bei den ungleichen Machtverhältnissen überhaupt zu hoffen war. Angesichts des beträchtlichen Erfolges seiner diskreten Maßnahmen drängt sich die Frage auf, ob der Papst nicht auch offen mehr hätte riskieren können.

Unabhängig von der moralischen Bewertung illustrieren die Ereignisse vom Oktober 1943, wie der umzingelte Zwergstaat Vatikan und das übermächtige Deutsche Reich einander voller Misstrauen belauerten und doch ihr jeweiliges Handeln in bizarrer Weise miteinander verknüpften – wobei der deutsche Botschafter diesen Knoten durch seine einseitigen Berichte nach Berlin noch enger zog. Der Papst wollte das Leben der vielen Juden, die in kirchlichen Gebäuden Roms – und darüber hinaus in Italien, Frankreich und anderen Ländern – versteckt waren, nicht gefährden. Durch sein humanitäres Engagement und durch sein vorsichtiges Taktieren hatte er, der als weltweit geachtete moralische Instanz frei gewesen wäre, ohne Rücksicht auf Eigeninteressen den Judenmord zu denunzieren, am Ende die letzten Reste von Handlungsfreiheit aus der Hand gegeben. Ganz ähnlich erging es ihm mit seiner selbst gewählten Bindung an das Schicksal der Katholiken in Polen und in Deutschland. Indem er es sich zur Maxime machte, sie durch sein Handeln nicht zusätzlich in Gefahr zu bringen, versperrte er sich die Option eines lautstarken Protestes gegen das Nazi-Regime. Er war ein Gefangener seiner eigenen, zunächst durchaus vernünftigen und moralisch integren Politik geworden und konnte seine überparteiliche Position auch in dem Moment nicht mehr aufgeben, als dies angesichts der Juden-Deportation, die vor seinen Augen stattfand, moralisch geboten war.

In eine ähnliche Handlungsunfähigkeit manövrierte sich der Papst auch durch seine gut gemeinten Versuche, in Hitlers halbfaschistischen Satellitenstaaten, etwa in der Slowakei, in Ungarn oder in Rumänien, zugunsten der verfolgten Juden zu intervenieren. Indem er alles auf die diplomatische Schiene setzte, legte er sich auf die – letztlich erfolglose und moralisch fragwürdige – Option der Überparteilichkeit fest. Allerdings müssen selbst die Kritiker Pius' XII. einräumen, dass die andere Option, die des lauten Protestes und der klaren Parteinahme, vor dem Hintergrund der realen Machtverhältnisse in Europa zwischen 1940 und 1944 auch nicht sehr erfolgversprechend war. Aus Sicht des Papstes, der Hitlers Skrupellosigkeit kannte, war die Alternative vor allem mit einem gravierenden Mangel behaftet: Wenn überhaupt, konnte er diese Karte nur ein einziges Mal ausspielen. Hitler hätte nach einem päpstlichen Protest vermutlich getobt und dann hätte er den Vatikan aller Wahrscheinlichkeit nach ebenso rasch ausgeschaltet wie jeden anderen militärisch unterlegenen Gegner.

KAPITEL IV

Die Päpste im Kalten Krieg

Im Zweiten Weltkrieg war das außenpolitische Gewicht des Papstes zwar nicht überwältigend, doch nahmen die Großmächte – mit Ausnahme der Sowjetunion – immerhin Rücksicht auf ihn und betrachteten ihn als eine wichtige Figur auf dem internationalen Schachbrett. In der unmittelbaren Nachkriegszeit sah es anders aus. Obwohl der Heilige Stuhl alles in seiner Macht Stehende unternahm, um bei der Suche nach Kriegsgefangenen und der Familienzusammenführung zu helfen, schrumpfte sein politischer Einfluss plötzlich wieder beinahe auf null. Die Aufteilung der Welt gemäß den Beschlüssen von Jalta ist der augenfällige Beweis. Die Jalta-Konferenz war aus vatikanischer Sicht eine Katastrophe: Ohne Widerstand überließen die Westalliierten der Sowjetunion weite Teile Ost-, Südost- und Mitteleuropas, darunter zahlreiche Gebiete katholischer Prägung wie Polen, die Slowakei und Ungarn. Stalin konnte sich die hinzugewonnene Einflusszone ungestört als Teil der Sowjetunion oder als Satellitenstaaten unterwerfen und begann sofort mit einer konsequenten Unterdrückung der katholischen Kirche. Anders als die orthodoxe Kirche in Russland, mit der sich der kommunistische Diktator bereits im Zweiten Weltkrieg zu arrangieren begann, war die katholische Kirche für die neuen Machthaber ein ideologischer wie auch ein politischer Gegner ersten Ranges. In fast allen Ländern des erweiterten sowjetischen Machtbereichs wurden Priester und in manchen Fällen auch Bischöfe verhaftet, Seminare und Kirchen geschlossen, kirchlicher Besitz enteignet, Gläubige eingeschüchtert. Die Konkordate aus der Zeit nach dem Ersten Weltkrieg waren nun Makulatur. Stalin war ebenso wie seine Verbündeten und seine Marionetten entschlossen, die katholische Kirche in ihrem Machtbereich an den Rand zu drängen. Bestenfalls sollte sie als museale Folkloregruppe weiterbestehen dürfen.

Kirchenstrafen für Kommunisten

Bedrohlich war die Entwicklung aus vatikanischer Sicht auch im frei gebliebenen Teil Europas. In Frankreich, vor allem aber in Italien selbst waren die kommunistischen Parteien moralisch und politisch gestärkt aus den Jahren des antifaschistischen Untergrunds hervorgegangen. Es bestand die Gefahr, dass die Kommunisten auch hier die Macht übernehmen würden. In den politischen Sympathien der italienischen Bevölkerung waren sie, wie die Wahlen zur verfassungsgebenden Versammlung von 1946 und die ersten Parlamentswahlen 1948 zeigten, mit Stimmenanteilen zwischen 30 und 40 Prozent die zweitstärkste Kraft nach der neu entstandenen katholischen Partei »Democrazia Cristiana«. Auch viele katholisch getaufte Italiener sympathisierten mit der Kommunistischen Partei (PCI) und mit ihren Zielen einer klassenlosen, gerechten Gesellschaft. Vor diesem Hintergrund ließ Pius XII. das »Heilige Offizium«, die Nachfolgebehörde der Inquisition, am 1. Juli 1949 eine »Erklärung« veröffentlichen. In ihr hieß es, dass jeder, »der sich zur Lehre des materialistischen und antichristlichen Kommunismus bekennt«, dieselben Kirchenstrafen auf sich ziehe wie alle anderen vom Glauben Abgefallenen. Im Klartext bedeutete dies die Exkommunikation. Ferner hieß es in dem Schreiben, jeder, der den Kommunismus, etwa durch Mitgliedschaft in einer kommunistischen Partei, unterstütze, begehe eine schwere Sünde und müsse mit den entsprechenden kirchlichen Strafen rechnen.

Der Text wurde in der Öffentlichkeit als faktische Exkommunikation aller Kommunisten durch den Papst verstanden. Er hatte dramatische Auswirkungen auf die italienische Gesellschaft, die noch über Jahrzehnte andauern sollten. Unzählige Familien wurden in schwere Konflikte getrieben, wenn etwa der kommunistische Vater aus dem kirchlichen Leben ausgeschlossen war, während die Mutter am Glauben festhielt und auch ihre Kinder darin erzog. Den politischen Erfolg der Drohung beeinträchtigte das nicht: Im Italien der Nachkriegszeit behielten die Christdemokraten gegenüber den Kommunisten die Oberhand.

Den USA kam die vatikanische Stellungnahme höchst gelegen. Washington und der Vatikan waren sich einig in dem Ziel, ein Übergreifen der »Roten Flut« auf den Rest Europas zu verhindern. Ebenso wie Moskau die italienischen Kommunisten massiv unterstützte, halfen die USA der »Democrazia Cristiana« und dem Vatikan ideell und materiell bei der Verteidigung des »christlichen Abendlandes« gegen die sowjetische Bedrohung. Die Zeiten, in denen der Pontifex die Kirche, die er mitunter bildlich als das »Schiff Petri« bezeichnete, mit diplomatischem Taktieren zwischen den Klippen von Faschismus, Nationalsozialismus, Kommunismus und Westalliierten hindurchmanövrieren musste, schienen nun vorbei. Übrig geblieben waren nur zwei Blöcke, die sich ohne offenen Krieg, aber auch ohne Frieden feindlich gegenüberstanden: der kirchenfeindliche, »gottlose Kommunismus« und der unter der Schutzherrschaft der USA stehende »freie Westen«.

Als 1950 das kommunistische Nordkorea einen Angriffskrieg gegen Südkorea startete, schien aus Sicht der USA der Moment gekommen, die Gemeinsamkeit zwischen Washington und dem Vatikan zu stärken. Der Papst sollte in eine sichtbare Allianz des freien Westens gegen die kommunistische Bedrohung eingebunden werden. Da es wegen der strikten Trennung von Staat und Kirche in Amerika keine formellen diplomatischen Beziehungen zum Vatikan gab, beauftragte der amerikanische Präsident Harry S. Truman zunächst den bereits pensionierten Sondergesandten seines Vorgängers Roosevelt, Myron Taylor, den Papst von der Notwendigkeit einer großen Allianz zu überzeugen. Er bot ihm sogar an, die USA würden ihn konfessionsübergreifend als geistigen Führer der »freien Welt« anerkennen.

Doch Pius XII., der als erster Papst der Kirchengeschichte die Vereinigten Staaten nicht nur aus der Ferne kannte, sondern sie – drei Jahre vor seiner Wahl – besucht hatte, ließ sich nicht auf das amerikanische Angebot ein. Selbst als Truman wenige Monate später, im Oktober 1951, den früheren General Mark W. Clark, der Rom 1944 von der deutschen Besatzung befreit hatte, zum ersten offiziellen Botschafter Washingtons beim Heiligen Stuhl ernannte, bewegte sich der Papst nicht auf den Präsidenten zu. Der übereilte Vorstoß Trumans, mit dem Vatikan diplomatische Beziehungen zu knüpfen, führte in den USA zu heftiger innenpolitischer Polemik. Mehr als tausend wütende Protestbriefe erreichten das Weiße Haus. Die Schreiber warfen dem Präsidenten vor, er verletze die heiligsten Verfassungsgrundsätze der weltanschaulichen Neutralität des Staates. Nach einer nicht weniger heftigen antivatikanischen Kampagne in den Medien sah sich Truman gezwungen, einen Rückzieher zu machen. Clark gab sein Amt auf, bevor er es überhaupt angetreten hatte.

Im Zuge der Polemik wurden selbst die alten antikatholischen Feindbilder aus der Ära der Reformationszeit wieder aufgewärmt. Dem Papst wurde unterstellt, er wolle mithilfe der wachsenden katholischen Bevölkerung in den USA die Macht an sich reißen und die Freiheit der protestantischen Mehrheit unterdrücken. Dass diese Vorgänge nicht besonders geeignet waren, das Herz des Papstes für die Initiative Trumans zu gewinnen, liegt auf der Hand. Doch die Gründe für die distanzierte Haltung des Pontifex gegenüber den Umarmungsversuchen aus Washington lagen tiefer. Sie waren nicht zuletzt ideologischer Natur. In der traditionellen Radio-Weihnachtsbotschaft des Jahres 1951, wenige Monate nach dem Angebot Trumans, bezog Pius XII. erstmals seit dem Krieg unmissverständlich eine Position jenseits beider Nachkriegsblöcke. Er verurteilte in der gewohnten Schärfe und Bitterkeit die gewaltsame Unterdrückung der Freiheit und der Gläubigen in den kommunistischen Diktaturen, ging dann aber mit überraschend harten Worten auch auf Distanz zur anderen Supermacht und ihrer Ideologie. Er kritisierte die innere, geistige »Schwäche einer Welt, die sich mit Inbrunst als die ›freie Welt‹ zu nennen beliebt«. Statt auf die Werte des christlichen Gewissens höre man dort auf das, was Presse, Radio, Kino und Fernsehen den Menschen fertig vorsetze. Die »wahre Freiheit« auf der Basis einer christlichen Ordnung habe dort keinen Platz mehr, klagte der Papst und bezeichnete diese Lebensweise, mit der offenbar die amerikanische Konsumgesellschaft der Nachkriegszeit gemeint war, sogar als eine »neue Gefahr für den Frieden«.

Doch der Papst hatte auch realpolitische Gründe, gegenüber der amerikanischen Supermacht auf Distanz zu bleiben. Schon nach dem Ersten Weltkrieg hatte der Vatikan schlechte Erfahrungen mit der »Pax Americana« gemacht. Zwar hatten die USA in Europa mit der schieren Übermacht von Waffen und Soldaten den Krieg beendet, doch anschließend waren sie nicht dazu in der Lage gewesen, die Grundlagen für einen dauerhaften Frieden zu legen. Der Heilige Stuhl fürchtete, dass Amerikas Auftreten als Friedensgarant auch nach dem Zweiten Weltkrieg langfristig nicht erfolgreicher sein würde. Doch realistische Alternativen gab es nicht. Das Projekt eines geeinten Europas, das als unabhängiger Pol ein Raum des Friedens und der Stabilität werden könnte, war in der Nachkriegszeit eine vage Vision. Erst am Ende des Pontifikats sollte sie mit den Römischen Verträgen von 1957 zur Gründung der EWG in die Tat umgesetzt werden. Zunächst musste sich der Vatikan an die Mächte halten, die es gab. Nachdem sich die beiden Blöcke in wenigen Jahren herausgebildet hatten, zeichnete sich schon bald ab, dass diese Konstellation vermutlich lange andauern würde. Die gegenseitige Bedrohung der Supermächte mit Atomwaffen führte beinahe zwangsläufig zu einem Patt.

Dem Papst war klar, dass der Vatikan sich mit einem Anschluss an das amerikanische Lager in eine neue Sackgasse politischer Handlungsunfähigkeit hineinmanövrieren würde. In einem seiner wenigen Auftritte vor der internationalen Presse machte er deshalb im Mai 1953 unmissverständlich klar, dass der Heilige Stuhl sich »von keiner Macht oder Gruppe von politischen Mächten ins Schlepptau nehmen lässt«. Der Vatikan bleibe daher neutral oder, wie der Papst präzisierte, »überparteilich und unabhängig«. Zwar könne es im Laufe der Geschichte vorkommen, »dass sich der Weg des Heiligen Stuhls mit dem einer anderen politischen Macht kreuzt«, doch letztlich bleibe der Weg der Kirche ein eigener, denn sie habe eine göttliche Mission für alle Menschen ohne Unterschied zu erfüllen.

Risse im Eis

Ohne es zu wollen, hat der erbitterte Antikommunist Pius XII. mit seiner Festlegung der kirchlichen Überparteilichkeit im Kalten Krieg eine Grundlage geschaffen, von der aus sein Nachfolger mit den Kommunisten ins Gespräch kommen konnte. Als der Bauernsohn Angelo Roncalli 1958 im 77. Lebensjahr zum Papst gewählt wurde, dachten zunächst nur wenige Zeitgenossen daran, dass er ein Papst großer Reformen im Inneren der Kirche oder in der Außenpolitik des Vatikans werden könnte. Doch Johannes XXIII. wurde in einer Zeit des Umbruchs zum Papst gewählt und er entschied sich dafür, diesen Umbruch nicht einfach über sich und die Kirche hinweggehen zu lassen, sondern ihn aktiv mitzugestalten. Schon zu Beginn seiner absehbar kurzen Amtszeit war ihm klar, dass er mit den Machthabern im Osten reden musste. Die Lage der katholischen Kirche in den kommunistisch regierten Ländern hatte sich unter Stalins Herrschaft zunehmend verschlechtert. Außer in Polen, wo die Kirche so stark verwurzelt war, dass keine Macht der Welt sie verdrängen konnte, ging die Entwicklung in allen anderen Ländern stetig bergab. In einigen Ländern wurde die Kirche regelrecht in den Untergrund der Illegalität getrieben. In Ungarn, in der Tschechoslowakei, in der Ukraine und in Jugoslawien saßen sogar Kardinäle und Erzbischöfe in Haft oder standen unter Hausarrest, andere waren in der Haft gestorben. Einziges Hoffnungszeichen war der jüngst erfolgte Wechsel an der Spitze der Sowjetunion, wo nach dem Despoten Stalin der impulsive, wenig berechenbare Neuerer Nikita Chruschtschow 1953 die Macht in der Partei übernahm. Zwar schlug er den Ungarn-Aufstand von 1956 blutig nieder und unterstrich damit in unmissverständlicher Weise den Führungsanspruch der Sowjetunion im Osten, doch gab seine Kritik an den innenpolitischen Exzessen der Stalin-Diktatur Anlass zur Hoffnung.

Das politische Wirken Johannes' XXIII. verknüpfte sich schon bald auf merkwürdige Weise eng mit dem Chruschtschows. Beide waren als Bauernsöhne an den Gipfel der Macht gelangt und beide hatten nur relativ kurze Zeit, um ihre jeweiligen Visionen umzusetzen: Der Papst sollte 1963 nach einer viereinhalbjährigen Amtszeit sterben und Chruschtschow wurde 1964 entmachtet. Dennoch bewegte sich in den wenigen Jahren, in denen sie auf unterschiedliche Weise und in grundverschiedenen Positionen Einfluss auf den Verlauf der Geschichte nahmen, überraschend viel. Dass sich in der katholischen Kirche unter Johannes XXIII. etwas verändern würde, begriff die sowjetische Seite schon bald. Dem rundlichen Norditaliener auf dem Papstthron schlug wegen seiner menschenfreundlichen und gütigen Ausstrahlung sogleich landesweite und bald auch internationale Sympathie entgegen. Er besuchte Krankenhäuser und Gefängnisse und sprach in einer einfachen, gewinnenden Sprache, die alle Klassengrenzen übersprang. Die Begeisterung, die der Papst entfachte, entging auch den Beobachtern aus dem Ostblock nicht. Als er am 25. Januar 1959 zur allgemeinen Überraschung das Zweite Vatikanische Konzil ausrief, horchten auch sie auf. Zunächst war nicht klar, was er damit wollte, doch gingen viele Kommentatoren davon aus, dass nun eine Zeit der Neuerungen in der katholischen Kirche gekommen war. Im Kreml schloss man messerscharf, dass dies auch Auswirkungen auf die Außenpolitik des Vatikans haben könnte.

Moskau war gut beraten, alle Anzeichen einer Veränderung genau zu verfolgen. Chruschtschow wusste nur zu gut um die inneren Spannungen in manchen Ländern des Ostblocks. Sie konnten zwar, wie in der DDR 1953 und in Ungarn 1956, mit Panzern niedergewalzt oder, wie in Polen nach dem Posener Aufstand von 1956, durch kleine wirtschaftliche Zugeständnisse entschärft werden, doch ausgeräumt wurden sie dadurch nicht. Vielleicht konnte man ja wenigstens einen Teil dieses Konfliktpotenzials loswerden, indem man eine gewisse Verständigung mit der katholischen Kirche suchte? Schon bald registrierte man in Moskau mit Genugtuung, dass Johannes XXIII. in seinen Äußerungen gegenüber dem Kommunismus zurückhaltender war als sein Vorgänger Pius XII. So wirkte die Kritik an der Sowjetideologie in der Sozialenzyklika des Papstes (*Mater et magistra*, Mai 1961) beinahe wie eine Pflichtübung. Gleichzeitig widmete der Papst in diesem Text der sozialen Lage in den Ländern der Dritten Welt breiten Raum und wählte dabei kritische Töne gegenüber dem Neokolonialismus, denen auch Kommunisten zustimmen konnten. Darüber hinaus ermunterte der Papst die katholischen Laien, in der Politik auch gegenüber Menschen anderer Weltanschauung Bereitschaft zur Verständigung und zur Kooperation an den Tag zu legen, wenn es darum gehe, Ziele zu erreichen, die »in sich gut sind«.

Sehr positiv wurde auch die Botschaft des Papstes an die in Belgrad tagende Konferenz der blockfreien Staaten im September 1961 aufgenommen. Johannes XXIII. ging deutlich auf Distanz zur Konfrontationspolitik des Kalten Kriegs und sprach sich dafür aus, in den internationalen Konflikten statt auf den Rüstungswettlauf auf Verhandlungen zu setzen. Die Absicht des Papstes, unter den neuen internationalen Gegebenheiten eine aktive diplomatische Rolle zu übernehmen, wurde dadurch untermauert, dass der Heilige Stuhl an der Konferenz der Vereinten Nationen über die Diplomatie teilnahm, die im selben Jahr in Wien stattfand. Vertreten durch den geschickt auftretenden Monsignore Agostino Casaroli erreichte er dabei, dass die Apostolischen Nuntien und die Delegaten des Heiligen Stuhls den Diplomaten anderer Staaten gleichgestellt blieben und nicht, wie der Vatikan befürchten musste, im Zuge einer allgemeinen Reform auf eine rein innerkirchliche Rolle reduziert wurden. Ferner wurde das im 20. Jahrhundert keineswegs mehr selbstverständliche historische Ehrenprivileg neu festgeschrieben, wonach der Apostolische Nuntius auch der Doyen des Diplomatischen Corps in den meisten Ländern ist. Es ist zu vermuten, dass Casaroli bei der Konferenz in Wien von den Delegierten des Ostblocks sehr genau beobachtet wurde und dass sie sein zurückhaltendes, aber professionell diplomatisches Verhalten als vielversprechend einstuften. Es gab also genug Gründe für Chruschtschow, eine vorsichtige Annäherung zu versuchen – zumal zu befürchten war, dass das »Zeitfenster« für diese Gelegenheit sich bald wieder schließen würde.

Zum 80. Geburtstag am 25. November 1961 erhielt Johannes XXIII. ein Glückwunschtelegramm, das ihn mehr freute als Hunderte andere. Absender war der sowjetische Botschafter beim italienischen Staat, der wegen der fehlenden diplomatischen Beziehungen zwischen Moskau und dem Vatikan aushilfsweise die

Botenfunktion übernommen hatte. »In Erfüllung eines Auftrages von Herrn Nikita Chruschtschow möchte ich Seiner Heiligkeit Johannes XXIII. zu seinem 80. Geburtstag meine Glückwünsche zum Ausdruck bringen, verbunden mit aufrichtigen Wünschen für seine Gesundheit und für seine hochherzigen Bemühungen, den Frieden in der Welt dadurch zu fördern und zu festigen, dass internationale Probleme durch unvoreingenommene Verhandlungen gelöst werden.« Das Telegramm schlug im Apostolischen Palast ein wie eine Bombe. Nach Jahrzehnten der Funkstille zwischen der Sowjetunion und dem Vatikan, nach unsäglichem Leiden der Kirche im Osten, nach Propaganda-Salven mit gegenseitigen Vorwürfen, Anklagen und moralischen Verurteilungen gab es erstmals eine offizielle Geste der Öffnung. Johannes XXIII. sandte umgehend ein höfliches Antwortschreiben. Nach einer langen Eiszeit konnte nun das Tauwetter beginnen, das später als Ära der »vatikanischen Ostpolitik« in die Geschichtsbücher einging.

Am Abgrund des Atomkriegs

Die erste Bewährungsprobe für die sich abzeichnende neue Konstellation kam rascher als erwartet. Im Herbst 1962 spitzte sich der Konflikt der USA mit Kuba, dem einzig kommunistisch regierten Land in der westlichen Hemisphäre, dramatisch zu. Ein von amerikanischer Seite unterstützter Versuch von Exilkubanern, die Karibikinsel militärisch zu erobern (die berühmte »Landung in der Schweinebucht«), scheiterte. Daraufhin stellte Chruschtschow seinem Verbündeten Fidel Castro Atomraketen als Abschreckung gegen künftige Angriffe aus den USA zur Verfügung. Dies empfand Präsident John F. Kennedy als eine nicht hinnehmbare Bedrohung Amerikas, da dadurch plötzlich sowjetische Atomraketen vor Washingtons Haustür standen. Als die US-Luftwaffe bei Aufklärungsflügen feststellte, dass weitere Raketen auf sowjetischen Schiffen nach Kuba unterwegs waren, verhängte Kennedy eine Seeblockade um die Insel und stellte Chruschtschow am 22. Oktober ein Ultimatum für den Abbau der schon vorhandenen Anlagen auf Kuba und für eine Umkehr der Raketentransporte auf dem Atlantik.

Als die sowjetischen Schiffe ihre Fahrt zunächst unbeeindruckt fortsetzten, schien zum ersten Mal ein Einsatz von Atomwaffen zwischen den Supermächten unmittelbar bevorzustehen. Keiner der beiden politischen Führer zeigte sich zum Nachgeben bereit. Es ging nicht nur darum, das Gesicht im eigenen Land nicht zu verlieren. Vielmehr glaubten beide, auch gegenüber ihren Verbündeten in der Pflicht zu sein und angesichts der weltweiten ideologischen und militärischen Aufrüstung unnachgiebige Härte zeigen zu müssen. Die ausweglose Pattsituation entwickelte sich durch das Ultimatum Kennedys und die weiter mit Kurs auf Kuba fahrenden sowjetischen Schiffe scheinbar unaufhaltsam zu einem Katastrophenszenario. Sie konnte nur durch eine neutrale Instanz entschärft werden, die das Vertrauen beider Seiten genoss und deren Überparteilichkeit außer Frage stand. Diese Instanz musste den Gegnern eine Möglichkeit eröffnen, einen Schritt zurück zu machen und doch vor der Weltöffentlichkeit als »moralische Sieger« dazustehen. Wer konnte dies besser als der Papst?

Wie die geheime Vermittlung des Vatikans in dieser heiklen Situation im Einzelnen ablief, ist bis heute nicht genau geklärt. Der amerikanische Journalist Norman Cousins, ein Vertrauter Kennedys mit Verbindungen zu Chruschtschow, übernahm die Kontakte zwischen Washington, dem Vatikan und Moskau. Ferner spielte in Rom der Arzt Dario Spallone, der zugleich der Leibarzt italienischer Kommunistenführer und mehrerer Jesuitenpatres im Umfeld des Vatikans war, eine diskrete Vermittlerrolle. Spallone ließ dem Vatikan durch den Jesuitenpater Antonio Messineo die dringende Bitte Moskaus übermitteln, der Papst möge mit einer Friedensbotschaft den Supermächten den Weg zu einem ehrenhaften Rückzug ebnen.

Dass der Durchbruch bevorstand, ahnte die Weltöffentlichkeit am 25. Oktober, als Johannes XXIII. um zwölf Uhr mittags eine Radioansprache »an die Völker der gesamten Welt und ihre Regierenden« hielt. In einer wahrhaft globalen Zusammenarbeit wurde sie von zahlreichen anderen Radiosendern und Fernsehstationen übertragen. Rechts neben dem Tisch des Papstes, von dem aus er ins Mikrofon sprach, stand ein großer Globus. Der Papst wählte die internationale Diplomatensprache: Französisch. Seine Ansprache war nicht lang, aber es war einer der emotional bewegendsten Friedensappelle, die jemals ein Papst verkündet hat. Mit dramatischen Worten appellierte er an die Regierenden der beiden Supermächte, alles zu tun, um den Frieden zu retten. »Mögen sie auf den Angstschrei hören, der von allen Enden der Erde zum Himmel steigt: Frieden, Frieden! (…) Wir flehen die Regierenden an, vor dem Schrei der Menschheit nicht taub zu bleiben (…) Sie werden der Welt die Schrecken eines Krieges ersparen, dessen schreckliche Konsequenzen niemand voraussehen kann!«

Was die Zuhörer nicht wissen konnten: Der Text des Papstes war Moskau und Washington vorab übermittelt worden, er war das verabredete Startsignal für die Aufnahme von offenen Verhandlungen. Am Tag darauf nahm Moskau das Zuspiel aus Rom an. Die Parteizeitung *Prawda* veröffentlichte den Papstappell und unterstrich dabei, wie sehr der Papst die Notwendigkeit des Verhandelns hervorgehoben habe. Chruschtschow signalisierte damit vor der Weltöffentlichkeit, dass er sich nicht den militärischen Pressionen Washingtons beuge, sondern auf die Aufforderung des Papstes, also einer neutralen, rein moralischen Macht, reagiere. Gleichzeitig übermittelte er Kennedy ein konkretes Verhandlungsangebot. Bis zur Beilegung der Krise war es jetzt nur noch ein kleiner Schritt. Kennedy sicherte zu, dass die USA Kuba niemals angreifen würden und dass Washington künftig auch keinerlei militärische Aktionen gegen Kuba unterstützen werde. Chruschtschow ordnete im Gegenzug die Umkehr der letzten bis dahin noch nicht gestoppten Raketentransporte und den Abbau der Abschussanlagen auf Kuba an. Welchen Anteil die vatikanische Vermittlung und der Papst als »moralischer Antreiber« an der friedlichen Beilegung der Krise genau hatten, wird erst nach der Öffnung der entsprechenden Archive mit Sicherheit zu sagen sein. Chruschtschow selbst meinte sechs Wochen später gegenüber dem amerikanischen Unterhändler Cousins, die »humanistische Intervention« des Papstes in der Kubakrise sei für ihn »wie ein Lichtstrahl« im Dunkeln gewesen.

Das Engagement des Papstes für den Frieden ging Hand in Hand mit ersten Zugeständnissen des Kreml an die katholische Kirche im Ostblock. Es war wie ein stillschweigendes Übereinkommen: Der Papst mahnte zum Weltfrieden und behandelte dabei die Sowjets nicht mehr als die großen Bösewichte der Welt, im Gegenzug machten die Kommunisten der unterdrückten Kirche winzige Konzessionen. Ein erster praktischer Test für den Stand der offiziell gar nicht vorhandenen Beziehungen war das am 11. Oktober 1962 eröffnete Zweite Vatikanische Konzil, zu dem der Papst alle katholischen Bischöfe der Welt eingeladen hatte. Zunächst war unklar, ob auch die katholischen Bischöfe von jenseits des Eisernen Vorhangs daran teilnehmen konnten. Doch dann ließen die Regierungen der DDR, Polens, Ungarns und der Tschechoslowakei unter unterschiedlichen Vorbedingungen zumindest einige Bischöfe ausreisen, um an der großen Versammlung in Rom teilzunehmen. Es gilt als sicher, dass dies nicht ohne Zustimmung des Kreml möglich war. Auch zwei Abgesandte des orthodoxen Moskauer Patriarchats, das mit der Staatsführung enge Beziehungen pflegte, waren beim Konzil als ökumenische Beobachter anwesend.

Die nächste Hürde war ungleich schwieriger als die befristeten Reisegenehmigungen für einzelne Bischöfe. Sie betraf ein heikles Problem in der Sowjetunion selbst. Die griechisch-katholische Kirche in der Ukraine wurde massiv unterdrückt. Der letzte ukrainische Bischof, der die brutale Verfolgung unter Stalin überlebt hatte, der Lemberger Erzbischof Josif Slipij, lebte noch immer in der sibirischen Verbannung. Der Vatikan nutzte die Anwesenheit der Vertreter des Moskauer Patriarchats beim Konzil im Vatikan, um sich für eine Freilassung des Erzbischofs einzusetzen. Zunächst musste er sich mit einer vagen Zusage begnügen. Doch schon nach wenigen Monaten wurde Slipij begnadigt und durfte im Februar 1963 nach Rom ausreisen. Zum ersten Mal wurde einer der lange blockierten Fälle der »Märtyrerbischöfe« im Osten vom Vatikan mit den Mitteln einer inoffiziellen Diplomatie gelöst.

Zur gleichen Zeit wurde in Rom und in Moskau die Möglichkeit von Geheimverhandlungen unter Vermittlung des christdemokratischen italienischen Ministerpräsidenten Amintore Fanfani sondiert. Der Kreml und der Vatikan waren damals so optimistisch, dass sie die Aufnahme diplomatischer Beziehungen für denkbar hielten. Am 6. Februar kam es zu einem Treffen in Rom. Für Moskau nahm der sowjetische Botschafter in Italien und für den Vatikan der deutsche Kurienkardinal Augustin Bea an dem Gespräch teil. Die Begegnung endete ohne konkretes Ergebnis. Moskau wollte die vom Vatikan geforderte Religionsfreiheit für die katholische Kirche in der Sowjetunion als Verhandlungsgegenstand nicht akzeptieren.

Trotz solcher unüberwindlichen Gegensätze hielt das Tauwetter an. Aus inzwischen zugänglichem sowjetischem Archivmaterial geht hervor, dass das Politbüro in Moskau die Friedensmahnungen des Papstes auch in internen Diskussionen begrüßte, weil diese Appelle aus seiner Sicht vor allem »gegen die aggressive Politik der Westmächte« gerichtet waren. Deshalb wollte man sich den Vatikan als einen potenziellen, zumindest moralischen Verbündeten »gegen die amerikanische Hochrüstung« warmhalten. 1963 erhielt Johannes XXIII. für seine Bemühungen um den Weltfrieden den »Balzan-Preis«. Als der bereits schwer kranke Papst aus diesem Anlass am 6. März 1963 im Vatikan eine Audienz für Journalisten hielt, war eine ungewöhnliche Abordnung aus Moskau dabei: Sie bestand aus dem Chefredakteur der sowjetischen Zeitung *Iswestija*, Alexeij Adschubeij, und dessen Gattin Rada, die zugleich Tochter des Parteichefs Chruschtschow und dessen inoffizielle Sondergesandte war. Klammheimlich wurden die beiden nach dem öffentlichen Teil der Audienz in die Privatbibliothek des Papstes geleitet, wo der 82-jährige Pontifex sie erwartete. Über die erste Begegnung eines sowjetischen Spitzenfunktionärs mit dem Papst – Adschubeij war nicht nur Schwiegersohn Chruschtschows, sondern zugleich auch Mitglied des Zentralkomitees der Kommunistischen Partei – gab es keinerlei offizielle Verlautbarung. Nicht einmal, dass sie überhaupt stattgefunden hatte, teilten die vatikanischen Stellen mit. Die Opposition des konservativen Flügels im Vatikan gegen diese unerhörte Geste des Papstes war so stark, dass sich die Vatikanzeitung *L'Osservatore Romano* trotz einer ausdrücklichen Aufforderung des Papstes weigerte, die Mitteilung über die Audienz zu veröffentlichen.

Dennoch verbreitete sich die Nachricht über das Ereignis weltweit, sogar zahlreiche Einzelheiten der denkwürdigen Begegnung wurden bekannt. So soll Chruschtschows Tochter schon bei der Begrüßung das Eis gebrochen haben, indem sie bemerkte, die Hände Seiner Heiligkeit seien wie die ihres Vaters: große Bauernhände, die auch die Mühen der Landarbeit kennen gelernt hätten. Der Papst erkundigte sich nach den Kindern des Paares und zeigte sich erfreut, dass eines davon Iwan (Johannes) hieß und mithin denselben Namen trug wie der Papst. Als Adschubeij das Gespräch auf die Möglichkeit der Aufnahme von Beziehungen zwischen Moskau und dem Vatikan lenken wollte, bremste der Papst. Gott habe sieben Tage gebraucht, um die Welt zu erschaffen. Was die Beziehungen angehe, befinde man sich noch am ersten Tag. Folglich werde man noch eine ganze Weile brauchen.

Obwohl die bewegende Begegnung zwischen dem Pontifex und dem ZK-Mitglied keine konkreten Ergebnisse brachte, war sie ein Durchbruch von historischer Bedeutung. Von den Gegnern der Öffnungspolitik Johannes' XXIII. wurde sie als Ungeheuerlichkeit aufgefasst. Die Tatsache, dass der Vatikan sich offiziell nicht zu dem Ereignis bekannte, zeigt, wie schwierig es auch in den eigenen Reihen war, diesen Schritt zu rechtfertigen. Der Papst hatte einen Spitzenvertreter des gottlosen Sowjetkommunismus, einen erklärten Atheisten und Feind der Kirche, freundlich empfangen. Damit hatte der bauernschlaue Papst Johannes XXIII. die vom Meisterdiplomaten Pius XII. anvisierte Unabhängigkeit des Heiligen Stuhls zwischen den ideologisch-politischen Blöcken der »freien Welt« und des »sozialistischen Lagers« zu einer Position der Dialogfähigkeit nach beiden Seiten hin ausgebaut. Ohne diese Öffnung hätte der Vatikan in der nun beginnenden Phase der »Entspannungspolitik« zwischen den beiden Blöcken im Abseits gestanden.

Doch das Unternehmen war nicht ohne Risiken. Denn das Zugehen auf die Kommunisten konnte als eine schweigende Duldung der Kirchenverfolgung und der blutigen Unterdrückung der Freiheit im sowjetischen Machtbereich missverstanden werden. Tatsächlich fing schon bald die kommunistische Propaganda an, die neue Politik des Vatikans für ihre eigenen Zwecke umzudeuten und sie als Beweis dafür anzuführen, dass eine friedliche Unterordnung der Kirche unter die Rahmenbedingungen des Kommunismus auch in den Diktaturen des Ostens möglich sei. Zur großen Freude Moskaus verfasste Johannes XXIII. bald darauf ein amtliches Lehrschreiben, in dem er den Öffnungskurs gegenüber den Kommunisten theologisch untermauerte und bekräftigte. Es war die Enzyklika *Pacem in terris* (Friede auf Erden), veröffentlicht am 11. April 1963. Es sollte die letzte Enzyklika des reformfreudigen Papstes werden – und zugleich ein Dokument mit enormen politischen Auswirkungen für die kommenden Jahrzehnte.

KAPITEL V

Römische Entspannungspolitik

Die Enzyklika *Pacem in terris* war das politische Testament Johannes' XXIII. Er schrieb sie unter dem Eindruck der glimpflich zu Ende gegangenen Kubakrise – und in der Vorahnung seines nahenden Todes. Beides trug dazu bei, dass sie in der Wortwahl konkreter und in den Neuerungen radikaler war als die meisten anderen bis dahin von Päpsten verfassten Lehrschreiben. Das Ergebnis dieser besonderen Rahmenbedingungen war ein Text, der die Zeitgenossen aufrüttelte. Bis heute ist *Pacem in terris* ein Meilenstein in den päpstlichen Lehren über den Weltfrieden, weil in ihm der Vatikan die führende Rolle der UNO für die Konfliktlösung unter den Staaten anerkannte. Zugleich markiert die Enzyklika einen Wendepunkt in der Geschichte des Ost-West-Konflikts.

Friede auf Erden und dem Kreml ein Wohlgefallen

Der sterbende Papst richtete das Schreiben anders, als seine Vorgänger es mit ihren Rundschreiben getan hatten, nicht nur an alle Kleriker und Gläubigen, sondern zugleich »an alle Menschen guten Willens«. Politiker und Bürger jeder Couleur sollten sich, über die Grenzen der politischen und ideologischen Blöcke hinweg, von dieser Botschaft angesprochen fühlen. Johannes XXIII. ging in einer streckenweise dramatischen Sprache auf die Gefahren einer drohenden atomaren Katastrophe ein und forderte die Supermächte auf, endlich miteinander zu verhandeln und Schritte zur Abrüstung zu unternehmen. Er beklagte, angesichts des atomaren Rüstungswettlaufs befänden sich die Völker »beständig in Furcht wie vor einem Sturm, der jeden Augenblick mit erschreckender Gewalt losbrechen kann«.

Kaum einen Monat nach der Veröffentlichung von *Pacem in terris* begann für den krebskranken Papst der Todeskampf. Vielleicht war es mehr als ein historischer Zufall, dass nur wenige Tage nach seinem Tod – Johannes XXIII. starb am 3. Juni 1963 – das »rote Telefon« als Hotline zur Krisenbewältigung zwischen dem Weißen Haus und dem Kreml eingerichtet wurde. Die beiden Supermächte bekundeten auf diese Weise, dass sie gewillt waren, die Welt nicht mehr leichtfertig an den Rand eines Atomkriegs zu führen, wie dies in der Kubakrise der Fall war. In *Pacem in terris* hatte der Papst ausdrücklich auf die Gefahr hingewiesen, dass in Zeiten der atomaren Hochrüstung »unversehens und unerwartet ein Kriegsbrand entstehen kann«.

Auch andere politische Ziele aus der Enzyklika wurden schon bald angegangen. Der Papst hatte geschrieben: »Deshalb fordern Gerechtigkeit, gesunde Vernunft und Rücksicht auf den Menschenverstand dringend, dass der allgemeine Rüstungswettlauf aufhört; dass ferner die (...) bereits vorhandenen Waffen auf beiden Seiten und gleichzeitig vermindert werden; dass Atomwaffen verboten werden; und dass endlich alle auf Grund von Vereinbarungen zu einer entsprechenden Abrüstung mit wirksamer und gegenseitiger Kontrolle gelangen.« Die Supermächte begannen wenig später erstmals miteinander über eine Begrenzung der Atomtestversuche und bald danach auch über eine Reduzierung der atomaren Rüstung zu sprechen. Bis zur Unterzeichnung der vom Papst geforderten Abrüstungsverträge vergingen dann aber noch Jahrzehnte.

Es wäre sicher verfehlt anzunehmen, dass Moskau und Washington diesen Weg deshalb einschlugen, weil der populäre Papst mit seinen prophetisch klingenden Formulierungen in *Pacem in terris* derartige Forderungen gestellt hatte. Aber der Text beweist, dass der Pontifex auf der Höhe seiner Zeit stand oder ihr streckenweise den entscheidenden Schritt voraus war. Seine politischen Auswirkungen waren eher indirekt, aber deshalb nicht weniger bedeutend. Wie schon in der Kubakrise trug das Wort des weltweit respektierten Papstes – auch über seinen Tod hinaus –

dazu bei, dass die »Falken« in beiden großen Lagern, insbesondere aber im Westen, an Rückhalt in der öffentlichen Meinung verloren und die Führer der Supermächte sich aufeinander zubewegen konnten. Auf die heiße Phase der Eskalation im Kalten Krieg folgte nun die Periode der »Entspannungspolitik« und der »friedlichen Koexistenz« von Kapitalismus und Kommunismus.

Im Bereich der Ideologie leistete Johannes XXIII. einen wichtigen Beitrag für diese neue Phase. Vorsichtig rückte der Papst von der Rhetorik seines Vorgängers Pius XII. ab, der in seinen Friedensbotschaften stets die fehlende Unterordnung der Staaten »unter das Gesetz Christi« als Ursache für Chaos und Krieg ausgemacht hatte. Stattdessen berief sich der Reformpapst stärker als seine Vorgänger auf die Prinzipien der allgemeinen Vernunft, die allen Menschen, unabhängig von ihrem Glauben, zugänglich sind. Damit schlug er einen Weg ein, den auch seine Nachfolger beibehalten sollten: In der politischen Debatte einer pluralistischen Weltgesellschaft konnte die Kirche nicht darauf bestehen, dass sich erst alle zu Christus bekehren, bevor der Friede möglich wird. Sie musste eine Sprache sprechen, die auch von Atheisten oder Andersgläubigen verstanden wurde und ihnen die Zustimmung zu päpstlichen Friedensappellen über die weltanschaulichen Grenzen hinweg ermöglichte.

Doch Johannes XXIII. ging noch einen Schritt weiter: Er lud die Katholiken in seiner Enzyklika zu »Kontaktaufnahme und Begegnungen über praktische Fragen« mit den Kommunisten ein. Dies sei in der Vergangenheit vielleicht nicht sinnvoll gewesen, könne jetzt oder morgen aber »wirklich fruchtbringend sein«. Zwar verurteilte er in dem Lehrschreiben in aller Deutlichkeit die Tatsache, dass in manchen Staaten »zuweilen sogar das Recht auf Freiheit selbst in Frage gestellt oder auch ganz aufgehoben wird«. Doch die klare Kritik am Kommunismus als System hinderte ihn nicht daran, festzustellen, es sei »durchaus angemessen, bestimmte Bewegungen, die sich mit wirtschaftlichen, sozialen, kulturellen Fragen oder der Politik befassen, zu unterscheiden von falschen philosophischen Lehrmeinungen (…), auch wenn diese Bewegungen aus solchen Lehrmeinungen entstanden und von ihnen angeregt sind«. Damit sprach er sich unzweideutig dafür aus, mit kommunistischen Parteien oder Gewerkschaften im Einzelfall den Dialog zu suchen, ohne damit die marxistische Ideologie zu akzeptieren. Und dann fügte er eine Bemerkung ein, die ihm auf der Linken noch mehr Sympathie und auf der Rechten blanke Empörung einbrachte: »Wer könnte übrigens leugnen, dass sich in solchen Bewegungen, (…) soweit sie die gerechten Forderungen der menschlichen Person berücksichtigen, etwas Gutes und Anerkennenswertes finden kann?«

Die Auswirkungen des Schreibens, das in der Presse weltweit als Sensation eingestuft wurde, waren auch in Italien gewaltig. Aus dem christlich-konservativen Lager in Politik und Kirche hagelte es Kritik. Von konservativen Kreisen in der Kurie, aber auch von deutschen Christdemokraten, die vom Denken des Kalten Kriegs geprägt waren, wurde das Dokument als »prokommunistisch« beschimpft. Doch die aufbrechende Wirkung dieser Worte konnten die Kritiker nicht mehr aufhalten. So, wie Pius XII. im Jahr 1949 mit seiner »Exkommunizierung der Kommunisten« die Entwicklung in der Nachkriegsgesellschaft über Jahre beeinflusst hatte, so veränderte auch *Pacem in terris* die politische Landschaft nachhaltig. Die Idee, dass Katholiken (sprich: Christdemokraten) und Anhänger »bestimmter Bewegungen, die aus falschen philosophischen Lehrmeinungen entstanden sind« (sprich: Kommunisten) von Fall zu Fall in Sachfragen miteinander reden könnten, machte Schule. So war sie in Italien der Vorläufer des »historischen Kompromisses«, den die beiden Parteien später tatsächlich anstrebten. Zwar war die »Exkommunikation« der Marxisten nicht formal zurückgenommen, doch viele italienische Kommunisten fühlten sich plötzlich vom päpstlichen Bannfluch befreit.

Auch in den Parteizentralen in Osteuropa wurde der Text mit Genugtuung aufgenommen. Nun schien endlich der Weg frei, die kompromisslose Konfrontation mit der Kirche zu überwinden und mit ihren »vernünftigen« Vertretern ins Gespräch zu kommen. Natürlich waren die Motive der kommunistischen Seite dabei nicht immer edel, auch taktische Überlegungen waren im Spiel. So bot die Unterscheidung von kirchlichen »Hardlinern« und »Kompromissbereiten« neue Möglichkeiten, um Spaltkeile in die bisher kompakt auftretende katholische Front zu treiben. In dieser Absicht wurden Vereine wie die kommunistisch gesteuerte Bewegung »Priester für den Frieden« (ab 1969 in »Bewegung Pacem in terris« umbenannt) in der Tschechoslowakei und anderen Ostblockstaaten gegründet. Sie warben dafür, dass die Katholiken sich dem sozialistischen System unterwerfen und mit ihm zusammenarbeiten sollten. Um des Friedens willen sollten die Unterschiede in der Weltanschauung unter den Teppich gekehrt werden. Das war zwar nicht das, was Johannes XXIII. gewollt hatte, aber von manchen wurde er so verstanden.

Das Jawort für die Vereinten Nationen

Neben der Forderung nach Abrüstung und der Öffnung den Kommunisten gegenüber enthielt die Enzyklika *Pacem in terris* eine weitere, beinahe revolutionäre Neuerung: die ausdrückliche Anerkennung der UN und der Universalen Charta der Menschenrechte von 1948. Bis zu diesem Zeitpunkt hatte der Vatikan dem UN-System und vor allem den ideellen Grundlagen der Vereinten Nationen eher reserviert gegenübergestanden. Diese Haltung hatte Tradition: Als nach dem Ersten Weltkrieg der Vorläufer der UN, der Völkerbund, gegründet wurde, war der Heilige Stuhl nach einer ersten kurzen Begeisterung höchst skeptisch gegenüber einer Dachorganisation der Staaten, die ohne christliche Grundsätze auskommen wollte. »Es gibt keine menschliche Institution, die den Nationen unter den modernen Bedingungen ein internationales Gesetzbuch geben könnte, wie dies im Mittelalter jener wahre Bund der Völker hatte, der die Christenheit war«, befand Pius XI. in seiner ersten Enzyklika im Jahr 1922 kurz und bündig. Diese Einstellung galt in ihren Grundzügen auch für Pius XII., der lediglich Beobachtermissionen bei speziellen UN-Organisationen wie der FAO oder der UNESCO einrichtete. Der UNO selbst trat der Heilige Stuhl nach dem Zweiten Weltkrieg ebenso wenig bei wie seinerzeit dem Völkerbund. Die Menschenrechtscharta der Vereinten Nationen mit ihrer Betonung der individuellen Freiheitsrechte, einschließlich des Rechts auf Religionsfreiheit, war noch in den 50er-Jahren aus kirchlicher Sicht völlig inakzeptabel. Die Grundsätze der UN entsprachen eher dem Gedankengut der amerikanischen und der französischen Revolution und des Freimaurertums als der Lehre der katholischen Kirche. Denn die Kirche betrachtete bis zum Pontifikat Johannes' XXIII. die Anhänger aller anderen Religionen und Weltanschauungen schlichtweg als Heiden oder Ungläubige. Dem geforderten »Recht auf Religionsfreiheit« setzte sie die Pflicht zur Bekehrung aller Heiden entgegen.

Johannes XXIII. brach auch dieses starre Denken auf. Zunächst räumte er – an die Adresse der Konservativen gerichtet – ein, dass »gegenüber einigen Kapiteln dieser Erklärung (der Menschenrechte) zu Recht von manchen Einwände geäußert worden sind«. Doch dann erklärte er, ohne auf diese Einwände einzugehen: »Nichtsdestoweniger ist diese Erklärung gleichsam als Stufe und als Zugang zu der zu schaffenden rechtlichen und politischen Ordnung aller Völker auf der Welt zu betrachten.«

In den dann folgenden Sätzen zog der Papst einen Schlussstrich unter die jahrzehntelange Zurückhaltung der Kirche gegenüber dem modernen Begriff der Menschenrechte. Er schloss sich ihnen vorbehaltlos an und erklärte, diese Rechte seien »deswegen allgemein, unverletzlich und unveränderlich, weil sie unmittelbar aus der Würde der menschlichen Person entspringen«. Da ihm nur noch eine kurze Lebensfrist verblieb, hatte der Papst nicht mehr die Zeit, diese überraschende Wendung auch theologisch fundiert zu begründen. Es war, als ob die katholische Kirche mit der Idee der allgemeinen Menschenrechte, die sie bislang misstrauisch beäugt hatte, plötzlich und unvermittelt eine Liebesheirat einging. Aufgrund der ungewöhnlichen Umstände wurde die Verbindung ein wenig hastig vollzogen, doch mehrere Nachfolger Johannes' XXIII. hatten reichlich Gelegenheit, die dauerhafte Tragfähigkeit und die Fruchtbarkeit dieser Verbindung unter Beweis zu stellen.

Es war nur konsequent, dass Johannes XXIII. auch die politisch-reale Seite dieser Ideale, die Vereinten Nationen mit ihren Unterorganisationen, in der Enzyklika anerkannte und sich der Forderung anschloss, dass durch sie der Weltfrieden erreicht werden sollte. Aus der Tatsache, dass »das allgemeine Wohl der Völker heute Fragen aufwirft, die alle Nationen der Welt betreffen«, folge »um der sittlichen Ordnung willen zwingend« die Notwendigkeit einer »universalen politischen Gewalt«. Deren Wirksamkeit müsse sich über den gesamten Erdkreis erstrecken. Das war eine unerhörte Neuerung. Indem der Vatikan die universale Stellung der UN anerkannte, sprang das Papsttum über seinen eigenen Schatten. Noch Pius XII. sah sich selbst, da er ja Stellvertreter Christi auf Erden war, ganz selbstverständlich als denjenigen an, der an erster Stelle berufen war, die Nationen zum Frieden zu führen – auch wenn er damit im Zweiten Weltkrieg auf ganzer Linie scheiterte. Mit der Anerkennung der UN als globaler Schiedsrichtermacht zielte das Papsttum nun auf eine neue Rollenteilung: Die Vereinten Nationen sollten das von allen anerkannte Forum zur Konfliktschlichtung und Kriegsvermeidung werden. Ergänzend zur UNO wollte der Papst sich auf dem internationalen Parkett als eine zum Frieden mahnende Instanz ganz anderer Art bewähren. Diese Aufgabenteilung schloss natürlich nicht aus, dass sich die Päpste auch selbst gelegentlich als Vermittler einmischten – so, wie es Johannes XXIII. in der Kubakrise diskret getan hatte. Schon bald nach der Veröffentlichung von *Pacem in terris* begann der Heilige Stuhl im Geflecht der Vereinten Nationen in exponierter und effizienter Weise mitzuwirken. Er betrat damit eine neue, äußerst publikumswirksame Bühne für seine internationalen politischen Aktivitäten.

Ein Papst spricht vor der UNO

In der UNO war der Heilige Stuhl vor dieser Wende nicht formell vertreten. Der Vatikan agierte, gewissermaßen mit spitzen Fingern, nur in einigen Untergremien der Weltorganisation auf vorsichtige Weise mit. Immerhin gab es bereits seit 1948 einen Beobachter bei der Welternährungsorganisation FAO und auch im UN-Flüchtlingskommissariat UNHCR wirkte der Vatikan von Anfang an mit. 1951 wurde der damalige Nuntius Roncalli, der spätere Papst Johannes XXIII., zum ersten »Beobachter« des

Heiligen Stuhls bei der in Paris ansässigen UN-Kultur- und -Erziehungsorganisation UNESCO ernannt. Ferner war der Vatikan Gründungsmitglied der seit 1956 bestehenden Internationalen Atomenergie-Behörde (IAEA), die später einen wichtigen Beitrag zur Kontrolle der Nicht-Weiterverbreitung von Atomwaffen übernahm. Doch erst nach der Enzyklika *Pacem in terris* wurde der Weg frei zu einem breiteren Engagement in der UNO.

Papst Paul VI., am 21. Juni 1963 zum Nachfolger von Johannes XXIII. gewählt, hatte nicht das populäre Charisma und auch nicht die politische Risikofreudigkeit seines Vorgängers. Doch er vollendete die begonnenen Reformen im Inneren der Kirche und nach außen. Als erster Papst des 20. Jahrhunderts machte er Auslandsreisen und setzte sie als Mittel der Außenpolitik ein. Die erste dieser Reisen führte ihn 1964 ins Heilige Land. Dass er die politische Linie seines Vorgängers fortsetzen wollte, machte er klar, als er gleich im ersten Jahr nach seiner Wahl die Mitwirkung des Heiligen Stuhls bei den Vereinten Nationen auf eine stabile Basis stellte. Warum er diesen im Vatikan noch immer nicht allgemein akzeptierten Schritt in die Staatenorganisation entschieden vorantrieb, erklärte er in einem privaten Gespräch mit drastischen Worten: »Wir haben seinerzeit den Zug der Arbeiterbewegung und der Gewerkschaften verpasst, jetzt wollen wir nicht auch noch den Zug der internationalen Organisationen verpassen.« Paul VI. schuf Fakten. 1964 entsandte der Heilige Stuhl erstmals einen »Ständigen Beobachter« zur UNO nach New York und im folgenden Jahr zum Sitz der UN in Genf. Ähnlich wie die UN-Mission der Schweizerischen Eidgenossenschaft, die sich wegen ihrer prinzipiellen Neutralität lange Jahre nicht zu einer Vollmitgliedschaft durchringen konnte, wählte auch der Heilige Stuhl den »Ständigen Beobachterstatus« als eine besondere Art der Mitgliedschaft. Der »Ständige Beobachter« kann an Sitzungen der Ausschüsse (Komitees) und der Vollversammlung teilnehmen und hat dort auch Rederecht. Ferner kann die Beobachtermission diplomatische Kontakte pflegen und in diskreter Weise politische Entscheidungsprozesse beeinflussen. Auf der anderen Seite bleiben einem »Ständigen Beobachter« schwierige Situationen erspart: Als Vollmitglied könnte der Heilige Stuhl in die Verlegenheit kommen, im Ernstfall auch über Krieg und Frieden und über den Einsatz von UN-Truppen mit abstimmen zu müssen. Doch abgesehen von dieser letzten Zurückhaltung wollte Paul VI., dass der Vatikan bei den Vereinten Nationen vorbehaltlos mitarbeitet.

Um dieses Ziel zu unterstreichen, reiste der Papst zum Sitz der UNO nach New York und hielt eine Rede vor der Vollversammlung. Schon die Reise an sich war eine Sensation: Noch nie zuvor hatte ein amtierender Papst den Atlantik überquert und die Neue Welt betreten. Doch nicht nur deshalb wurde seine Rede vor der UNO am 4. Oktober 1965 als ein historisches Ereignis empfunden. Es war, als ob zwei Welten aufeinander träfen: Das Oberhaupt der fast 2000 Jahre alten Kirche machte sich aus seinen Renaissancegemäuern in der Ewigen Stadt auf, um den Glaspalast in New York zu besuchen. Er sollte vor einer Institution sprechen, die ihr 20-jähriges Bestehen feierte und die in gewisser Weise die unruhige, unübersichtliche und dennoch optimistische Staatengemeinschaft nach dem Ende der europäischen Dominanz in der Weltpolitik widerspiegelte. Selbst die Vertreter der kommunistischen Staaten, in denen die Kirche verfolgt wurde und zu denen der Vatikan keine diplomatischen Beziehungen unterhielt, warteten gespannt darauf, was das Oberhaupt des kleinsten Staates und zugleich auch der größten Religionsgemeinschaft vor diesem Forum der Welt zu sagen hatte.

Paul VI. hatte eine mehr als 30-jährige Karriere als Diplomat und in Führungspositionen im vatikanischen Staatssekretariat hinter sich, bevor er zum Kirchenoberhaupt gewählt wurde. Er wusste um die besonderen Erwartungen an diesen Auftritt. Mit der UN-Vollversammlung und den internationalen Medien, die den Auftritt auf Schritt und Tritt genau verfolgten, hatte er wie noch kein Papst vor ihm ein wirklich globales Publikum. Dies war die Stunde, in der er der Welt sagen konnte, was der Vatikan für die Weltgemeinschaft bedeutete und wie er seine Aufgabe in der aktuellen geschichtlichen Situation sah. Um seine Stellung als Oberhaupt der universalen katholischen Kirche zu unterstreichen, kam er mit einer Delegation, der nicht nur Mitglieder der vatikanischen Kurie, sondern auch sieben Kardinäle als Repräsentanten aller Kontinente sowie des Nahen Ostens angehörten.

Sie reisten vom Zweiten Vatikanischen Konzil aus zusammen mit dem Papst nach New York.

Als Paul VI. die Aula der Vollversammlung im »Glaspalast« betrat und durch den Mittelgang zum Präsidium ging, erhoben sich die Delegierten aller Länder zu einem langen, einstimmigen Applaus. Für den Ehrengast hatte man einen weißen Sessel rechts neben dem großen Rednerpult aufgestellt. Von dort aus verfolgte der Papst die Begrüßungsansprachen des Sitzungspräsidenten und von Generalsekretär Sithu U Thant. Dann trat er mit behutsamen Schritten ans Mikrofon. Die ersten Worte seiner Rede waren kaum verständlich, er sprach mit schwacher, unsicherer Stimme, doch dann fand er allmählich seinen Rhythmus und seine Tonlage. In makellosem Französisch sagte er Sätze, mit denen er seine Zuhörer überraschte und ihre Sympathien gewann. Der Papst führte sich und sein Amt in größter Einfachheit und Bescheidenheit ein: »Der Mann, der zu Ihnen spricht, ist ein Mensch wie Sie. Er ist Ihr Bruder und sogar einer der kleinsten unter Ihnen (...), denn er ist nur mit einer winzigen weltlichen Souveränität ausgestattet – gerade so viel, wie er zur Ausübung seines geistlichen Auftrags benötigt.« Diese äußerliche Winzigkeit unterstreiche, dass der Heilige Stuhl keinerlei politisch-weltliche Eigeninteressen verfolge, sondern der Weltgemeinschaft lediglich selbstlos dienen wolle.

Er betonte, er sei »im Namen der großen katholischen Familie« zur UNO gereist. Damit brachte er in Erinnerung, dass er – trotz der bescheidenen Größe des Vatikanstaats – als Kirchenoberhaupt immerhin für ein Sechstel der Menschheit sprach. Seinen Besuch stellte er in eine Linie mit der internationalen Politik seines Vorgängers. Er sagte, er wolle »dieser höchsten Institution eine moralische und feierliche Bestätigung überbringen«. Denn die UNO stelle nicht weniger als »den ethisch gebotenen Weg für die weltweite moderne Zivilisation und den Weltfrieden« dar. Damit wurde die Wende des Vatikans zur UNO hin, die schon Johannes XXIII. in seiner Enzyklika angekündigt hatte, feierlich und öffentlich ratifiziert.

Doch das wichtigste Thema seiner Rede sollte weder der Vatikan noch die UNO sein, sondern der Friede. Angesichts der immer zerstörerischer werdenden Waffen gebe es nur eine Konsequenz: »Nie wieder Krieg! Nie wieder Krieg! Der Friede, der Friede muss die Geschicke der Völker und der gesamten Menschheit lenken!« Die Delegierten im Glaspalast applaudierten begeistert und noch Tage später gab es in den Zeitungen anerkennende Kommentare. Auch die amtliche sowjetische Nachrichtenagentur »Tass« äußerte sich zufrieden und machte sich gleich daran, die Rede für Propagandazwecke zu nutzen. Der Moskauer Kommentar spannte den Papst gleichsam vor seinen eigenen Karren. Die Worte Pauls VI. vor der UN-Vollversammlung seien zu verstehen als »ein feierliches Versprechen, das Prestige der Kirche in den Ländern, in denen sie über großen Einfluss verfügt, zur Erreichung des Friedens einzusetzen«. Im Klartext hieß das: Der Papst verspricht, in Westeuropa auf kritische Distanz zur Nato zu gehen. Weiter hieß es in dem offiziellen Kommentar der Sowjets: »Alle, die den Frieden ernsthaft unterstützen, werden eine aktivere Rolle der Katholiken bei dem noblen Bemühen unterstützen, die Bedrohung eines fatalen militärischen Konflikts fern zu halten.«

Die Friedensbotschaft Pauls VI. fand auch in der freien Presse aller Erdteile ein positives Echo. Der Papst hatte mit seinem engagierten Plädoyer für den Frieden genau die Tonlage getroffen, die in der damaligen Weltlage gefragt war. Gerade eben hatte sich die internationale Lage erneut dramatisch zugespitzt: Just im Sommer 1965 war der Vietnamkrieg eskaliert, die USA schickten immer mehr Truppen nach Südostasien. Da die Gegner in Nordvietnam von Moskau und Peking unterstützt wurden, schien abermals ein direkter Konflikt der Atommächte nicht ausgeschlossen. Wie weit die Situation in Fernost bereits ausgeufert war, begriff die Welt, als die chinesische Regierung am Tag nach der Papstrede vor der UNO den Abschuss eines amerikanischen Kampfjets meldete.

Dass eine einzelne Rede ein solches weltweites Echo finden konnte, hing nicht nur mit dem hohen Symbolwert des Papst-Auftritts vor den Vereinten Nationen und mit der internationalen Lage zusammen. Hoffnungen knüpften sich auch an die Tatsache, dass es beim Besuch Pauls VI. in New York zu einer sensationellen Begegnung kam. Als erster Papst traf er mit einem sowjetischen Außenminister – Andrej Gromyko – zusammen. Anders als die klammheimliche Begegnung seines Vorgängers mit dem Schwiegersohn Chruschtschows hatte das Treffen ein Ergebnis: Es wurde ein Besuch Gromykos im Vatikan vereinbart. Durch die Begegnung der ungleichen Staatsmänner erfuhr die Weltöffentlichkeit erstmals davon, dass es offenbar mehr Berührungspunkte zwischen dem Vatikan und dem kommunistischen Ostblock gab, als offiziell bekannt war. Noch wussten nur wenige von der Existenz der überwiegend geheim verlaufenden »vatikanischen Ostpolitik« und ihrem Architekten, Monsignore Agostino Casaroli. Der unauffällige Diplomat aus dem norditalienischen Bistum Piacenza war damals noch »Vizeaußenminister« des Heiligen Stuhls. Doch schon bald sollte er einer der erfolgreichsten und zugleich auch umstrittensten Außenpolitiker in der langen Geschichte der päpstlichen Diplomatie werden.

Die Ostpolitik des Heiligen Stuhls

Durch die Kombination eines kleinen staatlichen Sockels und der weltweiten Verzweigung seiner kirchlichen Basis verfügt der Heilige Stuhl seit den Lateranverträgen von 1929 über ein gewisses Maß an politischer Handlungsfreiheit und Sicherheit. Das Überleben im Zweiten Weltkrieg inmitten der Umzingelung durch das übermächtige Deutsche Reich unterstreicht dies auf eindrucksvolle Weise. Doch auch diese Freiheit ist begrenzt. Zwar macht die Vielfalt der päpstlichen Rollen den Heiligen Stuhl im internationalen Vergleich zu einer ungewöhnlich flexiblen und findigen Institution, doch die weit verzweigten vitalen Interessen der katholischen Weltkirche jenseits der Staatsgrenzen verleihen dem Vatikan nicht nur zusätzliches Gewicht, sie können unter widrigen Umständen auch zur Last werden. Die »Ostpolitik« des Heiligen Stuhls im Kalten Krieg ist das Ergebnis dieser Eigenart. Sie ist eine Geschichte von Kompromissen, die beinahe zur Aufgabe der ureigensten päpstlichen Rechte führten, um der Kirche im Kommunismus das Überleben zu erleichtern.

Die vatikanische Ostpolitik, die sich vor allem mit dem Namen Casaroli verbindet, begann im Pontifikat Johannes' XXIII., als Kreml und Vatikan erstmals Freundlichkeiten austauschten. Das Tauwetter änderte zunächst nichts daran, dass im Sowjetimperium weiterhin Priester und Bischöfe inhaftiert waren, die Priesterausbildung behindert und die katholische Kirche erbittert bekämpft wurde. Doch immerhin war einer der »Märtyrer«, der ukrainische Bischof Slipij, im Frühjahr 1963 freigekommen. Die Lösung im Fall Slipij machte dem Papst Mut. Vielleicht konnte man ja noch weiteren Geistlichen, etwa in Ungarn, in der Tschechoslowakei oder in Jugoslawien, durch Verhandlungen zur Freiheit verhelfen? Und vielleicht war es ja möglich, auch hinter dem Eisernen Vorhang von der Politik der Konfrontation zu einem Weg der friedlichen Koexistenz zwischen Katholiken und Kommunisten zu kommen. Wenn die Öffnung durch Johannes XXIII. dem Heiligen Stuhl tatsächlich neue politische Möglichkeiten verschaffte, war dies das Feld, auf dem sie sich bewähren mussten.

Die ersten Vorstöße in die Welt des Eisernen Vorhangs wagte der Wiener Erzbischof Kardinal Franz König im Auftrag des Papstes. Schon im Jahr 1961 fuhr er zum ersten Mal in geheimer Mission nach Budapest und besuchte den seit sieben Jahren in der dortigen US-Vertretung ausharrenden Fürstprimas von Ungarn, Kardinal Jozsef Mindszenty. Im April 1963 reiste er erneut zu Mindszenty – in einem österreichischen Diplomatenfahrzeug mit falschem Pass. Der Kardinal war 1948 von den kommunistischen Machthabern inhaftiert und in einem Schauprozess zu lebenslanger Haft verurteilt worden. Während der Wirren des Ungarnaufstands von 1956 war der unbeugsame Kirchenmann – inzwischen eine Identifikationsfigur für den antikommunistischen Widerstand – in die Räume der US-Botschaft in Budapest geflohen. Und dort war er geblieben, als unbequemer Dauergast der amerikanischen Diplomaten.

Fast zeitgleich mit dem zweiten Besuch Königs bei Mindszenty, der wohl nur mit Wissen und Duldung der Budapester Regierung gelungen sein konnte, traf im Vatikan ein geheimnisvoller Umschlag ein. Just in der Woche, in der er seine von den Kommunisten bejubelte Enzyklika *Pacem in terris* veröffentlichte, erhielt der Heilige Vater einen an ihn adressierten, anonym bei der italienischen Post aufgegebenen Brief. Als eigentlicher Absender stellte sich jemand heraus, der seit mehr als einem Jahrzehnt als verschleppt und verschollen galt. Es war der Prager Erzbischof Josef Beran, der an einem unbekannten Ort in der Tschechoslowakei inhaftiert war. Die Diplomaten im vatikanischen Staatssekretariat ahnten es sofort: Die kommunistische Regierung in Prag wollte dem Vatikan Verhandlungsbereitschaft signalisieren, indem sie dem Regimegegner Beran einen Kontakt mit dem Papst ermöglichte. Tatsächlich deutete der inhaftierte Erzbischof in dem Brief an, dass vielleicht Bewegung in seinen Fall kommen könnte. Dies war umso bemerkenswerter, als die Kommunisten in Prag die härtesten und konsequentesten Verfolger der katholischen Kirche im Ostblock waren. Sie hielten Bischöfe wie Beran sogar ohne den Schein eines Gerichtsverfahrens in Haft und folterten sie besonders brutal.

Der Papst entschied nach den Signalen aus Prag und aus Budapest nun abermals sehr rasch – in dem Wissen, dass ihm nicht mehr viel Lebenszeit blieb. Er sandte ein Telegramm an seinen jungen Vizeaußenminister Casaroli, der sich gerade in Wien bei einer UN-Konferenz über diplomatische Grundsatzfragen aufhielt. Der Vatikan-Diplomat erhielt den Auftrag, nach Prag und nach Budapest zu reisen und zu verhandeln: über die Fälle Mindszenty und Beran und darüber hinaus über die Lage der Kirche im gesamten Ostblock.

Die Details seiner umstrittenen Ostreisen wären bis heute vatikanisches »Staatsgeheimnis«, wenn nicht Casaroli seiner Nichte Hunderte von Seiten mit persönlichen Aufzeichnungen vermacht hätte. Sie fand die Seiten nach seinem Tod in seinem persönlichen Schreibtisch und gab sie nach dem Willen des Autors als Buch heraus. Nach eigener Darstellung trat Casaroli seine heikle Mission an einem strahlenden Frühlingstag Anfang Mai 1963 an. Sie unterlag strengster Geheimhaltung – seitens des Heiligen Stuhls ebenso wie seitens der kommunistischen Regierung. Um unerkannt zu bleiben, trug er statt der Priestersoutane einen bürgerlichen Anzug mit Krawatte. Ein Fahrer des Apostolischen Nuntius in Österreich brachte ihn bis zur ungarischen Grenze. Dort nahm ihn ein Regierungsbeamter in Empfang und brachte ihn in einem unauffälligen Fahrzeug nach Budapest. Zum ersten Mal betrat ein offizieller Vertreter des Vatikans den kommunistischen Block hinter dem Eisernen Vorhang. Er wusste wenig davon, wie diese fremde Welt funktionierte. Das politische System war ihm so fremd wie die Sprache. In den folgenden Tagen führte Casaroli in der ungarischen Hauptstadt zunächst Gespräche mit Regierungsvertretern über die aus römischer Sicht katastrophale Lage der Kirche. Nur fünf der zwölf Bistümer Ungarns wurden noch von einem Bischof geleitet, in den anderen verweigerte die Regierung die Neubesetzung durch Rom. Auch die katholischen Orden, die Priesterausbildung und das Pfarreileben waren auf ein Minimum reduziert. Die Kirche drohte langsam, aber sicher in der Bedeutungslosigkeit zu versinken. Der Vatikan forderte Verbesserungen.

Casaroli tappte im Dunkeln, warum die Machthaber des Ostens überhaupt das Gespräch mit Rom suchten. Hätten die Kommunisten nicht einfach abwarten können, bis die bereits schwer angeschlagene Kirche im Lauf der Jahre den letzten Rest an Vitalität einbüßte? Bis heute ist nicht geklärt, ob hinter dem Vorstoß der Ungarn und der Tschechen eine Strategie Moskaus stand. Spürten die Kommunisten, dass ihre Herrschaft langfristig auf tönernen Füßen stand? Vielleicht argwöhnten sie, dass eine Abwanderung der katholischen Gläubigen in klandestine Organisationsformen letztlich zu einer Zeitbombe für ihre Diktaturen werden könnte, und bemühten sich deshalb um eine Verständigung auf höchster Ebene. Das Entstehen von nicht kontrollierbaren gesellschaftlichen Gruppen im Untergrund fürchteten die Machthaber wie der sprichwörtliche Teufel das Weihwasser. Die absolute und flächendeckende Kontrolle aller Vereinigungen war in sämtlichen kommunistischen Staaten oberstes Gebot, um jegliche Opposition bereits im Keim zu ersticken.

Nachdem Casaroli einige Tage lang ohne konkrete Ergebnisse mit den für Religionsfragen zuständigen Funktionären verhandelt hatte, wurde er in einem Regierungsfahrzeug zur amerikanischen Vertretung gebracht, wo er Mindszenty traf. Der US-Geschäftsträger gab ihm auf einem Zettel zu verstehen, dass alles Gesagte von der Gegenseite mit Mikrofonen überwacht würde. Für vertrauliche Gespräche bot er die »abhörsichere« Box an, in der sonst nur militärische Geheimnisse der Amerikaner besprochen wurden. Als Casaroli und Mindszenty unter der an einen James-Bond-Film erinnernden großen Haube saßen, machte sich der ungarische Kardinal auf Lateinisch über die Sicherheitsvorkehrungen lustig: »Americani putant se esse securos. Sed non sunt. Communistae omnia sciunt!« (Die Amerikaner glauben, sicher zu sein. Aber sie sind es nicht. Die Kommunisten wissen alles!).

Die Verhandlungen mit Mindszenty waren für den gewandten Vatikan-Diplomaten Casaroli mindestens ebenso schwierig wie die mit den Kommunisten. Der unbeugsame Kirchenführer zeigte von Anfang an keinerlei Bereitschaft, die Position des Märtyrers, der im eigenen Land vor aller Augen leidet, aufzugeben. »Eine Klinge aus Stahl, absolut unbeweglich, bereit zum Konflikt und zum Aufeinanderstoßen mit einer Macht, die ihrerseits in gleicher Weise entschlossen war, sich nicht beugen zu lassen«, so beschrieb Casaroli den Ungarn in seinen Aufzeichnungen. Zugleich war er fasziniert von der moralischen Größe seines Gesprächspartners, der wohl schon ahnte, dass Rom auf einen Kompromiss mit den Machthabern hinauswollte, den er niemals akzeptieren würde.

Nur wenige Tage später, am 12. Mai, brach Casaroli zu einer ähnlich verlaufenden Geheimreise nach Prag auf. Wieder startete er in Wien und wieder sprach er zunächst mit Regierungsvertretern und dann mit dem Prager Erzbischof Beran. Einziger Unterschied war, dass Beran nicht wie Mindszenty in einem exponierten Zwangsasyl, sondern an unbekanntem Ort in Haft saß. Beran, der weniger politisch orientiert war als Mindszenty, signalisierte denn auch eine gewisse Bereitschaft, nach Rom auszureisen, wenn damit der Kirche in seinem Land geholfen werden könnte. Mit diesen Eindrücken reiste Casaroli nach Rom, um dem Papst Bericht zu erstatten. Johannes XXIII. stand zwei Wochen vor seinem Tod, als Casaroli ihm die ersten Eindrücke von seiner Ost-Mission überbrachte. Der Privatsekretär des Papstes wachte damals streng darüber, dass der Sterbenskranke nicht zu lange aufgehalten wurde und seine Ruhepausen einhielt. Doch für das letzte Gespräch mit Casaroli nahm sich Johannes XXIII. mehr als zwei Stunden Zeit. Am Ende sagte er: »Lasst uns mit gutem Willen und vertrauensvoll weitermachen – aber ohne Eile!«

Als Paul VI. sechs Wochen später sein Pontifikat antrat, war er zunächst alles andere als begeistert von dem waghalsigen Weg, den sein Vorgänger eingeschlagen hatte. Mit sicherem Diplomateninstinkt ahnte er, dass jedes Nachgeben des Vatikans gegenüber den Kommunisten als ein Zeichen der Schwäche gedeutet werden konnte. Auf keinen Fall durfte der Eindruck entstehen, als würde Rom die von den kommunistischen Regierungen mit ihrer Unterdrückungspolitik geschaffenen Fakten stillschweigend anerkennen. Bevor er sich dazu entschloss, die Ostpolitik fortzuführen, holte Paul VI. daher den Rat des Kardinalskollegiums ein. Die Mehrheit der Kardinäle befürwortete Verhandlungen mit den kommunistischen Diktaturen, wenn dadurch die katholische Kirche im Osten vor dem allmählichen Aussterben gerettet werden konnte. Zugleich aber rieten etliche Kardinäle zu äußerster Vorsicht, da dem Gegenüber nicht zu trauen sei.

Nach zähen Verhandlungen erreichte Casaroli zunächst in Ungarn einige Zugeständnisse der Kommunisten. Am 14. September 1964 unterschrieben beide Seiten in Budapest ein grundsätzliches »Agreement«, in dem sie die Bereitschaft zur Verständigung und Klärung anstehender Fragen bekundeten. Ferner gab es ein geheimes Zusatzprotokoll. Welche Zugeständnisse der Vatikan in diesem Schriftstück machte, ist bis heute ein Staatsgeheimnis – in beiden Staaten. Einer wechselseitigen Vereinbarung aus dem Jahr 1998 zufolge sollen die Akten erst im Jahr 2073 (!) der Forschung zugänglich gemacht werden.

Das wichtigste praktische Ergebnis des Abkommens konnte schon bald in die Tat umgesetzt werden: Die Ernennung von Bischöfen für fünf seit Jahren vakante ungarische Diözesen. Es handelte sich um Geistliche, die sowohl vom Papst als auch von der ungarischen Regierung akzeptiert wurden. Das Abkommen war ein Meilenstein: Der Heilige Stuhl hatte mit einer kommunistischen Regierung einen Vertrag geschlossen. Im Lager der strikten Antikommunisten innerhalb der katholischen Kirche wurde die

Sache scharf kritisiert. Sie fanden, der Vatikan sei dem Regime zu sehr entgegengekommen und hätte weiter reichende Garantien für die Kirche verlangen müssen. Diese Stimmen sahen sich in ihrer Kritik bestätigt, als sich die Lage der Katholiken in Ungarn – abgesehen von den Bischofsernennungen – nicht wesentlich verbesserte, sondern die Unterdrückung in einigen Gebieten sogar verschärft wurde. Dennoch verhandelte Casaroli, inzwischen zum vatikanischen Außenminister befördert, auch in den Folgejahren immer wieder mit der ungarischen Regierung, kam aber über wenige, punktuelle Fortschritte nicht hinaus.

Ungelöst blieb auch das »Problem Mindszenty«. Der Primas von Ungarn harrte Jahr um Jahr in seinem Asyl aus und weigerte sich zu gehen. Während die ungarische Regierung auf Zeit spielte (der Kardinal war weit über 70), empfand der Papst die Lage für das seit über 20 Jahren verwaiste Hauptstadt-Erzbistum Esztergom als katastrophal. Doch Mindszenty rückte nicht einen Millimeter von seiner Forderung nach Gerechtigkeit für seine Person ab. Er war 1948 in einem Schauprozess unter falschen Anklagen verurteilt worden. Da er, was alle wussten, unschuldig war, weigerte er sich, ein Gnadengesuch bei der Regierung einzureichen. Er bestand auf seiner bedingungslosen Rehabilitierung. Mit einem Trick schaffte es der Papst schließlich aber doch, den unbeugsamen Kardinal aus Ungarn herauszubewegen. Es wurde vereinbart, dass die Regierung ihn aus freien Stücken ziehen lassen sollte, ohne dass der Kardinal von sich aus die Begnadigung beantragte. Doch es gab noch ein weiteres Hindernis. Die Regierung wollte den Kardinal nur unter zwei Bedingungen ausreisen lassen: Er sollte sich danach nicht mehr in die ungarische Politik einmischen und er sollte den Weg freigeben zu einer Neubesetzung des erzbischöflichen Stuhls von Esztergom mit einem politisch annehmbareren Kandidaten. Da Mindszenty auf solche Forderungen nicht einging, übernahm schließlich der Vatikan in einer geheimen Zusatzvereinbarung die Verpflichtung, nach einer Ausreise dafür zu sorgen, dass der Kardinal sich im Exil kooperativ verhalten würde.

Die Ausreise erfolgte unter dem »Vorwand« einer Einladung Mindszentys zu der in Rom tagenden Bischofssynode. Dort wurde er wie ein Held empfangen, bald danach zog er nach Österreich um. Allerdings weigerte er sich, das von Budapest gewünschte Verhalten an den Tag zu legen. Er agierte weiter als der im Exil lebende Fürstprimas von Ungarn und meldete sich auch in politischen Fragen lautstark zu Wort. In dieser Situation traf Paul VI. eine Entscheidung, die im Lager der unbeugsamen Katholiken in Osteuropa Entrüstung auslöste: Nachdem er Mindszenty mehrere Male vergeblich aufgefordert hatte, den Rücktritt einzureichen, erklärte der Papst am 2. Februar 1974 von sich aus den Bischofssitz Esztergom für frei. Mindszenty fühlte sich durch die Entscheidung des Papstes verletzt. Noch 1971, vor der Übersiedlung von Rom nach Wien, hatte Paul VI. ihm in einem privaten Gespräch zugesichert: »Du bist und bleibst Erzbischof von Esztergom und Primas von Ungarn!« Auf die Absetzung antwortete der Kardinal mit einer öffentlichen Erklärung, dass er seinen Rücktritt nicht eingereicht habe. Damit trat der Konflikt zwischen den beiden Linien in der kirchlichen Osteuropapolitik, über den bis dahin mehr gemunkelt als gewusst wurde, erstmals in aller Offenheit zu Tage. Für die Hardliner im Vatikan und in der katholischen Kirche des Ostens grenzten die Händel, die Paul VI. mit den Kommunisten geschlossen hatte, an Verrat. Am 6. Mai 1975 starb der unbeugsame, aber abgesetzte ungarische Primas im österreichischen Exil.

Parallel zu den langen und unbefriedigenden Verhandlungen über den Fall Mindszenty war Casaroli mit der Regierung der ČSSR weiter im Gespräch. Auch hier ging es im Wesentlichen um dieselben zwei Problemkreise: Die einvernehmliche Neubesetzung vakanter Bistümer und die Ausreise der landesweiten Symbolfigur, die in diesem Fall Erzbischof Beran war. Auch in Prag gestaltete sich die Entfernung des Bischofs aus seiner Märtyrer-Position als schwierig. Der Prager Erzbischof wollte das Angebot eines sicheren Exils im Westen nicht annehmen, während andere Bischöfe und Priester noch immer in Haft saßen oder gefoltert wurden. Unterdessen führte die Prager Regierung ihre Verhandlungen mit dem Heiligen Stuhl in zäher und undurchschaubarer Weise. Um die Dinge zu beschleunigen, griff der Papst abermals zu einer List. Er kündigte Mitte Januar unerwartet die baldige Ernennung Berans zum Kardinal an. Als Termin für die Feier in Rom, bei der ihm die Kardinalswürde verliehen werden sollte, nannte er den 22. Februar 1965. Der Vatikan bestand darauf, dass Beran zu diesem Anlass nach Rom reisen durfte. Die Regierung der ČSSR stand nun vor einem Dilemma: Einerseits wollte sie sich nicht vom Papst zum Handeln zwingen lassen – andererseits: Sollte sie wirklich den Erzbischof, der nicht einmal zum Schein rechtskräftig verurteilt war, an der Ausreise nach Rom hindern und damit den international in Vergessenheit geratenen Fall vor der Weltpresse wieder unnötig hochkochen lassen? Die Regierung gab schließlich nach und genehmigte die Ausreise – allerdings ohne Rückkehrmöglichkeit. Gleichzeitig akzeptierte sie den vom Vatikan als Bistumsverwalter für Prag vorgesehenen Bischof František Tomášek.

Nun musste nur noch Beran selbst dazu überredet werden, die Kardinalswürde anzunehmen und sich ins Exil zu verabschieden. Die Entscheidung fiel in einer langen Nachtsitzung in einem Prager Hotelzimmer. Das Treffen, an dem auch der designierte Nachfolger Berans teilnahm, glich eher einer Partie Fern-Schach als einem Gespräch. Um vor den Mikrofonen der Geheimpolizei sicher zu sein, unterhielten sich die Geistlichen, indem sie ihre Argumente auf Zettel schrieben und diese einander zuschoben. Von dem »Gespräch« erfuhren die mithörenden Geheimdienstler nichts weiter als das von Papierrascheln und langen Denkpausen unterbrochene Kratzen auf Papier. Spät in der Nacht wurden die Pausen immer länger. Dann war nur noch der bedrückte Atem eines alten Mannes zu hören. Am Ende stellte Beran im Interesse der Kirche seine persönlichen Bedenken zurück und willigte schweren Herzens in den Vorschlag des Papstes ein, ins Exil zu gehen. Wieder hatte Casaroli einen heiklen Spezialauftrag diskret erledigt. Die Behörden sorgten dafür, dass Beran das Land unter strengster Geheimhaltung verließ. Prag hatte mit Bischof Tomášek nun wieder einen, wenn auch provisorischen, Bischof. Doch es dauerte noch Jahre, bis es Fortschritte in anderen Bistümern gab. Erst am 3. März 1973 konnte Casaroli bei einer Reise nach Nitra drei neue Bischöfe für den slowakischen Landesteil weihen. Ein halbes Jahr zuvor hatten der Heilige Stuhl und die Prager Regierung eine Vereinbarung über die Neubesetzung von vier der zwölf Bistümer unterzeichnet. Das Überleben der katholischen Kirche in der ČSSR war gesichert – wenn auch nur auf Sparflamme.

Die Ostpolitik des Heiligen Stuhls kam auch in anderen Ländern langsam voran, doch sie blieb überall ein heikles Unterfangen. Wie schlüpfrig der Abhang war, auf dem sie sich bewegte, wurde bei den Verhandlungen mit der DDR-Führung deutlich, die Casaroli Mitte der 1970er-Jahre führte und über die er sich in seinen Memoiren (vielleicht mit gutem Grund) fast vollständig ausschweigt. In der DDR gab es für den Vatikan keine akute Notwendigkeit, Konzessionen an die kommunistische Seite zu machen. Denn Ost-Berlin schikanierte die kleine katholische Minderheit (rund 1,5 Millionen Gläubige) sehr viel weniger, als dies die Genossen in Prag oder Budapest mit der dortigen Kirche taten, die Bischofsernennungen durch den Papst verliefen weitgehend problemlos. Die Katholiken wurden ebenso streng überwacht wie andere »auffällige« DDR-Bürger, aber willkürliche Verhaftungen oder gar Folter blieben aus. Dennoch machte Casaroli der DDR Zugeständnisse. Das einzig erkennbare Motiv für dieses Entgegenkommen ist darin zu sehen, dass er offenbar die vergleichsweise tolerante Religionspolitik der SED-Führung gerne durch verbindliche Verträge über den Tag hinaus absichern wollte. Aus diesem Grund traf er sich im Januar 1973 mit dem SED-Politbüromitglied Werner Lamberz. Ein halbes Jahr später trennte der Vatikan als Reaktion auf den »Grundlagenvertrag« zwischen der Bundesrepublik und der DDR die Kirchengebiete Erfurt, Magdeburg und Schwerin von ihren westdeutschen Diözesen und vollzog damit ein Stück weit die innerdeutsche Teilung nach. Die Selbstverwaltung der katholischen Kirche in der DDR wurde dadurch etwas vereinfacht, auch wenn der Vatikan vor der letzten Konsequenz, der Errichtung von neuen DDR-Diözesen, zurückschreckte. Doch Ost-Berlin wollte noch mehr, am liebsten die Ausrufung einer eigenständigen »Bischofskonferenz der DDR« und die diplomatische Anerkennung durch den Vatikan.

Tatsächlich schien Casaroli zum Entsetzen nicht nur konservativer Kreise zu weiteren Zugeständnissen bereit. 1975 nahm er eine Einladung des Ost-Berliner Außenministers Oskar Fischer zu einem einwöchigen Besuch an und überzeugte sich von der in der DDR praktizierten relativ weit reichenden Religionsfreiheit. Ein Jahr später ordnete der Vatikan die Bildung einer eigenen »Berliner Bischofskonferenz« an, der alle Oberhirten auf DDR-Gebiet und der katholische Erzbischof von ganz Berlin angehörten. Für den Staat Honeckers bedeutete dies einen großen Prestigegewinn, auch wenn es noch nicht die formelle diplomatische Anerkennung war. Für die Gegner der Verständigungspolitik Casarolis war es hingegen skandalös, wie weit der vatikanische Außenminister dem SED-Regime ohne erkennbare Notlage entgegenkam.

Relativ erfolgreich war die vatikanische Ostpolitik in Jugoslawien, das als blockfreier sozialistischer Staat ohne Einmischung Moskaus verhandeln konnte. Hier schaffe es der Vatikan, erhebliche Freiräume für die katholische Kirche durchzusetzen. Ein weiterer Sonderfall war Polen, wo die Kirche wegen ihrer gesellschaftlichen Stärke ohnehin einen besseren Stand in den Verhandlungen hatte. Dennoch gelang es dem Vatikan nicht, eine Einladung des Papstes durch die katholischen Bischöfe des Landes zu einer Polenreise im Jahr 1966 in die Tat umzusetzen. An diesem Punkt zeigte sich, dass ein wirklicher Durchbruch in den Beziehungen zu den Ostblockstaaten noch in weiter Ferne lag. Immer wieder musste Paul VI. Kompromisse eingehen, um der Kirche das Überleben als Institution in einem feindlichen Umfeld zu ermöglichen oder vertraglich abzusichern. Auch wenn dieses Taktieren gegenüber einem totalitären Gegner mitunter entfernt an die vatikanische Deutschlandpolitik der 30er-Jahre erinnert, gibt es doch einen entscheidenden Unterschied: Während im Dritten Reich die Unterdrückung der Kirche in wenigen Jahren rasant eskalierte, verlief sie in den kommunistischen Staaten von Land zu Land unterschiedlich und in Wellenbewegungen. So öffneten sich dem Vatikan immer wieder gewisse »Fenster«, um etwas für seine Schäflein hinter dem Eisernen Vorhang durchzusetzen. Die Aufgabe des Diplomaten Casaroli war es, diese Fenster zu nutzen. Die Frage, ob der einflussreichste und umstrittenste Vatikandiplomat seit dem Zweiten Weltkrieg bei diesen heiklen

Vorstößen zu viele Kompromisse einging oder ob er tatsächlich keine andere Wahl hatte, wird sich erst nach Öffnung der entsprechenden Archive mit größerer Gewissheit beantworten lassen.

KAPITEL VI

Paul VI. zwischen Moskau und Washington

In der westlichen Öffentlichkeit hat die Ostpolitik des Vatikans stets nur geringes Interesse gefunden. Die komplizierten Vorgänge um Bischofssitze und Religionsfreiheit interessierten im Grunde genommen nur die Spezialisten, denn sie machten weniger Lärm als die anderen großen Ereignisse der Epoche. Vor allem zwei Themen bestimmten in den 60er- und frühen 70er-Jahren die Weltpolitik: Die Entspannungsbemühungen der Supermächte und der Vietnamkrieg. Gromyko, der Altmeister der sowjetischen Außenpolitik, hatte gleich mehrere Gründe, warum er sich in dieser bewegten Zeit auch offiziell auf Gespräche mit dem Vatikan einließ. Einer davon lag darin, dass dem Papst bei dem Ringen um die Rüstungskontrolle eine für beide Supermächte höchst interessante Stellung als weltweit geachtete moralische Instanz zukam. Hintergrund war die seit 1962 in Genf tagende internationale Abrüstungskonferenz, die einem internationalen Pokerspiel glich. Immer wieder versuchten die Hauptakteure in Moskau und Washington die Weltöffentlichkeit für sich zu gewinnen. Wegen des allseitigen Taktierens kamen sie dort, wo es darauf ankam, nämlich bei der Abrüstung der Panzer und Atomraketen, kaum von der Stelle. Stattdessen machten sowohl Moskau als auch Washington Vorschläge, die darauf abzielten, sich selbst als friedliebende, defensive Macht darzustellen und dem Gegner den Schwarzen Peter des bösen, kriegslüsternen Imperiums zuzuschieben. Da der Papst sich häufig mit der Forderung nach Abrüstung zu Wort meldete, war auch dem Kreml daran gelegen, ihn bei diesem taktischen Pingpong, das vor allem über die westlichen Medien gespielt wurde, nicht gegen sich zu haben. Mehrere Male versuchte Gromyko, den Papst zu einseitigen Stellungnahmen »für Frieden und Abrüstung«, die letztlich gegen

Washington gerichtet waren, zu bewegen. Der Erfolg war bescheiden, denn Paul VI. war zu sehr Berufsdiplomat, um auf die durchsichtigen Manöver des Kreml einzugehen.

Doch Moskau war noch in einem weiteren Bereich an wohlwollenden Worten aus dem Vatikan interessiert: Es ging um das militärische Engagement der USA in Vietnam.

Der Vatikan im Vietnamkrieg

Bereits im September 1965 hatte Paul VI. seine Zurückhaltung hinsichtlich des Kriegs in Indochina aufgegeben. Als US-Präsident Lyndon B. Johnson in einer unheilschwangeren Rede eine Ausweitung des amerikanischen Engagements in Vietnam ankündigte, bezeichnete der Papst seinerseits in einer Ansprache den Konflikt als »besonders schwerwiegend« und forderte ein sofortiges Ende der Kampfhandlungen. Dass sich der Papst unmittelbar nach Johnsons Kriegsrede kritisch zu Wort meldete, ließ Moskau aufhorchen. Für die Sowjetunion, die Nordvietnam im Kampf gegen Südvietnam und die USA unterstützte, waren Papstappelle mit einer klaren Kritik am amerikanischen Vorgehen eine willkommene Ergänzung der eigenen Propaganda. Denn aus sowjetischer Sicht sollten die USA vor der Welt als Angreifer dargestellt werden, der das vietnamesische Volk mit grausamen Bombardierungen daran hinderte, sich zu befreien. Sollte sich auch der Papst noch eindeutiger in dieser Weise äußern, wäre das für die kommunistische Seite ein Gewinn.

Zunächst schien Paul VI. jedoch beim amerikanischen Präsidenten mehr Erfolg zu haben, als das Moskau recht sein konnte. Zwar fehlten nach wie vor offizielle diplomatische Beziehungen zwischen Washington und dem Vatikan. Seit im Jahr 1951 die Ernennung eines amerikanischen Vatikanbotschafters am protestantischen Widerstand gescheitert war, gab es nicht einmal mehr die Institution eines »persönlichen Abgesandten« des US-Präsidenten beim Papst. Trotzdem gelang es dem Heiligen Vater, auf Johnsons Politik einen gewissen – wenn auch sehr begrenzten – Einfluss zu nehmen. Sein Hebel war der moralische Druck. Auch

Johnson war daran gelegen, von der Weltöffentlichkeit und der eigenen Bevölkerung als ein Staatsmann wahrgenommen zu werden, der nach ethischen Prinzipien entscheidet. Als der Papst am 19. Dezember 1965 in einer Adventsansprache die Kriegsparteien aufforderte, zu Weihnachten eine Waffenruhe zu vereinbaren, war dies einer der wenigen Papstappelle in der Geschichte des 20. Jahrhunderts, der nicht nur beachtet, sondern auch befolgt wurde: Unter dem Eindruck erster Massenproteste gegen den Vietnamkrieg ging US-Präsident Johnson tatsächlich auf den Vorschlag ein und ordnete eine weihnachtliche Feuerpause an. Außerdem erklärte er sich zu Verhandlungen über eine Beilegung des Konflikts bereit.

Durch diesen Anfangserfolg ermutigt sandte Paul VI. am 31. Dezember persönliche Briefe an alle in den Krieg verwickelten Regierungen, also nach Hanoi und Saigon, nach Washington, Moskau und Peking. Noch nie zuvor hatte ein Papst einen »Offenen Brief« an ein kommunistisches Staatsoberhaupt geschickt und jetzt waren es gleich drei. Jedes dieser Schreiben war verschieden im Ton und in den Formulierungen, doch das Ziel war immer dasselbe: Der Papst beschwor die Verantwortlichen, nichts unversucht zu lassen, um dem vietnamesischen Volk den Frieden zu bringen. In diesem Moment erwies sich Paul VI. als ein Papst des Medienzeitalters: Selbst Sohn eines Journalisten war er von der Wirksamkeit der Presse und der Einflussmöglichkeit der öffentlichen Meinung auf die Politik überzeugt und setzte alles daran, sie zu nutzen. Seine Botschaften an die fünf Staatsmänner ließ er im Wortlaut veröffentlichen und erzielte damit das erhoffte internationale Echo: einen warmen Regen von zustimmenden Kommentaren aus allen Erdteilen. In den Angelusansprachen vom 1. und 2. Januar informierte er die Öffentlichkeit noch einmal persönlich über diese Briefe und bat um weltweites unterstützendes Gebet.

Etwa zeitgleich verstärkte auch Johnson seine Friedensbemühungen und schickte Sondergesandte zu zahlreichen Staatsoberhäuptern, um seine geplante Verhandlungsinitiative zu erläutern. Die »Friedensoffensive« des Papstes scheiterte aber ebenso wie das Unternehmen Johnsons. Die kommunistischen Kräfte in Vietnam sahen sich zu diesem Zeitpunkt auf militärischem Gebiet bereits im Vorteil und wollten möglichst große Geländegewinne machen, bevor sie sich überhaupt auf Gespräche einließen. Tatsächlich eroberten sie im Februar 1966 wichtige Militärstützpunkte. Johnson antwortete mit Bombenteppichen gegen Nordvietnam und einer gewaltigen, fatalen Aufstockung der nach Südvietnam entsandten US-Streitkräfte.

Wie sehr Moskau gerade in dieser Phase des Vietnamkriegs am Papst interessiert war, unterstreicht die Tatsache, dass Gromyko im April 1966 (ein halbes Jahr nach der Begegnung am Sitz der UNO) den Vatikan besuchte und neun Monate später, am 30. Januar 1967, sogar der sowjetische Staatspräsident Nikolaij Podgorny zum Papst reiste. Diese Visite stellte beide Seiten vor erhebliche protokollarische Probleme. Da für die Sowjets ein förmliches Audienzgesuch aus ideologischen Gründen nicht in Frage kam und der Papst umgekehrt nicht so weit auf Moskau zugehen wollte, dass er den Präsidenten in den Vatikan einlud, kam es zu einer »Lösung auf der Mitte der Straße«. Sowohl der Kreml als auch der Vatikan erklärten, dass eine Begegnung im beiderseitigen Interesse liege und dass man daher übereingekommen sei, diese zu organisieren. Die Themen bei dem seinerzeit als »historisch« empfundenen Besuch waren, wie der vatikanische Außenminister Casaroli später in seinen Memoiren enthüllte, die Frage der Religionsfreiheit, der Weltfrieden im Allgemeinen und der Vietnamkrieg im Besonderen. Im offiziellen Vatikan-Kommuniqué wurde das Thema Vietnam seinerzeit allerdings nicht erwähnt! Noch im selben Jahr vereinbarten beide Seiten, die vatikanisch-sowjetischen Begegnungen auf die Ebene »dauerhafter technischer Kontakte« anzuheben.

Paul VI. bewegte sich in seiner Vietnampolitik in eine Richtung, die dem Kreml gefallen musste: Der Papst distanzierte sich immer deutlicher von der korrupten Diktatur in Südvietnam, die von Washington unterstützt wurde – und das, obwohl die Regierung in Saigon eng mit der katholischen Kirche des Landes zusammenarbeitete. Er setzte die Politik der Distanzierung mit beachtlichem Druck auch unter den katholischen Bischöfen in Südvietnam durch und scheute nicht einmal davor zurück, den Erzbischof von Hue, Ngo Dinh Thuc, einen Bruder des früheren südvietnamesischen Diktators Ngo Dinh Diem, von der Bistumsleitung zu entbinden und auf einen unbedeutenden vatikanischen Posten abzuberufen. Gleichzeitig befahl er die Mitwirkung der katholischen Kirche im »interreligiösen Rat« des Landes, einer Institution, die ebenfalls kritisch zur Regierung in Saigon stand.

Noch mehr dürfte den Kreml beeindruckt haben, dass der Papst im Dezember 1966 dem vietnamesischen Kommunistenführer Ho Tschi Minh eine geheime Botschaft zukommen ließ. Darin signalisierte er seine Bereitschaft zur Aufnahme von direkten Beziehungen mit der kommunistischen Regierung in Nordvietnam, um besser für den Frieden wirken zu können. Als Überbringer des Schreibens diente dem Papst der Chef der italienischen Kommunisten, Enrico Berlinguer. Der Vorgang konnte im Westen lange geheim gehalten werden, doch der Kreml war dank seiner engen Verbindungen zur kommunistischen Parteizentrale in Rom von Anfang an darüber informiert. Moskau entging nicht, dass Paul VI. gewillt war, die von seinem Vorgänger Johannes XXIII. verkündete Vision einer praktischen Zusammenarbeit von Katholiken und Kommunisten im Interesse des Weltfriedens auch in ziemlich unorthodoxer Weise mit Leben zu füllen.

Die Annäherung zwischen Vatikan und Kreml in der Frage des Vietnamkriegs dauerte jedoch nicht lange. Gründe waren zum einen die zunehmenden antiamerikanischen Proteste und die aus vatikanischer Sicht gefährliche Art und Weise, wie die kommunistische Propaganda diese Bewegung ausnutzte. In dem Moment, in dem die öffentliche Meinung so sehr gegen die USA umzuschlagen begann, dass die weltweite Stabilität bedroht war, durfte sich der Papst keinen Schritt mehr leisten, der vom kommunistischen Lager als einseitige Parteinahme gegen die USA bejubelt werden konnte. Hinzu kam ein wachsender, bislang völlig unbekannter Druck innerhalb der Kirche: Linkskatholische Kräfte in der Dritten Welt und in Europa sympathisierten plötzlich offen mit Guerillaführern wie Ho Tschi Minh in Vietnam oder Che Guevara in Lateinamerika. Die ideologisch-politische Spaltung der Welt in zwei Blöcke schien wie ein Virus auch ins Innenleben der Kirche einzudringen und ihre Einheit zu untergraben. Der

Papst zog es in dieser Lage vor, wieder die bewährten Wege der Neutralität zu gehen und riskante Experimente zu vermeiden.

In seiner Weihnachtsansprache an die Kardinäle am 22. Dezember 1967 sprach der Papst die Lage unverblümt an: »Uns erreichen viele Stimmen, die uns dazu einladen, eine der Krieg führenden Seiten zur Einstellung der Bombardements aufzurufen. Wir haben dies getan und wir tun es abermals im Namen der wehrlosen Opfer dieser Militäraktionen. Aber gleichzeitig fordern wir erneut die andere Krieg führende Seite auf, ein Zeichen ihres ernsthaften Friedenswillens zu geben – und hoffen, dass uns darin auch jene folgen, die in diesem Sinn entscheidenden Einfluss ausüben.« Damit hatte er das Prinzip der Überparteilichkeit gegen alle Zweifel als offizielle vatikanische Linie unterstrichen. Am Tag danach besuchte Johnson den Papst auf dem Rückweg von einer Asienreise. Ebenso wie die Sowjetunion versuchten auch die USA weiterhin, den Papst ins eigene Lager zu ziehen. Die Begegnung verlief freundlich, doch der Papst wahrte auch hier die Neutralität. »Ich muss meine Position von der Ihren differenzieren, auch wenn ich Ihren guten Willen verstehe«, sagte er und fuhr fort: »Aber Sie müssen verstehen, dass ich niemals mit einem Krieg einverstanden sein kann.« Um seine Position zu unterstreichen, rief Paul VI. am 1. Januar 1968 einen »Weltfriedenstag« aus, den die katholische Kirche seither jedes Jahr mit einer politischen Grundsatzbotschaft des Papstes begeht.

Doch der Vietnamkrieg und die Protestbewegung gegen die USA hatten mittlerweile eine Eigendynamik erreicht, angesichts deren der Vatikan mit seiner überparteilichen Politik nicht mehr verstanden wurde. Als Hunderttausende weltweit gegen die US-Regierung demonstrierten, fand sich Paul VI. plötzlich auf der anderen Seite der Barrikade. Ebenso wie er in der Anfangsphase Distanz zum Regime in Saigon gehalten hatte, weigerte er sich jetzt, in Begeisterung für Ho Tschi Minh auszubrechen. Er fühlte sich in seiner Haltung bestärkt, als die Vietcong-Truppen in der Tet-Offensive vom 31. Januar 1968 nicht nur die vereinbarte Waffenruhe für den buddhistischen Feiertag brachen, sondern mit größter Brutalität ihre Gegner einschließlich vieler hundert Zivilisten niedermetzelten und misshandelten. Pasquale Macchi, der

Privatsekretär des Papstes, enthüllte nach dessen Tod, dass Paul VI. in dieser Kriegsphase sogar die Möglichkeit einer »Friedensreise« nach Hanoi und Saigon erwog, um die Eskalation zu stoppen. Schon einige Monate früher hatte er Macchi und seinen Reisemarschall Marcinkus in die Krisenregion entsandt, um mit den vietnamesischen Regierungen zu klären, ob ein solches Unternehmen machbar sei. Doch wiederum waren es die Kommunisten in Nordvietnam, die aus taktischen Gründen und aus grundsätzlicher Feindschaft zur katholischen Kirche abblockten.

Dann überschlugen sich die Ereignisse. Präsident Johnson zog am 31. März unter dem Eindruck der militärischen Niederlage in der Tet-Offensive seine Kandidatur für die Wiederwahl im laufenden Wahlkampf zurück und verkündete das Ende der amerikanischen Bombenkampagne über Nordvietnam. Daraufhin lud der Papst in seiner Osterbotschaft die am Krieg beteiligten Mächte zu einer internationalen Konferenz in den Vatikan ein. Doch die Musik spielte längst anderswo, der Heilige Stuhl war als Vermittler nicht gefragt.

Die Gründe für das Scheitern der Friedensbemühungen sind vielfältig: In letzter Konsequenz wurde der Papst von keinem der am Vietnamkrieg beteiligten Staaten wirklich ernst genommen, nicht zuletzt deshalb, weil die katholische Kirche in der betroffenen Weltregion wegen der Nähe zur einstigen Kolonialmacht Frankreich einen schweren Stand hatte. Außerdem hatte der Vatikan keine diplomatischen Beziehungen zu den Groß- und Supermächten im Hintergrund des Konflikts. Moskau und Washington waren an lobenden Worten der überparteilichen Instanz in Rom zwar interessiert, aber ausschlaggebend waren diese nicht. Und schließlich fehlte Paul VI. das Charisma und die weltweite Popularität eines Johannes XXIII., die ihm vielleicht zusätzliches Gewicht verliehen hätten. So wurden am 10. Mai 1968, ohne vatikanische Beteiligung, die Vietnam-Friedensgespräche in Paris begonnen, die am 23. Januar 1973, nach vier weiteren Jahren Dschungelkrieg und Bombenteppichen, zum Abschluss kamen.

Erfolge bei der KSZE

Während die Vietnam-Politik des Vatikans in der Außenwirkung als eine Art Schlingerkurs wahrgenommen wurde und wenig Wirkung zeigte, waren die Diplomaten des Heiligen Stuhls an einer anderen Front wesentlich erfolgreicher. Zu den neuen Möglichkeiten der Ost-West-Kontakte zählte in den 70er-Jahren die Konferenz für Sicherheit und Zusammenarbeit in Europa (KSZE). Die riesige und schier endlose Konferenz tagte mit Unterbrechungen von 1973 bis 1975: zunächst in Helsinki, dann in Genf und dann wieder in Helsinki. 1977 mündete sie schließlich in eine Reihe von Folgekonferenzen.

Das Neue bei der KSZE war, dass sich hier die Länder der Nato und des Warschauer Pakts erstmals darauf einließen, direkt miteinander über die Lage in Europa zu verhandeln und Kompromisse einzugehen. Die Initiative war vom Ostblock ausgegangen, der sich von der KSZE vor allem eine Festschreibung der Ost-West-Grenzen erhoffte, wie sie sich nach dem Zweiten Weltkrieg in Europa ergeben hatten. Die feierliche Anerkennung des Prinzips der »Nichteinmischung in die inneren Angelegenheiten« der souveränen Staaten war ein weiteres Ziel des Ostens: Der Westen sollte endlich aufhören, sich wegen »angeblicher« Menschenrechtsverletzungen in die Innenpolitik der sozialistischen Staaten einzumischen. Ferner ging es dem Ostblock – und da traf er sich mit den Interessen des Westens – um eine gewisse Aufweichung des starren Block-Gegensatzes, der den Austausch von Wissenschaft, Kultur und Wirtschaft und damit letztlich die Entwicklung aller europäischen Staaten behinderte.

Doch auch der Westen wollte Prinzipien durchsetzen, die für den Osten ein Zugeständnis bedeuteten. Dazu gehörte die feierliche Verpflichtung der Teilnehmerstaaten, die Menschenrechte der eigenen Bürger zu respektieren. Genau das war der Punkt, an dem der Vatikan sich politisch einbringen konnte. Er wollte ein internationales Abkommen, das ihm bei den schwierigen bilateralen Verhandlungen um mehr Freiheit für die Kirchen in Osteuropa, die Casaroli seit zehn Jahren mit bescheidenem Erfolg führte, Rückendeckung gab.

Der Heilige Stuhl nahm an den KSZE-Verhandlungen entsprechend aktiv teil und am 1. August 1975 unterzeichnete Casaroli gemeinsam mit den Außenministern und Regierungschefs aus 34 Ländern die Schlussakte von Helsinki. Die Vatikan-Delegation hatte entscheidend daran mitgewirkt, dass in den Text, der nach zähen Verhandlungen vereinbart wurde, unter dem Punkt Menschenrechte ausdrücklich auch das Recht auf freie Religionsausübung festgeschrieben wurde. Die sprachgewandten und diskret auftretenden Diplomaten-Monsignori aus dem Vatikan waren inzwischen zu einem festen Bestandteil internationaler Konferenzen geworden. In Genf und Helsinki agierten sie geschickt mit dem »blockfreien« Image des Heiligen Stuhls und setzten »ihr« Thema, die Religionsfreiheit, mit erstaunlich weit gehenden Formulierungen durch. Entscheidend war aus Sicht des Heiligen Stuhls, dass dieses Recht nicht nur auf die private Weltanschauung und die Teilnahme des Gläubigen am Gottesdienst beschränkt blieb, sondern dass den Religionsgemeinschaften ausdrücklich eine aktive, gesellschaftlich sichtbare Freiheit zugestanden wurde.

Zwar konnten die unterzeichnenden Staaten von keiner internationalen Instanz zur Einhaltung dieser Prinzipien gezwungen werden, doch hatte jetzt nicht nur der Vatikan ein Papier in der Hand, das die Unterschrift der kommunistischen Außenminister und Regierungschefs trug. Schon bald bildeten sich im Ostblock Bürgerrechtsgruppen wie die »Charta 77«, die sich auf die in Helsinki unterzeichneten Menschenrechtsartikel beriefen. Diese Gruppen sollten sich rasch zu einem der Sargnägel der kommunistischen Diktatur entwickeln.

KAPITEL VII

Die interne Krise

Paul VI. starb am 6. August 1978. Keine zwei Monate später folgte ihm der 33-Tage-Papst Johannes Paul I. in den Tod. Zweimal hintereinander erlebte Rom die Zeremonie eines Papstbegräbnisses, Hunderttausende nahmen daran Anteil. Durch den raschen Tod Johannes Pauls I. waren die Medien aus aller Welt noch neugieriger als beim ersten Konklave im August. Gerüchte von einem unnatürlichen Tod des Papstes machten die Runde. Busladungen voll mit Pilgern und Neugierigen drängten zum Petersplatz, Hunderte von Journalisten warteten seit Tagen auf den großen Augenblick.

Als die 111 Kardinäle am Nachmittag des 14. Oktober 1978 in ihren flammend roten Gewändern zur Papstwahl zogen, war die Stimmung gedrückt. Die Schola sang die uralte Anrufung des Heiligen Geistes »Veni Creator Spiritus«, während die Kardinäle paarweise, bedächtig von der Capella Paolina zur Sixtinischen Kapelle schritten. Die katholische Kirche befand sich in diesem Moment an einem Tiefpunkt. Wegen des frühen Todes des herzkranken Johannes Paul I., der mit seiner liebenswürdigen und offenen Art für kurze Zeit Hoffnungen auf einen neuen »vatikanischen Frühling« ausgelöst hatte, standen manche Kardinäle noch unter einer Art Schock. Hinzu kam die Bürde der kirchenpolitischen »Altlasten«, die noch aus dem letzten Pontifikat zu bewältigen waren. Denn der außenpolitisch engagierte Paul VI. hatte bei seinem Tod innerkirchlich einen Berg von Problemen hinterlassen.

Kirche am Scheideweg

Das sichtbarste Zeichen des Niedergangs war die große Zahl von Priestern, die ihr Amt niederlegten, weil sie heirateten oder den Gehorsam verweigerten. In den 70er-Jahren kehrten Jahr für Jahr rund 1500 Priester weltweit ihrem Amt den Rücken – ein Aderlass, der in Amerika und Europa bedrohliche Dimensionen erreichte. Gleichzeitig verschärfte sich die ideologische Spaltung. Auf der einen Seite murrte der Flügel konservativer Katholiken, die unter Führung des französischen Rebellenbischofs Marcel Lefebvre zur Kirche der Vorkonzilszeit zurückkehren wollte. Nicht weniger bedrohlich war die Entwicklung auf dem anderen Flügel: Unter den »Progressiven« waren manche bereit, wichtige Elemente der katholischen Tradition und Lehre über Bord zu werfen. Vor allem in den USA drohte das spezifisch Katholische sich allmählich aufzulösen, gleichzeitig wanderten in Lateinamerika Katholiken in protestantische Abspaltungen ab. Am linken Rand hatten dort zudem die Befürworter einer marxistischen Variante der Befreiungstheologie Zulauf, die den Gläubigen Erlösung durch politische Revolution predigten. In Nicaragua standen Priester in der Rebellenfront der Sandinisten Seite an Seite mit Kommunisten. Eine weitere Bedrohung der Kirche stellte – als Spätfolge der 68er-Hippie-Kultur – der Vormarsch östlicher Religionen und der New-Age-Bewegung dar, die vor allem unter der Jugend Anhänger fanden. Innerhalb des christlichen Spektrums machten Bewegungen mit dem Slogan »Jesus ja, Kirche nein« dem Katholizismus zu schaffen.

Zum Entsetzen der Kirchenführer setzten sich just zu dieser Zeit in den wichtigsten Ländern Europas Feministinnen, Liberale und Sozialisten mit der Forderung nach Freigabe der Scheidung und der Abtreibung durch, trieben damit die Auflösung der traditionellen Familienstrukturen voran und trugen zur »Amerikanisierung« Europas bei. Die katholische Kirche geriet zusehends an den Rand der modernen Gesellschaft. Als konservative Kraft war sie jetzt gleich an mehreren Fronten unter Beschuss. An den europäischen Universitäten erlebten Theologen wie der junge Professor Joseph Ratzinger bei Hörsaal-Besetzungen und Demonstrationen das Vordringen linksradikaler Gruppen und den rasanten Verfall des gesellschaftlichen Gefüges. Besonders deutlich wurde die Randstellung der Kirche in der Debatte um die »Pille«. Das damals in vielen Ländern als Mittel zur Befreiung der Frau bejubelte Empfängnisverhütungsmittel hatte der Papst 1968 in seiner Enzyklika *Humanae vitae* ebenso wie alle anderen künstlichen Methoden der Verhütung abgelehnt. Er verurteilte sie als »in sich sittlich unerlaubt« und trieb damit viele Katholiken in schwere Gewissenskonflikte. Zum ersten Mal distanzierten sich daraufhin neben den »normalen« Laien auch scharenweise katholische Politiker, Theologen und Geistliche von einer Lehre des Papstes, deren Argumente sie nicht verstanden.

Im politischen Bereich verlor der Vatikan in den späten 60er- und in den 70er-Jahren drastisch an Einfluss: In Deutschland und Österreich büßten die katholisch dominierten christdemokratischen Parteien CDU/CSU und ÖVP, mit denen der Heilige Stuhl ein enges Verhältnis pflegte, ihre Mehrheiten ein. Die neuen linksliberalen Regierungen änderten umgehend die Gesetze, sie legalisierten Scheidung, Abtreibung und Pornografie. In Frankreich stand eine Volksfront aus Sozialisten und Kommunisten kurz vor der Machtübernahme. In Italien schien die Teilung der Macht zwischen Christdemokraten und Kommunisten unausweichlich. In Spanien und Portugal lösten sich die katholisch-autoritären Diktaturen unter Franco und Salazar auf. Und in den einstigen Kolonien Portugals, wo die katholische Kirche durch ihre Missionen eine gesellschaftlich wichtige Kraft war, übernahmen Kommunisten die Macht und vertrieben Hunderte von Missionaren.

Unaufhaltsam setzte sich auch der Niedergang in Osteuropa fort. Trotz der kleinen Erfolge der vatikanischen Ostpolitik glich die Kirche weiter einem sterbenden Baum. Die noch christlich geprägte Großeltern-Generation verlor in den Familien an Einfluss, die meisten Kinder wurden von ihren Eltern erst gar nicht mehr getauft, weil dies gesellschaftliche Nachteile brachte. In stalinistisch regierten Ländern wie Albanien, Nordkorea oder in der Volksrepublik China war die Entwicklung aus vatikanischer Sicht noch trostloser. Ganze Staaten wurden zu »religiösen Wüsten« ohne Priester und ohne Gottesdienste, Kirchen wurden als Lagerhallen oder Viehställe benutzt oder, im besten Fall, als Museen besichtigt. Im kommunistischen Osten wie auch im freien Westen erörterten Soziologen und Publizisten in Vorlesungen und Essays die Frage, ob Gott tot sei und die knapp 2000-jährige Institution Kirche nun kurz vor ihrem Ende stehe. Und der Papst selbst diagnostizierte 1975 in seinem Schreiben *Evangelii nuntiandi* treffend, der Bruch zwischen Evangelium und Kultur sei »ohne Zweifel das Drama unserer Zeitenepoche«, und rief zur »erneuten Verkündigung an die entchristlichte Welt« auf.

Der Vatikan zwischen Reform und Bankrott

Intern befand sich der Vatikan Ende der 70er-Jahre ebenfalls in angeschlagener Verfassung. Paul VI. hatte durchaus etliche Reformen durchgesetzt und, ganz im Geist der Zeit, »alte Zöpfe« abgeschnitten. Den höfischen Pomp um die Person des Papstes hatte er erheblich reduziert, im Jahr 1970 löste er die »Palatingarde« und die »Ehrengarde« auf und schaffte viele monarchische Rituale per Dekret ab. Den Kardinälen hatte er ihre Hermelin-Pelze und ihre großen Hüte genommen. Ein Hauch von Sachlichkeit und Moderne hielt in den historischen Fluren des Apostolischen Palastes Einzug – auch in Form zeitgenössischer Gemälde und Skulpturen. Paul VI. reformierte aber nicht nur Äußerlichkeiten, er baute die vatikanische Kurie um. Unter anderem führte er eigene Gremien für die Laien, für Fragen von Gerechtigkeit und Frieden sowie für den Dialog mit Anders- und Nichtglaubenden ein. Er schuf die Bischofssynode als beratendes Organ des Papstes und setzte ein Pensionierungsalter für die Bischöfe (75 Jahre) fest, ferner begrenzte er das Wahlrecht der Kardinäle auf das 80. Lebensjahr. Außerdem holte er viele Nichtitaliener in den Vatikan und versuchte damit, dem nicht immer sehr effizienten Verwaltungsstil seiner italienischen Landsleute gegenzusteuern.

Doch die Reform der Kurie erwies sich als zweischneidiges Schwert. Im Inneren führte sie zu bisher ungekannten Konflikten: Die »Ausländer«, die der Papst an den altgedienten Monsignori vorbei auf Spitzenplätze beförderte, wurden von ihren italienischen Konkurrenten misstrauisch beäugt. Dies betraf allen voran den amerikanischen Erzbischof Paul Marcinkus, den der Papst nicht nur zu seinem Reisemarschall, sondern auch noch zum »Gouverneur« des Zwergstaats Vatikan und zum Chef der Vatikanbank IOR machte. Die Missgunst der von ihm ausgebooteten Italiener an der Kurie sollte Marcinkus noch zu spüren bekommen, als sein Geldinstitut später in einen deftigen Bankenskandal verwickelt wurde.

Doch Paul VI. schuf sich noch andere Probleme. Mit dem Umbau der Kurie setzte er den Trend des Konzils fort, das durch die Einführung neuer Kommissionen und Abteilungen zu einer kräftigen Erhöhung des Personalbestands geführt hatte. Da auf der anderen Seite niemand aus den weniger wichtig gewordenen Abteilungen entlassen wurde, wuchs die Zahl der Angestellten unaufhörlich: Zählte der Vatikan vor dem Konzil noch 1322 Funktionäre, waren es am Ende der Amtszeit Pauls VI. bereits 3146. Gleichzeitig stiegen die Kosten für die in ihrem publizistischen Radius kräftig ausgeweiteten vatikaneigenen Medien wie Radio Vatikan oder die Vatikanzeitung *L'Osservatore Romano* immer weiter an. Auch der diplomatische Dienst verschlang mehr Mittel als je zuvor: Mit 92 Staaten unterhielt der Heilige Stuhl am Ende des Pontifikats von Paul VI. diplomatische Beziehungen, immer mehr Nuntiaturen mussten errichtet und unterhalten werden.

In der Haushaltsplanung des Heiligen Stuhls klaffte, vor allem als Folge der aus dem Ruder laufenden Personalkosten, in den 70er-Jahren ein gewaltiges Loch, das nach inoffiziellen Schätzungen alljährlich zwischen 50 und 100 Millionen Dollar betrug (offizielle Mitteilungen über Defizitzahlen gab es erst im Pontifikat Johannes Pauls II.). Paul VI. verschärfte dieses Problem zusätzlich dadurch, dass er einen Teil des Vatikan-Vermögens in »ethische Investments« umschichtete. Um moralische Konflikte zu vermeiden, ließ der Papst das aus der Entschädigung des italienischen Staates von 1929 stammende Kapital plötzlich nach neuen Kriterien anlegen. Der Papst fand es unerträglich, dass etwa Pharma-Unternehmen, bei denen der Vatikan seit langem Aktionär war, einen Teil ihres Gewinns inzwischen mit dem Verkauf der neu entwickelten Verhütungsmittel erzielten, die er als unmoralisch ablehnte. Solche aus seiner Sicht ethisch bedenkliche Aktien wurden nun ohne Rücksicht auf finanzielle Verluste abgestoßen. In der moralischen Bilanz verhalf Paul VI. dem Vatikan dadurch zu Pluspunkten, doch das finanzielle Ergebnis war weniger erbaulich: Das Vermögen des Heiligen Stuhls schrumpfte durch diese und andere Umstrukturierungen um rund zehn Prozent. Das Haushaltsloch wuchs abermals, weil die Einnahmen aus Zinsen und Dividenden entsprechend zurückgingen. Das Defizit allein war jedoch nur ein Teil des Problems. Mindestens ebenso brisant war die Art und Weise, wie es gedeckt wurde. Denn ein beträchtlicher Teil wurde stillschweigend durch die Einnahmen der vatikaneigenen Bank, des IOR (Istituto delle Opere di Religione) kompensiert, das von 1971 bis 1989 der schon genannte Erzbischof Marcinkus leitete.

Das IOR ist eines der merkwürdigsten Geldinstitute in der gesamten Finanzwelt. Eine Vorläuferinstitution dieser Bank wurde unter Leo XIII. im Jahr 1887 gegründet, um dem Heiligen Stuhl nach dem Verlust des Kirchenstaats die finanzielle Handlungsfähigkeit zu erhalten. 1942, mitten im Zweiten Weltkrieg, gab Pius XII. dem IOR weitreichende Autonomie, so dass es weder vom vatikanischen Staatssekretariat noch von Italien kontrolliert werden konnte. Angesichts der Umzingelung des Vatikanstaats und der heiklen internationalen Aufgaben war diese schwer durchschaubare Konstruktion damals von großem Vorteil. Auch nach dem Krieg unterhielten Hunderte von Ordensgemeinschaften, karitative Einrichtungen und sehr unterschiedliche »religiöse Vereinigungen« ihre Konten und Depots beim IOR. Insgesamt hatten in den 70er-Jahren rund 10 000 natürliche und juristische Personen ein Konto bei dieser Bank, die jedoch keine »normalen« Privatkunden außerhalb des Vatikans zulässt. Das IOR wurde und wird von seinen Kunden als kostengünstige und von keiner Justiz der Welt kontrollierte Überweisungsstelle genutzt.

Diese Sonderstellung lud zum Missbrauch als »Geldwaschanlage« geradezu ein. Alles, was man benötigte, um illegales Geld im Vatikan zu waschen, war eine als »religiös« anerkannte Vereinigung. Mit welchen Investments Marcinkus in den 70er-Jahren das Vermögen des IOR vermehrte, konnte nie restlos geklärt werden.

Tatsache ist, dass er auch riskante und undurchsichtige Geschäfte einging. So verlor das IOR in den Jahren 1974 und 1975 beim Zusammenbruch der Bankengruppe des Mafia-Finanziers Michele Sindona rund 50 Millionen Dollar.

Zu dieser Zeit war nicht einmal der Papst persönlich über alles informiert, was beim IOR vorging. Als Paul VI. 1967 sein Dekret zur Reform der vatikanischen Kurie erließ, richtete er eine »Präfektur für die wirtschaftlichen Angelegenheiten des Heiligen Stuhls« ein. Diese wacht seither als Kontrollkommission über das schwer durchschaubare Finanzgebaren der unterschiedlichen Vatikan-Einrichtungen. Merkwürdigerweise nahm aber das päpstliche Dekret die Vatikanbank IOR ausdrücklich von dieser Kontrolle aus. Sie blieb weiterhin in einer Grauzone, die weder italienische noch vatikanische Organe erfassen konnten. Paul VI. hatte seine Gründe, warum er die Unabhängigkeit des IOR nicht antastete. Während des Zweiten Weltkriegs war er als »Substitut« einer der engsten Mitarbeiter Pius' XII. gewesen. Damals hatte er als Koordinator der vatikanischen Hilfsdienste für Flüchtlinge und Bedrängte in aller Welt den Wert einer unauffälligen, effizienten und unabhängigen Verrechnungsstelle schätzen gelernt. Mit dieser prägenden historischen Erfahrung im Hintergrund beließ er die Geschäftsordnung des IOR im Großen und Ganzen so, wie Pius XII. sie festgelegt hatte: Das IOR blieb ein autonomes und im Notfall auch für heikle Sonderaufgaben diskret nutzbares Finanzorgan. Zwar gab es eine Kardinalskommission, die als »Überwachungsgremium« fungieren sollte, doch faktisch war der Verwaltungsdirektor weitgehend unabhängig. Dies galt auch für Erzbischof Marcinkus, der diese Autonomie mit viel »Kreativität«, mitunter hart am Rande der Legalität nutzte, um das Vermögen der Bank zu mehren. Damit stürzte er den Vatikan in eine seiner schwersten Glaubwürdigkeitskrisen der Neuzeit.

DRITTER TEIL

Der Vatikan unter Wojtyla

KAPITEL I

Ein Pole auf dem Papstthron

Von den 111 Kardinälen, die am 14. Oktober 1978 mit ernsten Gesichtern in die Sixtinische Kapelle zogen, dürften nur wenige etwas vom Zustand der Vatikan-Finanzen und von den Methoden zur Deckung des Defizits gewusst haben. Doch waren derartige Erwägungen ohnehin nicht wahlentscheidend, denn den erneut versammelten Papstwählern standen größere Zusammenhänge vor Augen. Das beinahe weltweite Krisenszenario, in dem sich die Kirche 13 Jahre nach dem Zweiten Vatikanischen Konzil und seinen Umbrüchen befand, verlangte nach einer klaren Richtungsentscheidung bei der Papstwahl. Noch beim Konklave im August hatten viele ein wenig blauäugig auf das Prinzip Hoffnung gesetzt und mit Albino Luciani (Johannes Paul I.) einen Mann gewählt, der vor allem durch Frömmigkeit und Menschenfreundlichkeit überzeugte. Von ihm erhofften sie, dass er die sich zuspitzenden Krisen durch sein Charisma heilend zudecken würde. Doch nach dem raschen Tod des »lächelnden Papstes« war die Stimmung in der Sixtinischen Kapelle ein andere. Man wollte Nägel mit Köpfen machen.

Ein produktives Patt

Die beiden großen Lager der Konservativen und der Gemäßigten sammelten sich hinter ihren jeweiligen Galionsfiguren. Auf der Rechten gewann Kardinal Giuseppe Siri die meisten Stimmen. Er stand der Reform und Demokratisierung der Kirche erklärt skeptisch gegenüber und hatte sich auch zu den Ergebnissen des Konzils wiederholt kritisch geäußert. Das andere Lager scharte sich hinter Kardinal Giovanni Benelli. Benelli hatte unter Paul VI. als »Substitut« dessen Kirchenpolitik einer vorsichtigen Öffnung gegenüber der Moderne mit großem Arbeitseinsatz gemanagt. Angesichts der Krise der Kirche, die nach dem Tod des 33-Tage-Papstes noch schärfer sichtbar war als vorher, wollten nun beide Seiten ihren Mann – und damit auch ihren politischen Kurs – auf Biegen und Brechen durchsetzen: Siris Anhänger zielten auf eine konservative Kurskorrektur der aus ihrer Sicht zu progressiven Konzilsbeschlüsse ab, Benellis Befürworter wünschten eine Fortsetzung des Kompromisskurses nach Art Pauls VI.

Als nach mehreren Wahlgängen deutlich wurde, dass es ein Patt gab, in dem weder Siri noch Benelli noch sonst ein italienischer Kardinal die nötige Zweidrittelmehrheit auf sich vereinigen konnte, stiegen die Chancen des Krakauer Erzbischofs Karol Wojtyla. Er wurde zunächst von den deutschsprachigen Kardinälen um den Wiener Erzbischof Franz König ins Gespräch gebracht. Angesichts des Patts der Italiener zog er bald immer mehr Stimmen auf sich und hatte am 16. Oktober, nach dem achten Wahlgang, die notwendige Zweidrittelmehrheit deutlich überschritten.

Der Schlüssel zu seiner Wahl ist darin zu sehen, dass ihn die Kardinäle plötzlich als Alternative zu der Krise der Kirche wahrnahmen, die das verfeindete Paar Siri – Benelli mit seiner gegenseitigen Blockade zu Beginn des Konklaves so anschaulich verkörperte. Wojtyla gehörte in keines der beiden Lager, galt als unverbrauchter, energischer Bischof mit viel seelsorgerischem Engagement.

Seine Treue zum Konzil, an dem er als junger Bischof teilgenommen hatte, stand ebenso außer Frage wie seine ansonsten konservative, polnisch geprägte kirchliche Grundhaltung und seine tiefe, geradezu mystische Frömmigkeit. Vor allem aber begeisterten sich von Wahlgang zu Wahlgang mehr Kardinäle für die Idee, dass sie mit einem Papst aus dem Ostblock vielleicht etwas völlig Neues, Unerwartetes in der gegenwärtigen bedenklichen Lage der Kirche und der Welt bewegen könnten. Was das sein würde, war keinem, nicht einmal dem Förderer Wojtylas, Kardinal König, in letzter Konsequenz klar.

Der neu gewählte Papst deutete seinen Wählern schon zwei Tage später bei einem Empfang in der Sixtinischen Kapelle an, wo sein politischer Schwerpunkt liegen würde. Er erinnerte die Kardinäle ausgerechnet in dieser Feierstunde an »jene, denen die Erfahrung des Kerkers, der Leiden und der Erniedrigung für Christus nicht erspart geblieben ist« und forderte sie auf, sich an der »unerschütterlichen Treue« der Märtyrerkirche ein Beispiel zu nehmen.

Der Papst aus dem Osten nahm also sofort die Lage der Kirche hinter dem Eisernen Vorhang in den Blick. Noch deutlicher wurde er bei seiner feierlichen Inthronisierungsmesse am 22. Oktober. In geradezu prophetischem Ton formulierte er in seiner Ansprache eine Kampfansage an das in sich geschlossene, auf Einschüchterung gegründete Herrschaftssystem im Ostblock: »Brüder und Schwestern, habt keine Angst, Christus aufzunehmen und seine Herrschergewalt anzuerkennen. Habt keine Angst! Öffnet, ja reißt die Tore weit auf für Christus. Öffnet seiner rettenden Macht die Grenzen der Staaten, die wirtschaftlichen und die politischen Systeme …« Nicht nur Millionen von Polen, die erstmals eine Papstmesse aus Rom live auf dem heimischen Bildschirm mitverfolgen konnten, begriffen, dass dies eine historische Stunde war. Gegen Ende seiner Predigt wandte der Papst sich direkt an seine Landsleute und sagte auf polnisch: »Ich bitte euch: Bleibt bei mir! In Tschenstochau und überall. Hört nicht auf, mit dem Papst zu sein …«

In Polen wurde die Wahl Wojtylas zum Papst wie ein Volksfest gefeiert – und bei den Regierungen der Warschauer-Pakt-Staaten läuteten die Alarmglocken. Die polnischen Genossen wurden von Moskau aus mit Fragen bombardiert, wer der neue Papst sei und welche Auswirkungen er auf die internationale Lage haben könnte. Der damalige KGB-Chef Jurij Andropow erhielt über seine Informanten aus Polen eine beunruhigende Analyse: Wojtyla sei aufgrund eines Komplotts gewählt worden, das die deutschen und die amerikanischen Bischöfe unter Federführung des polnischstämmigen Kardinals von Philadelphia, John Krol, angezettelt hätten. Dahinter wiederum stehe letztlich der polnischstämmige Sicherheitsberater des US-Präsidenten Jimmy Carter, Zbigniew Brzezinski. Sie hätten die Wahl vermutlich in diese Richtung gelenkt, um Unruhe in Polen zu erzeugen und damit letztlich den gesamten Ostblock zu destabilisieren.

Religionsfreiheit als politische Waffe

Anfang Januar 1979 wiederholte und verschärfte der neue Papst seine Kampfansage an die Diktaturen im Osten. In seiner ersten Neujahrsansprache an das beim Heiligen Stuhl akkreditierte Diplomatische Corps wiederholte er seine Forderung nach Religionsfreiheit für die unterdrückte Kirche. Wenig später, am 24. Januar 1979, kam der sowjetische Außenminister Gromyko in den Vatikan, um den neuen Papst persönlich kennen zu lernen. Anders als die letzten Begegnungen Gromykos mit Paul VI., die in einer beinahe vertrauten Atmosphäre verliefen, nachdem beide Seiten schon manches Mal miteinander gerungen hatten, war dieses Treffen eher frostig. Wie es genau verlief, lässt sich nicht mit Sicherheit sagen, denn in den Memoiren Gromykos liest es sich anders als in persönlichen Äußerungen des Papstes. Während Gromyko glaubte, den Eindruck gewonnen zu haben, dass der neue Papst aus Moskauer Sicht ein »vernünftiger« – also kompromissbereiter – Mann sei, sagte Johannes Paul II. hinterher nur, das Gespräch sei »anstrengend« gewesen. Fest steht jedoch, dass der Papst auf das Angebot Gromykos, der Vatikan möge sich auch weiterhin für die Sache des Friedens und der weltweiten Abrüstung stark machen, nicht einging. Stattdessen erwähnte er die Einschränkung der Religionsfreiheit in der Sowjetunion, was Gromyko seinerseits als Falschinformation abtat. Das Gespräch endete ebenso steif, wie es begonnen hatte, Ergebnisse gab es keine.

Voller Misstrauen beobachteten die Regierungen in Osteuropa die nächsten Schritte des Papstes. Da keine von ihnen diplomatische Beziehungen zum Vatikan hatte und es ihnen außerdem nicht gelungen war, Spione im Herzen des päpstlichen Apparats zu platzieren, waren sie auf allerlei Informanten aus der »zweiten Reihe« angewiesen. Eine ihrer wenigen Informationsquellen war ein Kleriker im Dienst des Ost-Berliner Staatssicherheitsdienstes, dem es bereits 1974, noch während des Pontifikats Pauls VI., gelungen war, sich in den Vatikan zu schmuggeln. Es handelte sich um Eugen Brammertz, einen aus Aachen stammenden und lange in Trier ansässigen Benediktinerpater. Der Mönch war eine der rätselhaftesten Gestalten in der Reihe der Spione, die im Laufe des 20. Jahrhunderts versuchten, die »Festung Vatikan« im Auftrag einer fremden Macht zu knacken. Was er im Verhältnis Vatikan–Ostblock bewirkt hat, ist bis heute nicht vollständig aufgeklärt. Als überzeugter Sozialist war Brammertz schon seit den 50er-Jahren in Westdeutschland für die DDR als Spitzel und Agenten-Anwerber tätig. In den Vatikan kam er, als ihn das Staatssekretariat als Mitarbeiter bei der deutschsprachigen Ausgabe der Vatikanzeitung *L'Osservatore Romano* einstellte. In dieser Position hatte er vorab Einblick in Vatikan-Dokumente. Zudem verfügte er über ein weites Netz von Bekanntschaften an der Kurie, durch die er vertrauliche Hintergrundinformationen zur vatikanischen Politik erhielt. Für seine Umwelt galt er als eher verschrobener Pater, niemand vermutete unter der schwarzen Kutte einen roten Spion. Als unauffälligen Wohnsitz hatte er die zentrale römische Benediktinerabtei Sant'Anselmo gewählt, wo viele Mönche aus aller Herren Länder lebten und die soziale Kontrolle gering war. In seiner Mönchszelle versteckte er ein Funkgerät, mit dem er seine Berichte über Vatikan-Interna nach Ost-Berlin durchgeben konnte.

Nach der Papstwahl von 1978 sprudelten Brammertz' Informationen und Analysen lebhafter denn je, doch ihr wirklicher Nutzen war ähnlich beschränkt, wie dies bei den meisten Stasi-Informationen der Fall war. Dies beweist ein ausführliches Dossier über den neuen Papst an die DDR-Führung aus dem Jahr 1979. Das noch immer in den Stasi-Archiven ruhende Material – es stammt höchstwahrscheinlich von Brammertz – enthält Besorgnis erregende Schlussfolgerungen für die kommunistischen Machthaber von damals: Der neue Papst, so die Analyse, konzentriere sich in seinen politischen Ansichten in kompromissloser Weise auf die Frage der Menschenrechte. Dieser Ansatz sei gefährlich, weil der Papst mit der Einforderung der Menschenrechte den

Sozialismus radikal in Frage stelle. Das könne unabsehbare Folgen haben. Die Analyse war scharfsinnig und zutreffend, doch sie ging ins Leere. Der Staats- und Parteichef der DDR, Erich Honecker, und der Leiter der Staatssicherheit, Erich Mielke, lasen das Dossier zwar und hakten die Akte pflichtgemäß ab, doch ob sie den Text verstanden, steht auf einem anderen Blatt.

Der Autor des Stasi-Dossiers stand unter dem Eindruck der ersten Auslandsreise Johannes Pauls II. nach Mexiko, die er genau beobachtet hatte. Insbesondere die Reden zugunsten der entrechteten Indios und Campesinos hatten ihn beeindruckt. Mit heiliger Unverschämtheit warf der Papst bei dieser Reise im Januar 1979 die zahlreichen Beschränkungen über den Haufen, denen die Kirche in Mexiko seit der Revolutionsverfassung von 1917 unterlag. Die Kirche musste sich in dem lateinamerikanischen Land unter Strafe aus der Politik heraushalten, es gab weder ein Konkordat noch diplomatische Beziehungen. Doch anders als Paul VI. ließ sich der neue Papst nicht von derartigen »Details« beeinflussen. Ohne ein Blatt vor den Mund zu nehmen, sprach er politische und soziale Themen wie die Unterdrückung der Campesinos an und riss Millionen von Mexikanern zu Begeisterungsstürmen hin.

Es war aber nicht nur die in Massenhysterie mündende Popularität des neuen Papstes, die dem Stasi-Informanten Sorgen machte. Es waren vor allem die neuen Inhalte, die Wojtyla in den Vordergrund stellte. Ausführlich analysierte der Spion die erste Enzyklika des neuen Papstes, die am 15. März 1979 veröffentlicht wurde. Unter dem Titel *Redemptor hominis* (Der Erlöser des Menschen) schrieb der Pontifex aus Polen nicht nur in einer anderen, selbstbewussteren Sprache als sein Vorgänger. Er zeigte ferner, dass er von anderen philosophischen und theologischen Grundlagen ausging, die bald auch in einen neuen politischen Kurs des Vatikans münden sollten. Dreh- und Angelpunkt waren die Menschenrechte, die der Papst in den Rang unantastbarer, heiliger Grundrechte erhob. Davon ausgehend holte er zu einer umfassenden Kritik an der Lage im Ostblock aus.

Anders als Papst Pius XII. in den 40er-Jahren verurteilte er nicht einfach den Kommunismus als gottlose Ideologie, also nach kircheninternen Maßstäben. Vielmehr packte er die Kommunisten bei ihrem eigenen Anspruch, einen »sozialistischen Humanismus« zu vertreten und die Avantgarde des »fortschrittlichen« Denkens zu sein. Er kritisierte die Kommunisten gewissermaßen »von links«. So schrieb der Papst: »Wenn die Menschenrechte in Friedenszeiten verletzt werden, ist dies besonders schmerzlich und stellt unter dem Gesichtspunkt des Fortschritts ein unverständliches Phänomen des Kampfes gegen den Menschen dar, das auf keine Weise mit irgendeinem Programm, das sich selbst als ›humanistisch‹ bezeichnet, in Einklang gebracht werden kann.« Ein paar Sätze weiter wurde er noch deutlicher und attackierte den realen Sozialismus so heftig, wie man es seit dem Beginn der Entspannungsära unter Johannes XXIII. und Chruschtschow nicht mehr gehört hatte: »Wenn aber nun trotz dieser Voraussetzungen die Menschenrechte auf verschiedene Weise verletzt werden, wenn wir Zeugen von Konzentrationslagern, von Gewalt und Folterungen, von Terrorismus und vielfältigen Diskriminierungen sind, so muss das eine Folge anderer Vorbedingungen sein, die die Wirksamkeit der humanistischen Voraussetzungen in jenen modernen Programmen und Systemen bedrohen oder oft auch zunichte machen. Somit drängt sich notwendig die Pflicht auf, diese Programme unter dem Gesichtspunkt der objektiven und unverletzlichen Menschenrechte einer ständigen Revision zu unterziehen.«

Die Sprache dieser Zeilen erinnert an die Grundsatzdiskussionen linker Vordenker der damaligen Zeit. Auf diese Weise formulierte der Papst seinen Anspruch, sich von nun an in die inneren Angelegenheiten, einschließlich der ideologischen Grundlagendiskussion der Kommunisten, einmischen zu wollen. Mit der Forderung nach einer »Revision der Programme unter dem Gesichtspunkt der Menschenrechte« griff er die von der Linken in Europa geführte Debatte über die Möglichkeit eines »demokratischen Kommunismus« auf. Dieses Thema wurde Ende der 70er-Jahre auch in Ländern des Ostblocks von Intellektuellen unter dem Stichwort »Eurokommunismus« heiß diskutiert.

Schonungslos und mit dem Blick dessen, der die Dinge von innen her kennt, sezierte der neue Papst in diesem Text die Lage im

Ostblock: »Das Wesen des Staates als politischer Gemeinschaft besteht darin, dass die Gesellschaft, die ihn bildet, das Volk, Herr seines eigenen Geschickes ist. Dieser Sinn wird nicht verwirklicht, wo wir anstelle der Machtausübung (…) des Volkes sehen, dass die Macht von einer bestimmten Gruppe allen anderen Gliedern dieser Gesellschaft aufgezwungen wird. Dies sind wesentliche Dinge in unserer Epoche, in der das soziale Bewusstsein der Menschen und damit verbunden auch das Verlangen nach einer richtigen Beteiligung der Bürger am politischen Leben der Gemeinschaft enorm gewachsen sind (…)« Der kluge Informant im Benediktinerkloster auf dem Aventinhügel erkannte die Sprengkraft dieser Sätze. Seine Auftraggeber in Ost-Berlin brauchten aber noch zehn Jahre, bis ihnen Zehntausende Demonstranten mit dem Ruf »Wir sind das Volk« klar machten, was es heißt, wenn »das Volk Herr seines eigenen Geschickes ist«. Brammertz, der linke Idealist und Spion in der Mönchskutte, erlebte den Fall der Mauer übrigens nicht mehr. Er starb 1987 in Rom an Herzversagen. Sein Funkgerät wurde erst nach seinem Tod in seiner Mönchszelle gefunden. Pikanterweise hatte der zu Lebzeiten perfekt getarnte DDR-Spion noch kurz zuvor das Verdienstkreuz der Bundesrepublik Deutschland erhalten.

Neben dem Demokratiedefizit im Sozialismus behandelte Wojtyla in seiner ersten Enzyklika auch die in den atheistischen Systemen unterdrückte Religionsfreiheit in kämpferischem Ton. Auch auf diesem Gebiet argumentierte er nicht etwa religiös oder theologisch, sondern berief sich auf die Menschenrechte, wie sie in der UN-Charta festgeschrieben sind: »Die Beschränkung der Religionsfreiheit und deren Verletzung stehen im Gegensatz zur Würde des Menschen und zu seinen objektiven Rechten (…) Es ist deshalb schwierig (…), eine Position hinzunehmen, nach der nur der Atheismus das Bürgerrecht im öffentlichen und sozialen Leben besitzt, während die gläubigen Menschen (…) als Bürger zweiter Klasse behandelt werden.« Die eigentliche Brisanz dieser Kampfansage an den Kommunismus lag in einem Nebensatz, der gegen Ende des Textes zu finden war. In ihm machte der Papst klar, dass er »ein besonderes Recht und eine besondere Pflicht« habe, auf Einzelheiten in diesem Bereich einzugehen. Dies war eine deutliche Warnung an die Adresse der Regierenden im Ostblock, dass nun ein anderer Wind aus Rom wehte.

Während der Kreml die neue ostpolitische Linie des Vatikans allmählich abzutasten begann, hatten zwischen Rom und Warschau bereits die Verhandlungen über einen Besuch des Papstes in Polen begonnen. Im März 1979 schickte Johannes Paul II. Casaroli nach Polen, um die Vorverhandlungen zu führen. In der Absicht, die Genossen der »Polnischen Vereinigten Arbeiterpartei« unter Druck zu setzen, hatte sich der Papst einfach selbst eingeladen und die Regierung wissen lassen, dass er es als seine Pflicht betrachte, nach Polen zu reisen, um an den Feierlichkeiten zum Jahrestag des Martyriums des heiligen Stanislaus teilzunehmen.

Bei der polnischen Regierung überwog die Meinung, man solle eine Reise Wojtylas in die Heimat besser nicht verhindern, sondern sie als das kleinere Übel akzeptieren. Denn ein Nein könne angesichts der landesweiten Begeisterung für den Papst Demonstrationen oder gar Unruhen auslösen, wie sie aus dem Jahr 1970 noch allzu gut in Erinnerung waren, als Arbeiteraufstände nur mit Gewalt niedergeschlagen werden konnten. Im Kreml meinte man jedoch, dass ein Polenbesuch des Papstes das größere Übel sei. Parteichef Leonid Breschnew rief persönlich bei seinem Kollegen Edward Gierek an und forderte ihn auf, den Papst nicht willkommen zu heißen. Doch Gierek empfand den zu befürchtenden Druck von der Straße als zu bedrohlich und hielt an seinem Plan fest. Mit den wütenden Worten Breschnews: »Seht euch vor, dass ihr das nicht eines Tages bereuen werdet!«, endete das Telefonat.

Breschnew war nicht zu beneiden. Für die atheistisch-kommunistischen Herrscher in Moskau zeichnete sich im Frühjahr 1979 einc albtraumhafte Situation ab: Südlich des Sowjetreichs war soeben der schiitische Ayatollah Khomeini in seine Heimat Iran zurückgekehrt und hatte die erste islamische Revolution der Neuzeit ausgelöst. Dieses politische und religiöse Erdbeben strahlte auch weit in den Moskauer Interessenbereich aus, nach Afghanistan und in die islamisch geprägten zentralasiatischen Republiken der Sowjetunion. Und nun machte sich im Westen des Imperiums der polnische Papst auf den Weg in seine Heimat, um dort in einem religiös-nationalen Freudentaumel wie ein Messias empfangen zu werden.

KAPITEL II

Der Papst in der Ost-Offensive

Die polnische Regierung hatte sich einige Tricks ausgedacht, um die zu befürchtende Massenbegeisterung für den Papst so zu kanalisieren, dass sie nicht in Unruhen ausartete. Einer dieser Kunstgriffe bestand darin, der katholischen Kirche die Ordnerdienste aufzutragen. Pfadfinder und Pfarrei-Aktivisten regelten den Zugang zu den Plätzen, wo der Papst unter freiem Himmel Gottesdienste feierte. Sie waren an strenge Auflagen gebunden und mussten darüber wachen, dass die Kapazität der Plätze nicht voll ausgeschöpft wurde. Nur wer eine Eintrittskarte hatte, wurde durchgelassen. Sollte es Ärger über diese Regelung geben, hätte sich der an den kirchlichen Ordnern Luft gemacht und nicht an der Polizei oder der Miliz. Diese hielt sich, verstärkt durch größere Armee-Einheiten, in den Seitenstraßen rings um den Platz diskret, aber doch sichtbar im Hintergrund. Sollte ein Funke der Massenbegeisterung zu weit überspringen und Unruhen auslösen, mussten die Sicherheitskräfte nur den Ring schließen und hatten alles im Griff.

Ein zweiter Trick betraf die Berichterstattung im Polnischen Staatsfernsehen. Die Regierung hatte die Direktübertragung der Gottesdienste zugesichert, doch sie war entschlossen, die Manipulationsmöglichkeiten des Mediums in ihrem Sinn zu nutzen. Die Kameramänner erhielten Anweisung, den Papst nur in Nahaufnahme zu zeigen, es durften höchstens die ersten Reihen der teilnehmenden Gläubigen ins Blickfeld kommen. So sollte der Eindruck entstehen, der Papst spreche vor einer relativ kleinen Gruppe. Die Tatsache, dass mehr Menschen zu den Papstmessen erschienen als sonst zu den offiziellen Kundgebungen der Partei, durfte im Fernsehen nicht sichtbar werden. Das Ergebnis dieser

Regieanweisungen war von unfreiwilliger Komik. Die Fernsehzuschauer von Krakau bis Danzig sahen einen Papst, der bei seinem ersten, triumphalen Gottesdienst auf dem zentralen Siegesplatz in Warschau an einem einsamen Mikrofon im Nirgendwo zu predigen schien. Doch sein Blick ging in die Weite und manchmal wurde er von minutenlangem Applaus und Sprechchören unterbrochen, die irgendwo aus dem Nichts zu kommen schienen. Allzu leicht war der Manipulationsversuch durchschaut und die Regierung hatte abermals ein Stück Glaubwürdigkeit verloren.

Das Wunder von Warschau

Seit der Rede von Paul VI. vor der UNO hatte es keinen öffentlichen Auftritt eines Papstes gegeben, der von so viel internationalem Medieninteresse begleitet wurde, wie diese Ansprache beim Gottesdienst in Warschau. Johannes Paul II. war bei der Einfahrt nach Warschau emotional so angespannt, dass er sich die Tränen aus dem Gesicht wischen musste. Doch bei seiner Ansprache zeigte er sich konzentriert und kontrolliert. Seine Botschaft war, soweit sie politische Spitzen enthielt, ganz in religiöse Sprache verpackt. Und sie richtete sich von vornherein nicht nur an die Menschen in Polen, sondern auch an die anderen Staaten im kommunistischen Machtbereich. Journalisten, Spione und Diplomaten aus allen Ostblockländern registrierten aufmerksam jedes Wort und versuchten, das Gesagte zu deuten. Der Papst lieferte ihnen reichlich Stoff zum Grübeln, etwa wenn er formulierte: »Man kann Christus nirgendwo auf Erden, auf keinem Längen- oder Breitengrad, aus der menschlichen Geschichte ausschließen. Der Ausschluss Christi aus der Geschichte des Menschen ist ein gegen den Menschen gerichteter Akt.« Was bei oberflächlicher Betrachtung lediglich wie eine Betonung der bekannten Forderung nach Religionsfreiheit in aller Welt aussah, war in Wirklichkeit mehr: Der Papst erhob – indirekt – den Anspruch, dass er (als Vertreter Christi) wieder aktiv in der Geschichte mitmischen wollte. Dabei sollte seiner polnischen Nation, aus der er »durch den unerforschlichen Ratschluss der göttlichen Vorsehung« zum

Nachfolger Petri berufen worden war, eine besondere, geradezu historische Mission zukommen. »Haben wir nicht das Recht«, so sagte er mit Blick auf die Wahl eines Polen zum Papst, »zu folgern, dass Polen in unserer Zeit das Land eines besonders verantwortungsvollen Zeugnisses wurde? (...) Dass gerade von hier mit besonderer Demut, aber auch mit Überzeugung Christus verkündet werden muss? (...) Welch große Aufgaben und Verpflichtungen ergeben sich daraus! Sind wir ihnen wirklich gewachsen?« Der Papst schloss seine Ansprache mit einem Pfingstgebet der katholischen Kirche, dem er durch einen unerwarteten Zusatz eine aktuelle politisch-nationale Wendung gab. Dabei spielte er mit dem Wort »Erde« (*ziemia*), das im Polnischen zugleich auch noch »Land« bedeutet, und sagte: »Sende aus deinen Geist und erneuere das Angesicht der Erde. Dieser Erde (dieses Landes)! Amen.« Mit einer nur leicht abgewandelten religiösen Formel hatte er ein Tabu gebrochen: Er forderte grundlegende Erneuerung in einem System, das umfassende Veränderungen nicht zulassen konnte. Die Symbolkraft des Ortes verstärkte die Wirkung dieser revolutionären Kampfansage: Er hatte sie auf dem Warschauer Platz gehalten, der bis zur kommunistischen Machtübernahme Pilsudskiplatz hieß – benannt nach dem polnischen Sieger gegen die Rote Armee im Jahr 1920. In der Schlacht, die als das »Wunder an der Weichsel« in die Geschichte einging, hatte der General damals an der Spitze der zahlenmäßig unterlegenen polnischen Truppen das weitere Vordringen der Bolschewisten nach Westen verhindert und weite Teile Europas vor einer sowjetischen Eroberung gerettet. Die Messe auf dem Pilsudskiplatz war das Startsignal zu einem anderen Wunder.

Der Predigt in Warschau folgten an den kommenden Tagen weitere in Gnesen, in Tschenstochau, in Krakau. Die Menschenmassen wuchsen. Waren es in Warschau wegen der behördlichen Beschränkungen nur 300 000 gewesen, kamen nun Millionen. Die Krönung bildete die triumphale Rückkehr in seine Bischofsstadt Krakau, wo sich zwei Millionen Menschen im Blonie-Park versammelten, um Johannes Paul II. zu hören. Der Papst begriff bald die Gefahr, dass die unerwartet breite Massenbewegung außer Kontrolle geraten könnte. Er wandte sein ganzes rhetorisches

Geschick auf, damit die Dinge nicht aus dem Ruder liefen. Statt die Konfrontation zu predigen, warb er für eine »Normalisierung« des Verhältnisses von Staat und Kirche und blieb damit zumindest teilweise auf der Linie dessen, was Casaroli in den Jahrzehnten seiner vorsichtigen Ostpolitik zu erreichen versucht hatte. Der inzwischen zu seinem Staatssekretär beförderte vatikanische Meister-Diplomat begleitete den Papst auf jeder Station der Reise. Abend für Abend kam das für den Papstbesuch zuständige Mitglied des Zentralkomitees der Vereinigten Arbeiterpartei Stanislaw Kanja zu Casaroli und machte ihm in einer kurzen Lagebesprechung klar, welche Ängste die polnische Regierung angesichts der unvorstellbaren Massenereignisse empfand. Casaroli seinerseits sprach immer wieder mit dem Papst darüber und versuchte, mäßigend auf ihn einzuwirken.

Doch keine diplomatische Rücksichtnahme konnte verhindern, dass die Polen in diesen Junitagen des Jahres 1979 eine ganz neue Erfahrung machten, die das Gesicht ihres Landes und letztlich des gesamten Ostblocks veränderte. Die Menschen sahen mit eigenen Augen, dass sie die Mehrheit waren. Die Staats- und Parteiführung hatte sich aus ideologischen Gründen bei den Gottesdiensten stets fern gehalten. Ihre Rolle war plötzlich nur noch die von zweitrangigen Statisten, die dem Papst offiziell die Hand schüttelten und steife Reden hielten. Niemand konnte es übersehen: Der Papst war die Autorität und die Millionenmassen, die zu ihm strömten, waren das Volk. »Von jetzt an wird nichts mehr so sein, wie es war!«, entfuhr es dem Chefredakteur der kommunistischen Zeitung *Polityka,* Mieczyslaw Rakowski, als er am 10. Juni 1979 den Abschied des von den Massen gefeierten Papstes von der Pressetribüne aus verfolgte. Exakt 90 Jahre war es her, dass ein Papst in Rom als Gefangener auf dem Petersplatz protestiert hatte und nicht einmal in der Lage gewesen war, die Enthüllung einer Statue durch einen kirchenfeindlichen Stadtrat zu verhindern. Dieser absolute Nullpunkt weltlicher Macht des Papsttums schien jetzt wie ein Ereignis aus einer anderen Welt. Der Vatikan machte wieder Geschichte und erklärte dem mächtigsten Gegner der katholischen Kirche gewaltfrei den Krieg. Möglich wurde dies, weil er in der Frage der Menschenrechte die Seiten gewechselt hatte: Jahrhundertelang hatte der Heilige Stuhl die Idee der Gewissensfreiheit des Einzelnen bekämpft, nun versuchte erstmals ein Papst, die von Johannes XXIII. begonnene Synthese von Menschenrechten und kirchlichem Glauben in politisches Handeln zu übersetzen.

Mit Solidarność zum Sieg

Ein Jahr nach dem Papstbesuch ging die Saat auf, die bei den Massenansammlungen im Juni 1979 gesät worden war. Nach einer drastischen Preiserhöhung für Lebensmittel reagierten polnische Arbeiter mit einer Streikwelle, die rasch das halbe Land erfasste und schließlich auch die für die polnische Wirtschaft damals wichtige Lenin-Werft in Danzig erreichte. Als dort eine Kranführerin wegen ihrer Beteiligung an Protesten entlassen werden sollte, besetzten die Arbeiter die Werft und verschanzten sich hinter den Fabriktoren. Lech Wałęsa, ein für seine Aufmüpfigkeit bekannter Elektriker desselben Betriebs, ahnte, dass dies die Chance seines Lebens war. Er kletterte über das Tor und sprang auf das Werft-Gelände. Bald wurde er zum informellen Führer des Streikkomitees und sorgte dafür, dass dessen Forderungen an die Regierung immer mehr politischen Charakter bekamen. Die Arbeiter verlangten nicht nur, dass die Preiserhöhungen zurückgenommen werden, sondern forderten auch bessere Arbeitsbedingungen und höhere Löhne, vor allem aber forderten sie erstmals die Zulassung freier Gewerkschaften.

Der Papst verfolgte von seinem Sommersitz in Castel Gandolfo aus die Entwicklung und wartete zunächst einige Tage ab. Die Streikenden ließen sich weder mit Lohnversprechungen noch mit anderen Zusagen von ihren politischen Forderungen abbringen. Ihre Entschlossenheit und Hartnäckigkeit verbanden sie mit einer demonstrativen Religiosität, ihre Leitfigur wurde die vom Papst so hoch verehrte Madonna von Tschenstochau. Als Johannes Paul II. sich davon überzeugt hatte, dass die Aktion in Danzig mehr war als ein Strohfeuer, sandte er am 20. August einen Brief an die polnischen Bischöfe, in dem er sie aufrief, dem Volk in seinem schwierigen Kampf um das tägliche Brot, um die soziale Gerechtigkeit und seine unverletzlichen Rechte zu helfen. In einer polnischen Ansprache über Radio Vatikan unterstützte er am 27. August, dem Tag nach dem Festtag der Schwarzen Madonna von Tschenstochau, die Streikenden wiederum mit vorsichtigen Worten und forderte eine »Lösung in Gerechtigkeit und Frieden«. Am selben Tag erklärte auch die polnische Bischofskonferenz, dass sie die Forderung nach freien Gewerkschaften unterstütze. Nur vier Tage später, am 31. August, gab die Regierung dem vereinten Druck von Arbeitern, Bischöfen und Papst nach. Es kam zur Unterzeichnung der historischen Vereinbarung von Danzig, die erstmals in einem kommunistischen Staat die Anerkennung einer unabhängigen Gewerkschaft vorsah. Wałęsa signierte mit einem Kugelschreiber, den ein Bild des Papstes zierte.

Wie schon der Papstbesuch im Sommer zuvor wurde die neue Gewerkschaft »Solidarność« zu einem Massenphänomen, dessen Ausmaße alle Erwartungen übertraf. Acht Millionen Menschen schlossen sich innerhalb weniger Wochen der Bewegung an. Das waren etwa viermal so viele, wie der kommunistischen Partei angehörten. Schon allein wegen dieser zahlenmäßigen Stärke wurde die Gewerkschaft quasi über Nacht zu einer Gegenmacht, an der niemand mehr vorbei konnte. Obwohl Wałęsa und seine Leute immer wieder betonten, dass es sich bei der Gewerkschaft nicht um eine politische Partei handle, waren die Machthaber in den anderen Ostblockstaaten besorgt. Die Sowjetunion zog Truppen zusammen, eine »Lösung« wie am Ende des Prager Frühlings von 1968 lag in der Luft.

Am 15. Januar 1981 empfing Johannes Paul II. Wałęsa und die Führung der Solidarność im Vatikan zu einer Privataudienz. Anschließend machte er klar, dass er die Ziele der Gewerkschaft unterstütze, ja er pries sie sogar als Vorbild für andere Länder. Der Papst und auch die polnischen Bischöfe gaben dem Gewerkschaftsführer die Rückendeckung, die er brauchte. Zum ersten Mal im 20. Jahrhundert wurde ein Papst über Jahre zum entscheidenden Faktor in der Innenpolitik eines Landes außerhalb von Italien. Da dieses Land seinerseits in einen politischen Block eingefügt war, der tiefe Risse in seinem starren Gefüge nicht überleben konnte, entfaltete die polnische Herkunft des Papstes eine Wirkung, deren Ausmaß zunächst niemand absehen konnte.

Im Jahr 1981 überschlugen sich die Ereignisse. Am 31. Januar erhielt die Solidarność das Recht, eine eigene Wochenzeitung herauszugeben und sich in den staatlichen Medien zu Wort zu melden. Elf Tage später wurde der bisherige Verteidigungsminister, General Wojciech Jaruzelski, Regierungschef. Die innenpolitische Lage in Polen verschärfte sich durch immer neue Streiks. Im März machten Truppenteile aus unterschiedlichen Staaten des Warschauer Pakts gemeinsame Manöver in Polen. Aber auch die Solidarność zeigte ihre Muskeln und drohte einen Generalstreik an. Der Papst wusste, dass es zu früh für eine solche Kraftprobe war, und rief die Arbeiter in einer Botschaft an den polnischen Primas, Kardinal Stefan Wyszyński, indirekt dazu auf, den Generalstreik zu unterlassen. Jaruzelski verhandelte daraufhin mit den Arbeitern über eine dreimonatige Streikpause, um das Land vor dem Bankrott zu bewahren.

In diese Phase relativer Stabilisierung fiel ein Ereignis, das Polen und die gesamte Welt erschütterte: Am 13. Mai schoss ein türkischer Extremist namens Ali Agca auf dem Petersplatz zu Beginn der Generalaudienz mehrere Male auf den Papst und verletzte ihn schwer. Wie durch ein Wunder wurden weder seine Hauptarterie noch seine Wirbelsäule verletzt, der Papst überlebte das Attentat nach mehreren Operationen. Viele Menschen sind bis heute davon überzeugt, dass der Auftrag für den türkischen Attentäter Ali Agca letztlich aus Moskau kam. In den westlichen Ländern wird spekuliert, der militante Islam könnte hinter dem Attentat stecken – oder gar der US-Geheimdienst CIA, der ein scheinbar vom Osten gesteuertes Verbrechen inszenieren wollte, um einen antikommunistischen Aufstand in Polen zu fördern. Die Wahrheit bleibt im Dunkeln, doch eines scheint klar: Ein historisches Novum hat sich ereignet. Zum ersten Mal in der Neuzeit hat sich ein Papst so weit und so exponiert in die politische Arena begeben, dass er mit dem letzten Mittel politischer Auseinandersetzung, einem Attentat, außer Gefecht gesetzt werden sollte.

Nur zwei Wochen nach dem Attenat in Rom, am 28. Mai 1981, starb in Polen der alte Primas Wyszyński. Er war die wichtigste Figur der katholischen Kirche Polens in der gesamten Nachkriegszeit. Seine Totenmesse auf dem Siegesplatz in Warschau sollte abermals zu einer Massendemonstration des katholischen Polen werden. Nach einer kurzen Atempause – der Papst war mittlerweile weitgehend genesen – setzte die Solidarność im Herbst erneut zum Sprung an. Bei ihrem Kongress im September und Oktober stellte sie Forderungen nach grundlegenden politischen Reformen, die jetzt unverblümt auf ein Ende der kommunistischen Herrschaft hinausliefen. Die Bewegung hatte vom Papst neuen Rückenwind bekommen, der am 14. September in einer eigens zu diesem Zweck verfassten Enzyklika *Laborem exercens* (Die menschliche Arbeit) das Recht auf freie Gewerkschaften mit päpstlicher Autorität zu einem unantastbaren Grundrecht erklärt hatte. In einem *Prawda*-Artikel wurden bald darauf erstmals »reaktionäre katholische Priester« beschuldigt, sie seien die Drahtzieher der »polnischen Konterrevolution«. Wenige Schritte vor dem Abgrund des Bürgerkriegs wurde nun der Papst zum letzten Halt für sein Heimatland. Außenminister Józef Czyrek besuchte ihn am 13. Oktober und sprach sich für eine Zusammenarbeit aller gesellschaftlichen Kräfte aus. Wenige Tage später kam der neue polnische Primas Józef Glemp zu mehrtägigen Beratungen in den Vatikan. Als er nach Polen zurückkehrte, wurde zum ersten Mal eine Art »runder Tisch« gebildet, an dem die Gegner Jaruzelski und Wałęsa saßen, sowie als Vermittler Erzbischof Glemp.

Doch der Versuch einer Verständigung scheiterte. Die Lage spitzte sich durch neue Streiks zu. Mit dem drohenden Ende der Kohleförderung in den schlesischen Bergbaugebieten wurde das Land angesichts des Winters an seinem Lebensnerv getroffen, denn ohne Kohle gab es in Polen weder Heizung noch Strom in ausreichender Menge. Am 11. Dezember forderte das Nationalkomitee der Solidarność bei einem Kongress in Danzig freie Wahlen und eine Volksabstimmung über die kommunistische Herrschaft. Jetzt erst zog Jaruzelski, der inzwischen auch zum Parteichef aufgerückt war, die Notbremse. In der Nacht vom 12. zum 13. Dezember verhängte er das Kriegsrecht. Panzer rollten im frühen Morgengrauen dröhnend über die Straßen und besetzten in allen polnischen Städten die wichtigsten Kreuzungen und

Plätze. Die Führung der Solidarność wurde verhaftet, die erkämpften bürgerlichen Freiheiten aufgehoben. Der Widerstand hielt sich in Grenzen, nur wenige Tote waren zu beklagen. Den Winter hindurch herrschte im ganzen Land Friedhofsruhe. Auch ein leidenschaftlicher offener Brief des Papstes an Jaruzelski zum Weihnachtsfest 1981 bewirkte keine Lockerung des Kriegsrechts. Doch immerhin antwortete der General im Januar und gab zu verstehen, dass man weiter mit der Kirche verhandeln wolle.

Reagan, Wojtyla, Gorbatschow

Nachdem die Gewerkschaftsbewegung in Polen mundtot gemacht worden war, übernahm der Papst in seinen Ansprachen in Rom die Rolle des weltweit gehörten Mahners, der die Unfreiheit in Polen beklagte. Den neuen Primas Glemp schickte er im Februar 1982 nach einem Besuch im Vatikan mit einem revolutionären Vorschlag nach Warschau, um wieder Bewegung in die festgefahrene Krise zu bringen: Die polnische Kirche warb von nun an für einen »neuen Gesellschaftsvertrag«, an dem alle verantwortungsbewussten Kräfte, einschließlich der Solidarność, beteiligt werden sollten. Die Vision, den Kommunisten auf friedlichem Weg das Machtmonopol zu entwinden, nahm ausgerechnet am Tiefpunkt der Solidarność neue Gestalt an. Der polnische Papst und die polnischen Bischöfe setzten darauf, dass die Oppositionsbewegung stark genug sein würde, das Kriegsrecht zu überleben. Damit die Gewerkschaft auch in der Zeit des Verbots gesellschaftlichen Einfluss ausüben und sich auf ihre Wiederauferstehung vorbereiten konnte, unterstützte der Papst die Untergrund-Solidarność mit solidarischen Worten und handfester materieller Hilfe, deren finanzielle Größenordnung bis heute ein Geheimnis ist.

Dabei ergab sich eine ungewöhnliche Interessengemeinschaft mit dem neuen Präsidenten der USA, Ronald Reagan. Denn der sah die Entwicklung in Polen als eine einmalige historische Chance, den Kalten Krieg mitten in Europa zu gewinnen. Einen Tag nach seinem Besuch beim Papst am 7. Juni 1982 verkündete er bei einer Rede in London, das Sowjetimperium sei in eine »große revolutionäre Krise« geraten. Ausschlaggebend für diese Einschätzung waren die Ereignisse in Polen. Reagan ließ dem Papst umfangreiches Geheimdienstmaterial zukommen, insbesondere Satellitenaufnahmen, die alle größeren Truppenbewegungen im Warschauer Pakt zeigten. Parallel organisierten die CIA und der Heilige Stuhl die materielle Hilfe für die im Untergrund agierende Solidarność, die sich bereits im April 1982 wieder heimlich neu konstituiert hatte. Dabei hatte die CIA die größeren Geldmittel, während der Vatikan über eine ungleich bessere Logistik verfügte. Angesichts der totalen Zensur war es das Gebot der Stunde, eine Gegenöffentlichkeit aufrechtzuerhalten. Mit ihren mehr als 8000 Pfarreien konnte die katholische Kirche auch im Kriegsrecht der Solidarność die entsprechende Unterstützung bieten. Diese reichte von der Möglichkeit, Geheimtreffen abzuhalten, bis zur Verbreitung von Flugblättern, die in den Pfarreien vervielfältigt wurden. Die Kirche verfügte außer der Armee und der Partei als einzige Institution weiterhin über Papier – und über Kopiermaschinen, die vom Vatikan aus schwarzen Kassen (vermutlich über Gelder der Vatikanbank IOR) finanziert und deren Ersatzteile mit vatikanischem Diplomatengepäck ins Land geschafft wurden. Die heimliche Zusammenarbeit für den polnischen Widerstand sollte wenig später dazu führen, dass die USA und der Vatikan endlich diplomatische Beziehungen aufnahmen: Nach Jahrzehnten, in denen sich die amerikanischen Präsidenten höchstens mit einem »persönlichen Gesandten« beim Papst vertreten ließen, wurden die Beziehungen 1984 trotz heftiger Proteste fundamentalistisch-evangelikaler Kreise in den USA offiziell etabliert.

Die Rechnung des Papstes und des US-Präsidenten war schon vorher aufgegangen: Die Oppositionsbewegung überlebte das Kriegsrecht und blieb handlungsfähig. Trotz Verboten kam es immer wieder zu Demonstrationen und Zusammenstößen mit den Sicherheitskräften. Um Druck abzulassen, machte die Regierung eine Reihe von Zugeständnissen. Wałęsa, inzwischen zum gemäßigten Arbeiterführer geläutert, wurde nach mehreren Interventionen des Primas Glemp freigelassen. In der extremen Situation des Kriegsrechts bewährte sich die Politik des Papstes. Er hatte sich trotz eindeutiger Sympathien für die Solidarność so geschickt verhalten, dass er für beide Seiten als Dialogpartner akzeptabel und für die letztlich konzeptlos handelnde Regierung als Vermittler unentbehrlich war, wenn sie das Aufflammen neuer Konflikte begrenzen wollte.

Die neue Aufgabenteilung kam zum Tragen, als der Papst 1983 Polen zum zweiten Mal besuchte. Das Militär duldete es, dass während der wiederum gigantischen Papstmessen offen für Solidarność demonstriert wurde. Im Gegenzug ermahnte der Papst seine Landsleute zu Frieden und Gewaltfreiheit bei dem Bemühen, die Errungenschaften vom August 1980 wiederzuerlangen. Als er während des Besuchs mit Jaruzelski und – separat – auch mit Wałęsa zusammentraf, deutete er nochmals die Vision von der Wiederbelebung des gesellschaftlichen Dialogs an, in dem einzig und allein die Kirche die Vermittlung übernehmen konnte.

Sechs Wochen nach dem Papstbesuch wurde das Kriegsrecht formal aufgehoben, viele seiner Bestimmungen blieben jedoch noch in Kraft. Im Juli 1984 kamen durch eine Amnestie 650 politische Gefangene frei. Doch im Herbst spitzte sich die Lage erneut zu, als der junge Priester Jerzy Popieluszko am 19. Oktober von drei Mitarbeitern des Geheimdienstes entführt wurde. Der kämpferische Geistliche hatte mit seinen kompromisslosen Predigten immer wieder große Menschenmengen angezogen. Er galt den Hardlinern im Sicherheitsdienst als eine unerträgliche Gefahr. Als seine Leiche zehn Tage nach der Entführung in der Weichsel gefunden wurde, erfasste eine Welle der Wut und Empörung das Land. Es kam zu Demonstrationen, wilden Streiks, Zusammenstößen mit der Polizei. In dieser bedrohlichen Lage tauchte Wałęsa, um den es seit seiner Freilassung still geworden war, aus der Versenkung auf und rief seine Mitstreiter zu Gewaltlosigkeit auf. Glemp bemühte sich ebenfalls, die Gemüter zu beschwichtigen. Das Begräbnis des ermordeten Priesters wurde zur Stunde der Wiedergeburt der illegalen Solidarność, mehrere hunderttausend Menschen nahmen daran teil. In der explosiven Lage nach Popieluszkos Tod bewährten sich die Kirche und Wałęsa als Vermittler, doch der Nervenkrieg zwischen dem Regime und der Opposition ging weiter. Ein Ausweg kam erst in Sicht, als 1985 in der Sowjetunion Michail Gorbatschow die Macht übernahm. Er setzte auf mehr Transparenz und Demokratie und verkündete eine neue außenpolitische Doktrin, wonach Moskau nicht mehr die inneren Angelegenheiten der sozialistischen Bruderstaaten regeln wollte. Unter dieser veränderten Rahmenbedingung unternahmen die verfeindeten Lager in Polen einen erneuten Anlauf zur Verständigung.

Dass sich für Polen wieder etwas bewegte, zeigte ein Besuch Jaruzelskis im Vatikan im Januar 1987 und die Vereinbarung einer erneuten Papstreise nach Polen im Juni desselben Jahres. Der General erhoffte sich davon offenbar entscheidende Impulse, um aus der festgefahrenen Lage herauszukommen. Doch ähnlich wie Gierek vor der Papstreise 1979 hatte sich auch Jaruzelski 1987 verrechnet. Der Papst ging im Bewusstsein der von Gorbatschow geschaffenen neuen geopolitischen Lage mit frischem Schwung zur Sache. Er nutzte die Gottesdienste, bei denen diesmal Zehntausende von Solidarność-Fahnen geschwenkt wurden, um eine Rückkehr zu den Vereinbarungen von 1980 einzufordern. In beinahe jeder Predigt kam das Wort Solidarność vor, die Stimmung war ähnlich euphorisch wie im Juni 1979. Jaruzelski sah sich erneut in die Enge getrieben. Auf der einen Seite protestierte er gegen die plötzlich wieder erkennbare Parteinahme des Papstes, auf der anderen Seite deutete er am Rande des Papstbesuchs die Möglichkeit an, dass Polen und der Heilige Stuhl diplomatische Beziehungen aufnehmen könnten.

Doch der vom Papst – mit Gorbatschows Außenpolitik im Rücken – ausgelöste neue Elan der Opposition überrollte schon bald die Rückzugspositionen der Regierung. Im Frühjahr 1988 folgte eine neue Streikwelle von Bydgoszcz und Nowa Huta bis zu den Danziger Schiffbauern. Im August riefen auch die schlesischen Bergleute zum Streik auf. Polen stand ähnlich wie im Dezember 1981 vor dem Abgrund. Diesmal jedoch war kein Einmarsch aus Moskau zu befürchten. Jaruzelski suchte sein Heil in Verhandlungen und Wałęsa willigte ein. Beide Seiten vereinbarten ein Ende der Streiks und die offizielle Einsetzung eines »Runden Tischs«, an dem auch die freien Gewerkschaften sitzen sollten. Dieses Modell sollte wenig später auch in Ungarn und der DDR als Zwischenstufe im allmählichen Übergang vom kommunistischen Machtmonopol zur Mehrparteiendemokratie Schule machen.

Im April 1989 wurde am runden Tisch in Polen ein Kompromiss über die künftige Verfassung erreicht. Man einigte sich auf das Experiment »halbfreier« Wahlen. 35 Prozent der Parlamentssitze und alle Sitze des künftigen Senats sollten frei gewählt werden. Zu den Wahlen am 4. Juni trat Solidarność als Partei an und eroberte sämtliche 161 freien Parlamentssitze sowie 99 Prozent der Stimmen für den Senat. Der kommunistische Block aus Arbeiterpartei, Bauernpartei und anderen Mitgliedern der Einheitsliste erhielt zwar die vereinbarten Sitze im Parlament, war aber durch das Wahlergebnis restlos blamiert. Neun Tage später begannen auch in Ungarn Gespräche am »runden Tisch« mit Vertretern von Kommunisten und Oppositionsvereinigungen. In der Tschechoslowakei und in der DDR wurden hingegen die Freiheitsdemonstrationen noch immer mit Gewalt unterdrückt, in Rumänien und Bulgarien hatten Partei und Geheimpolizei noch alles unter Kontrolle. Bei der Wahl des polnischen Regierungschefs am 24. August 1989 gelang der Solidarność der letzte noch fehlende Triumph: Im Parlament »Sejm« wählte ein Bündnis der Solidarność mit kleineren Parteien des kommunistisch geführten Blocks, dem sich schließlich auch reformerisch gesinnte Kommunisten anschlossen, den ersten nichtkommunistischen Regierungschef hinter dem Eisernen Vorhang, den katholischen Intellektuellen und Vertrauten des Papstes, Tadeusz Mazowiecki. Gorbatschow nahm das Ende der kommunistischen Alleinherrschaft in Warschau ohne Widerspruch hin. Das Beispiel Polen machte Mut. Am 4. September demonstrierten nach dem Friedensgebet in der Leipziger Nicolai-Kirche rund tausend Menschen für mehr Freiheit, es war der Beginn der »Montagsdemonstrationen«. Am 11. September öffnete Ungarn seine Westgrenze. In den folgenden Wochen wuchs in der DDR die Protestbewegung im Schutz evangelischer Kirchengemeinden zum landesweiten Widerstand, auch in Prag begannen erste Demonstrationen. Nach der Öffnung der Berliner Mauer am 9. November schwappte die Welle der Massenproteste unaufhaltsam auf die Tschechoslowakei, auf

Bulgarien und Rumänien über, der Ostblock stürzte innerhalb weniger Monate in sich zusammen.

Welche Rolle die vom Vatikan geförderte und gestützte polnische Freiheitsbewegung bei diesem immer schneller werdenden Domino-Effekt hatte, lässt sich nicht in Prozentanteilen ausdrücken. Es besteht aber kaum ein Zweifel daran, dass die Konstellation einmalig war und dass mehrere Elemente in einem historischen Moment zusammenkommen mussten, um den friedlichen Untergang des 40-jährigen kommunistischen Imperiums zu ermöglichen. Dazu gehörten auf der einen Seite die personelle und ideologische Versteinerung des Systems sowie die Politik der langen Zügel unter Gorbatschow. Auf der anderen Seite war es die Entschlossenheit des ungleichen Paares Reagan-Wojtyla. Beide ließen sich – anders als ihre Vorgänger Jimmy Carter und Paul VI. – nicht von nagenden Zweifeln, sondern von ihren Überzeugungen und klaren Zielen leiten. Beide durchbrachen auf kreative Weise die politischen Traditionen.

Als Nicht-Politiker benötigte der Papst zu Beginn weder eine klare Strategie noch Gutachten über die Machbarkeit dessen, was er erreichen wollte. Er hatte die feste Überzeugung, dass er auf der richtigen Seite stand und dass die Völker irgendwann ihre Geschichte selbst in die Hand nehmen würden. In einem Interview erklärte er selbst seine Rolle so: »Wenn es einen entscheidenden Beitrag gegeben hat, dann war es der des Christentums an sich, sein Inhalt, seine religiöse und moralische Botschaft, seine ihm innewohnende Verteidigung der menschlichen Person und ihrer Rechte. Und ich habe nichts anderes getan, als daran zu erinnern, zu wiederholen und darauf zu bestehen, dass dieses Prinzip beachtet werden muss.«

Als Johannes Paul II. 20 Jahre nach seinem ersten Polenbesuch noch einmal nach Warschau kam, wo 1979 alles angefangen hatte, bekannte er sich in einer Rede vor dem polnischen Parlament noch einmal ausdrücklich zu diesem religiösen, beinahe naiv wirkenden Politikverständnis: »Vor 20 Jahren habe ich gemeinsam mit der betenden Menge auf dem Siegesplatz den Heiligen Geist angerufen und gesagt: ›Sende Deinen Geist aus und erneuere das Angesicht der Erde. Dieser Erde!‹ Als wir damals voll Vertrauen um diese Erneuerung baten, wussten wir noch nicht, welche Gestalt die polnischen Veränderungen annehmen würden. Heute aber wissen wir, bis in welche Tiefe die Handlungen der göttlichen Macht reichten, die frei macht, heilt und reinigt.« Die Frage, ob sein eigenes charismatisches Eingreifen und die organisatorische Unterstützung des Vatikans für die polnischen Arbeiter historisch ausschlaggebend waren, hat Johannes Paul II. damit indirekt beantwortet: Aus seiner Sicht war es Gott, der entscheidend in den Lauf der Geschichte eingriff, er selbst war nur ein Werkzeug. Von außen betrachtet haben der Papst und die polnische Kirche zwar nicht allein die Wende bewirkt, aber sie waren zwei der wichtigsten Faktoren, die zum Machtwechsel beitrugen.

KAPITEL III

Ein Charismatiker auf Reisen

Beginnend mit der ersten Polenreise Papst Johannes Pauls II. hat sich die vatikanische Außenpolitik nicht nur im Verhältnis zu den kommunistischen Regierungen sichtbar verändert. Ein anderer Stil hat seither die traditionell von Zurückhaltung, Überparteilichkeit und Geheimdiplomatie geprägte Politik des Heiligen Stuhls erfasst. Die »charismatische Regierungsmethode« des polnischen Papstes eröffnet neue Möglichkeiten. Sie erlaubt bis dahin ungeahnte politische Konfrontationen mit ideologischen Gegnern, sie bringt aber auch neue, mitunter vom diplomatischen Apparat des Heiligen Stuhls misstrauisch beäugte Allianzen. Nicht selten kommen die »charismatische« und die traditionelle Außenpolitik des Heiligen Stuhls miteinander in Konflikt. Für die weltlichen Gegenüber auf der internationalen Bühne ist die ohnehin schon schwer zu begreifende Rollenvielfalt des Papsttums damit noch schillernder geworden.

Revolutionäre Sprengkraft auf den Philippinen

Während die Solidarność in Polen mit Unterstützung des Papstes und materieller Hilfe aus dem Vatikan ihren Freiheitskampf führte, entstand am anderen Ende der Welt, auf den Philippinen, eine ähnliche Volkserhebung. In ihr war nicht eine Gewerkschaft, sondern eine Massenbewegung mit dem anschaulichen Namen »People Power« die tragende Säule, und die treibende geistliche Kraft kam vom Erzbischof der Hauptstadt, Kardinal Jaime Sin. Wie die polnischen Gewerkschaftler scharte sich auch die philippinische Opposition hinter einem religiösen Symbol, dem Rosenkranz. Ihre Bewegung ging deshalb auch als »Rosenkranz-Revolution« in die Geschichtsbücher ein. Ihren Helden fand sie in einer Frau: Corazon Aquino, die mit Unterstützung erst der Kirche und dann der Armee einen korrupten Diktator stürzte. Nicht anders als in Polen zog sich die gewaltlose Revolution über Jahre hin. Mitentscheidend für den Sieg waren katholische Medien: in diesem Fall nicht illegale Druckereien, sondern ein landesweit verbreiteter katholischer Hörfunksender mit dem Namen *Radio Veritas* (Radio Wahrheit). Auch er wurde vom Vatikan unterstützt. Auslöser der Revolte war wie in Polen ein Besuch des Papstes.

Am 17. Februar 1981 traf Johannes Paul II. in Manila ein. Auf den Philippinen regierte der selbstherrliche Machtpolitiker Ferdinand Marcos. Seit 1972 hielt er die Opposition mit Hilfe eines rigoros angewandten Kriegsrechts unter Kontrolle. Er und seine Frau Imelda, die zugleich Gouverneurin der Hauptstadt Manila war, bereicherten sich schamlos, während die Mehrheit der Bevölkerung in Armut lebte. Die Opposition konnte nur im Untergrund aktiv werden, islamische und linke Gruppen sorgten durch Bombenanschläge zunehmend für Unruhe. Auch der internationale Ruf des exzentrischen Diktatorenpaars war schwer angeschlagen. Die USA stützten Marcos dennoch, da sie im südostasiatischen Raum bei der Wahl ihrer Verbündeten gegen die Kommunisten nicht sehr anspruchsvoll waren.

Als der Kardinal von Manila den Papst auf die Philippinen einlud, versuchte das Ehepaar Marcos, den hohen Besuch als Propaganda für sich zu nutzen. Angesichts einer zu über 80 Prozent katholischen Bevölkerung konnte es für sie nichts Besseres geben, als sich an den Papstbesuch »anzuhängen«. Der Diktator hob einen Monat vor dem Eintreffen des Papstes demonstrativ das Kriegsrecht auf und begnadigte viele politische Gefangene. Frau Marcos reiste mit ihrem Privatjet zu jeder Station des einwöchigen Aufenthalts des Papstes, um den Gast aus Rom immer wieder von neuem begrüßen zu können. Doch Johannes Paul II. ließ sich davon nicht umgarnen. In der entscheidenden Ansprache an den Präsidenten sagte er einen Satz, den alle Filipinos als Ohrfeige für Marcos begriffen: »Die gesellschaftliche Ordnung existiert einzig und allein im Dienst des Menschen und zum Schutz der Menschenwürde. Man kann nicht behaupten, dem Allgemeinwohl zu dienen, wenn die Menschenrechte verletzt werden.« Zum zentralen Gottesdienst im Luneta Park am 18. Februar kamen mehr als eine Million Menschen. Es war die größte Ansammlung von Christen, die es jemals in Asien gegeben hat.

Fast auf den Tag genau fünf Jahre später, am 16. Februar 1986, versammelten sich wieder eine Million Menschen in Manila. Sie feierten nach einer turbulenten Wahlauszählung den »Sieg des Volkes«. Es war ein Ereignis, das mit dem Effekt der größten Montagsdemonstrationen in Leipzig verglichen werden kann: Das Volk wusste, dass es im Recht war, und die Herrscher wussten es auch. Elf Tage später floh der Diktator ins Exil. Wie war es dazu gekommen?

Nach dem Papstbesuch von 1981 nahm das soziale und politische Engagement der katholischen Priester und Ordensfrauen landesweit zu. Marcos verschärfte daraufhin die Maßnahmen zu ihrer Unterdrückung. Die Bischöfe des Landes reagierten mit einem Hirtenbrief, in dem sie die Regierung wegen Missachtung der Menschenrechte und ausufernder Korruption scharf anklagten. Anders als totalitäre Diktatoren wie Hitler oder Stalin hatte der Operetten-Diktator Marcos nicht die Macht, die Verlesung eines solchen Hirtenbriefs zu verhindern. Aber er verfügte über andere Mittel, um der Opposition klar zu machen, wer der Herr im Hause ist. Am 21. August 1983 kehrte – mit Erlaubnis des Diktators – der frühere Senator und Oppositionsheld Benigno Aquino zurück nach Manila. Ein »Attentäter« erschoss ihn, als er unter strengen Sicherheitsvorkehrungen und abgeschirmt von den Medien aus dem Flugzeug stieg. Marcos hatte gehofft, er hätte die wichtigste Stimme der Opposition zum Schweigen gebracht und damit auch allen anderen innenpolitischen Gegnern eine Lektion erteilt, doch das Gegenteil war der Fall. Der allzu offensichtlich von der Regierung inszenierte Mord löste einen Ruck in der Bevölkerung aus. Zum Begräbnis am 31. 8. kamen Hunderttausende, es war der erste große Auftritt der Witwe des Ermordeten, Corazon Aquino.

Danach riss die Welle der Demonstrationen und Verhaftungen

nicht mehr ab. Mehr als ein Jahr später stellte ein Untersuchungsbericht fest, dass die Ermordung Aquinos das Resultat eines militärischen Komplotts war. Die Massendemonstrationen gewannen, unterstützt von Hirtenbriefen der philippinischen Bischöfe, immer mehr Zulauf. Schließlich suchte Marcos die Flucht nach vorn und rief freie Wahlen für den 7. Februar 1986 aus. Doch womit er wiederum nicht gerechnet hatte: Die Witwe des ermordeten Benigno Aquino ging als Gegenkandidatin ins Rennen und einte die Opposition hinter sich. Nur durch einen gigantischen Wahlbetrug gelang es Marcos, einen Sieg vorzutäuschen und sich am 15. Februar 1986 zum Sieger ausrufen zu lassen. Dies war der Moment, in dem Corazon Aquino mit Rückendeckung der katholischen Kirche des Landes eine Million Menschen zur nationalen Erhebung gegen die Diktatur aufrief. Es begann ein landesweiter, totaler und gewaltloser Widerstand, der das öffentliche Leben innerhalb weniger Tage praktisch zum Erliegen brachte. Der Papst begleitete die sich zuspitzende Situation mit mehreren weltweit verbreiteten Aufrufen zu einer gewaltfreien Lösung, ergriff aber anders als in Polen nicht eindeutig Partei für die Opposition. Nicht der Vatikan, sondern Washington gab diesmal den Ausschlag. Reagan rückte schrittweise von dem peinlichen Verbündeten in Manila ab. Als sie sahen, wie aussichtslos die Position des Diktators war, schlossen sich Verteidigungsminister Juan Ponce Enrile und der stellvertretende Oberkommandierende der Streitkräfte, Fidel Ramos, der Revolte an. Marcos verhängte daraufhin den Ausnahmezustand, regimetreue Soldaten schossen auf Demonstranten, es gab Tote. Doch unter dem Druck immer weiter wachsender Massenproteste gaben auch die Teile der Streitkräfte auf, die zu Marcos gestanden hatten. Am 27. Februar 1986 flohen Ferdinando und Imelda Marcos ins Exil nach Hawaii, Aquino wurde als Staatspräsidentin vereidigt. Die Frau des Diktators musste ihre bemerkenswerte Sammlung von mehr als 1000 Paar Schuhen zurücklassen.

Die Revolution der »People Power« in Manila wurde zu einem Ruhmesblatt der katholischen Kirche der Philippinen und ihres politisch gewieft agierenden Oberhauptes Kardinal Sin. Doch für den Vatikan war die Bilanz eher durchwachsen. Dem Apostolischen Nuntius in Manila war die gewaltlose Volksrevolution nicht geheuer, weil er fürchtete, dass sie zu einer Destabilisierung führen und eventuell den revolutionären und terroristischen Kräften in die Hände arbeiten würde. Er versuchte daher die politischen Vorstöße von Kardinal Sin abzufedern, wo immer es ging. Auch der Papst selbst mischte sich in die Rosenkranz-Revolution auf den Philippinen sehr viel weniger ein als in den polnischen Konflikt. Manila war für ihn kein Heimspiel wie Warschau, Danzig oder Krakau, von asiatischer Politik verstand er weniger. Trotz dieser unübersehbaren Schwächen blieb es sein Verdienst, der entscheidende erste Stichwortgeber der Revolution gewesen zu sein.

Stolperstein der Diktaturen

Ähnliche politische Erdbeben löste Johannes Paul II. in den 80er-Jahren gleich in mehreren Ländern aus, wobei am Anfang regelmäßig ein Papstbesuch und der damit verbundene »Massenrausch« stand. In unterschiedlichen politischen Konstellationen trug er zum Untergang der Diktaturen in Chile, Brasilien und Paraguay bei. Mitunter war es, wie auf den Philippinen, ein einziger Satz, der die Dinge in Bewegung brachte – beispielsweise in Haiti, wo der Papst seine Kritik an den Missständen unter dem Diktator Jean-Claude Duvalier am 9. März 1983 mit dem prägnanten Ausruf: »Das muss sich ändern!«, in kreolischer Sprache kundtat. Der Stein, den er damit ins Rollen brachte, führte letztendlich zur Lawine des Aufstands, der Duvalier 1990 die Macht kostete.

Auf derselben Reise legte sich der Papst in Nicaragua mit der linken Sandinisten-Regierung an, die nach dem Sturz des Diktators Anastasio Somoza eine neue Diktatur, diesmal unter marxistischen Vorzeichen, errichtet hatten. Die Sache war aus Sicht des Vatikans besonders gefährlich, weil sich in der regierenden Sandinisten-Front FSLN auch exponierte Katholiken, darunter einige Priester wie Miguel d'Escoto und Ernesto Cardenal, aktiv beteiligten und sogar Ministerposten übernommen hatten. Nicaragua war damit das erste Land Lateinamerikas, in dem die marxistische Variante der Befreiungstheologie den Schritt von der Theorie zur Praxis geschafft hatte: Ein revolutionäres Bündnis von Marxisten und linken Christen hatte mit Waffengewalt gesiegt und dieses Bündnis begann als Volksfront-Regierung den Traum vom Reich Gottes auf Erden in Form einer sozialistischen Gesellschaft zu verwirklichen. Während in Europa noch viele Sympathisanten der Sandinisten davon träumten, dass dies der Weg zu Gerechtigkeit und Frieden sei, hatte die katholische Kirche bereits die Kehrseite der Medaille aus der Nähe kennen gelernt.

Die Junta entzog dem katholischen Radiosender des Landes für ein Jahr die Sendeerlaubnis. Priester, die gegen den neuen Kurs waren, wurden abgeschoben, Predigten zensiert. Wie seinerzeit in den Ostblockstaaten wurde eine regimetreue »Volkskirche« gefördert, die eine Mischung aus Marxismus und Christentum propagierte und die »Amtskirche« scharf kritisierte. In den Stadtvierteln wurde ein Spitzelsystem nach dem Vorbild der Stasi aufgebaut, Telefongespräche wurden abgehört, Volksgerichtshöfe für Schnellverfahren eingerichtet. Schon 1981 berichtete der Erzbischof von Managua dem Papst, dass die ursprünglich von ihm mit unterstützte Revolution gegen den rechten Diktator Somoza in eine marxistische Diktatur umgeschlagen war. Die regierende Junta unter Daniel Ortega entwickelte sich zusehends zur allein herrschenden Macht, sie knüpfte Verbindungen mit den kommunistischen Ostblockstaaten und mit Castros Kuba. Bürgerliche Verbündete verließen die FSLN, Unternehmer tauchten angesichts von Enteignungen ab und einige der einstigen Guerillakommandanten ergriffen die Flucht, um von nun an als »Contra-Rebellen« vom benachbarten Ausland her die neue Diktatur zu bekämpfen. Es zeichnete sich ab, dass unter diesen Voraussetzungen weder Friede noch Wohlstand verwirklicht werden konnten, auch wenn idealistische Helfer aus aller Welt ihr Bestes gaben, um mit Alphabetisierungskampagnen und durch Einsatz in der sozialisierten Landwirtschaft dem kleinen Land auf die Sprünge zu helfen. Eine beginnende wirtschaftliche Blockade durch die USA tat ein Übriges, um den Niedergang zu beschleunigen. In dieser kritischen Situation kam der Papst am 4. März 1983 in die Hauptstadt Managua.

Als er am Flughafen von dem Priester und Erziehungsminister Ernesto Cardenal begrüßt wurde, ermahnte er ihn mit erhobenem Zeigefinger, seine Stellung in der katholischen Kirche in Ordnung zu bringen – der Vatikan hatte ihm im Einklang mit dem allgemeinen Kirchenrecht untersagt, als Priester ein Regierungsamt auszuüben. Bei der anschließenden Messe in Managua kam es dann zur heftigsten Auseinandersetzung, die jemals ein Papst mit dem real existierenden Sozialismus erlebt hat. Die Mitglieder der Regierung riefen beim Gottesdienst revolutionäre Parolen. Bei der Predigt des Papstes wurde dessen Mikrofon heruntergefahren, während gleichzeitig eine andere Lautsprecheranlage Protestchöre von FSLN-Getreuen ausstrahlte, die privilegierte Plätze um den Altar eingenommen hatten. Mit einem lauten Ruf »Silencio!« versuchte der Papst sich Gehör zu verschaffen. Das Schauspiel war für hunderttausende Katholiken auf dem Platz und an den Fernsehschirmen zu Hause derart entwürdigend, dass die FSLN den letzten Rest an Zustimmung aus der Mitte des katholischen Spektrums verlor. Als krönenden Abschluss spielten die Tontechniker der Regierung zum Ende der Messe die Revolutionshymne über die Lautsprecheranlage. Alle Bischofskonferenzen Mittelamerikas protestierten gegen dieses Vorgehen der FSLN.

Der technische Triumph der Sandinisten beim Papstgottesdienst war ein Pyrrhussieg. Seither gelang es ihnen nicht mehr, eine Mehrheit der Bevölkerung hinter sich zu vereinen. Nach Jahren des wirtschaftlichen Niedergangs, der Einschränkung bürgerlicher Freiheiten und des Bürgerkriegs wurden die Sandinisten schließlich bei den freien Wahlen von 1990 abgewählt. Sie verfehlten auch bei allen weiteren Wahlen der 90er-Jahre die Mehrheit. Erst am 20. Juli 2003, gut 20 Jahre nach den Vorfällen von Managua, entschuldigte sich der ehemalige Junta-Chef Ortega öffentlich für die Übergriffe der Sandinisten auf die katholische Kirche.

KAPITEL IV

Interne Reformen

Die politischen Erfolge in Polen und in anderen Diktaturen waren für Johannes Paul II. nicht nur außenpolitische Triumphe. Ähnlich wie bei weltlichen Staatsoberhäuptern wirkten sich die Siege draußen in der Welt auch auf die »innenpolitische« Zustimmung für seinen Kurs als Kirchenoberhaupt aus. Die Skepsis des Vatikan-Establishments gegenüber seinem charismatischen Politikstil, der die Erfahrung und Mittel der vatikanischen Diplomatie zwar nutzte, aber weit über sie hinausging und dabei bewusst hohe Risiken in Kauf nahm, wich allmählich einer bewundernden Anerkennung. Dass er politische Prozesse anstieß oder förderte, deren Ausgang niemand absehen und deren Verlauf er kaum beeinflussen konnte, gehörte dazu und der Erfolg gab ihm Recht. Die Kurie und die Bischöfe der Weltkirche standen spätestens nach den Ereignissen 1989 beinahe geschlossen hinter ihm. Erst von diesem Zeitpunkt an konnte er auch innere Reformen im Vatikan durchführen und dabei das Chaos um die Vatikanbank IOR aufräumen, das er von seinem Vorgänger geerbt hatte.

Widerstände im eigenen Haus

Noch Mitte der 80er-Jahre, vor dieser »Wende«, musste sich Johannes Paul II. durchaus mit Widerständen in den eigenen Reihen auseinander setzen. Trotz aller Anteilnahme und Bewunderung, die man ihm nach dem überstandenen Attentat zuerkannte, registrierte man an dem Papst aus Polen ein gravierendes Manko: Anders als seine Vorgänger Pius XII. und Paul VI., die vor ihrer Wahl jahrzehntelang Spitzenposten im Vatikan bekleidet hatten, kannte er die Kurie kaum, er war ein Fremder in der Machtzentrale der Kirche. Nur sehr langsam konnte er sich dort Respekt verschaffen. Aus Sicht der tonangebenden italienischen Monsignori war er noch immer der »Papst aus einem fernen Land«, dessen Sprache, Kultur und Geschichte sie nicht kannten und erst recht nicht achteten. Dass er auf Widerstand stieß, lag nicht nur an seinen Umgangsformen, mit denen er Teile des Protokolls über den Haufen warf – etwa indem er den Vatikan unangekündigt zu Ausflügen verließ oder indem er Freunde aus Polen, darunter auch Juden, unter Umgehung aller Gepflogenheiten am päpstlichen Hof zum Essen einlud. Letztlich führte er damit die »innere Säkularisierung« des Vatikanstaats fort, die sein Vorgänger Paul VI. bereits mit der Reduzierung des höfischen Rituals eingeleitet hatte. Konsequenterweise verzichtete er in seinen Ansprachen auch auf das monarchische »Wir« und ging zum subjektiven »Ich« über. Doch das Grummeln der Funktionäre in der Machtzentrale der Kirche richtete sich nicht nur gegen diese Äußerlichkeiten, sie hatten auch inhaltliche Bedenken. Vor allem die Vorstöße des polnischen Papstes in Richtung auf eine Rehabilitierung Galileis und auf einen Dialog mit den anderen Weltreligionen, insbesondere mit dem Judentum und dem Islam, wurden von vielen Kardinälen und Bischöfen skeptisch beurteilt.

Dass er seine Ideen dennoch fast ohne innere Verwerfungen durchsetzen konnte, war nicht zuletzt das Resultat kluger Personalentscheidungen zu Beginn seines Pontifikats. Sie begannen mit der Berufung Casarolis zum Staatssekretär im Jahr 1979. Damit grub er zunächst einmal allen zu befürchtenden Spannungen über den neuen ostpolitischen Kurs des Papstes das Wasser ab. Indem er den bisherigen Außenminister und Vordenker der »weichen« Ostpolitik zum Chef des Staatssekretariats machte und ihn damit sich selbst direkt unterstellte, band er ihn eng an sich. Andernfalls hätte die Gefahr bestanden, dass Casaroli als profilierter Außenminister weiter seine eigenen Ziele verfolgt hätte. Seit Casaroli nach dem Papst zweiter Mann im Vatikan war, verschwand sein eigenständiges politisches Profil fast völlig. Der Mann, der bis dahin im Guten wie im Schlechten eine Art Prototyp des geschmeidigen vatikanischen Profi-Diplomaten gewesen war, musste sich dem neuen charismatischen Stil in der Außenpolitik unterordnen und sie gehorsam flankieren.

Ähnlich geschickt war die Ernennung von Kardinal Joseph Ratzinger zum Präfekten der Glaubenskongregation im Jahr 1981. Als deutscher Theologieprofessor von Weltruf war er in der Lage, den Herausforderungen der auseinander driftenden Strömungen in der katholischen Theologie, von der Befreiungstheologie über den Feminismus bis hin zu den extremen Formen des Traditionalismus, wirksam entgegenzutreten. Er sollte nach den verwirrenden Jahren, die auf das Zweite Vatikanische Konzil gefolgt waren, für die Scheidung der Geister sorgen, indem er, wo nötig, auch klare Grenzen zog. Im Extremfall konnte dies bis hin zur Exkommunikation von Rechts- oder Links-Abweichlern führen. Ratzinger hielt Johannes Paul II. mit dieser nicht immer sehr populären Aufgabe den Rücken frei für dessen Mission, die eher im Zusammenführen, im Dialog und im Brückenbauen bestand – auch gegenüber den Andersdenkenden und Andersgläubigen.

Das kühnste Einzelunternehmen des Dialog-Papstes war das Weltgebetstreffen der Religionen für den Frieden in Assisi am 27. Oktober 1986. Schon sein Besuch in der römischen Synagoge im April desselben Jahres hatte bei manchen Kurienmitgliedern Stirnrunzeln ausgelöst, weil sich Johannes Paul II. in Gesten und Worten mit dem römischen Oberrabbiner Elio Toaff auf eine Stufe stellte. Er saß neben Toaff auf einem Sessel in gleicher Augenhöhe und er benutzte das aus der polnischen Literatur stammende Wort von den Juden als den »älteren Brüdern« der Christen. Diese Zeichen und vor allem die förmliche Bitte um Vergebung für die Verbrechen von Christen gegen Juden in den zwei Jahrtausenden seit der Trennung von Kirche und Synagoge brachen schon damals das Eis im Verhältnis zum Staat Israel und schufen die Grundlage für die sieben Jahre später aufgenommenen diplomatischen Beziehungen zum jüdischen Staat. Aber konservative Vatikan-Vertreter hielten die Visionen des Papstes zu diesem Zeitpunkt noch für zu gewagt. Als Johannes Paul II. nun auch noch ein Treffen mit den Führern aller Weltreligionen ankündigte, um in Assisi für den Frieden zu beten, war das aus Sicht seiner Kritiker entschieden zu viel.

Im Lager der erklärten Hardliner, den Anhängern des Traditionalistenbischofs Marcel Lefebvre, führte dieses für sie geradezu häretische Projekt zu der Überzeugung, dass ein Bruch unvermeidlich sei. Auch im Vatikan waren vereinzelt Bedenken zu hören. Der Papst selbst sah sich veranlasst, in einer Rede bei der Generalaudienz am 22. Oktober zu betonen: »Man kann sicher nicht zusammen beten, das heißt, ein gemeinsames Gebet sprechen, aber man kann zugegen sein, wenn die anderen beten.«

Dieser hauchdünne Unterschied zwischen »zusammen beten« und »zusammen sein, um zu beten« – konservative Kritiker sprachen von einer bloßen Spitzfindigkeit – wurde nicht von allen Beobachtern und wahrscheinlich auch nicht von allen Teilnehmern verstanden. Doch dem Papst ging es bei dieser Aktion ohnehin nicht um theologische Definitionen. Als ehemaliger Schauspieler war er mit weit mehr Gespür für die Mechanismen des Medienzeitalters ausgestattet als seine Vorgänger und wusste um die Macht der Bilder. Das farbenprächtige Miteinander der Würdenträger in ihren liturgischen Gewändern, vom buddhistischen Mönch über den orthodoxen Metropoliten bis zum indianischen Medizinmann, die sich gemeinsam mit dem Papst in Assisi versammelten, hatte genau die Symbolkraft, die Johannes Paul II. sich wünschte. Das Bild vom Anbruch einer neuen Ära des Friedens und der Verständigung unter den Religionen sollte vermittelt werden. Dabei ging es ihm aber um weit mehr, als um das Zusammensein der Religionen. Es ging ihm, obwohl er dies in seiner Ansprache ausdrücklich dementierte, auch um Politik.

Mit den anderen Religionen zum Frieden

Dass man mit Religionsführern, die zu friedlichen Treffen zusammenkommen, Werbung für politische Zwecke machen kann, hatte man im Kreml schon viel länger begriffen als im Vatikan. Moskau förderte und unterwanderte deshalb seit Jahren den »World Council of Religions for Peace« (WCRP), in dem Vertreter fast aller Weltreligionen zusammensaßen. Die Kremlführung erhoffte sich davon klare Stellungnahmen zugunsten der sowjetischen Position in der Nachrüstungsdebatte. Die Parallele zur Ära der ersten Abrüstungsgespräche in den 60er- und 70er-Jahren war unübersehbar. Damals hatte Moskau den Papst umworben, damit er die Aufrüstung der USA verurteilte. In den 80er-Jahren ging es darum, die neuen Rüstungsanstrengungen der USA, die unter Präsident Reagan enorm zugenommen hatten und die Sowjetunion in Bedrängnis brachten, als unmoralisch zu brandmarken. Am besten sollten die Religionsführer im gleichen Atemzug noch den »friedliebenden« Charakter der Sowjetunion hervorheben. Auch Johannes Paul II. sah die neue Runde im Rüstungswettlauf mit großer Sorge. Doch er ließ sich, trotz eines abermaligen Versuchs des sowjetischen Außenministers Gromyko bei seinem Vatikan-Besuch am 27. Februar 1985, nicht vor den Karren der Sowjetunion spannen.

Anders als seine Vorgänger begnügte sich Wojtyla nicht damit, die überparteiliche Position des Heiligen Stuhls zwischen den beiden Blöcken zu betonen. Er ergriff selbst die Initiative und versuchte, die Führer der Weltreligionen zu einer gemeinsamen Aktion für den Frieden zu versammeln. Die Religionsführer sollten nicht länger nur als dekorative geistliche »Bedenkenträger« vor dem Rüstungswettlauf warnen, wie dies etwa in Deutschland immer mehr Geistliche taten – zur großen Freude der Sowjetunion. Der Papst wollte, dass die Religionsführer selbst die Meinungsführer auf diesem Gebiet würden und dies in der Form täten, die ihnen eigen ist: im Gebet. Die Friedensgeste, die schließlich von dem farbenfrohen Treffen in Assisi ausging, blieb allerdings in ihren politischen Auswirkungen beschränkt.

Erst als einige Jahre später die Religionen selbst zu einem treibenden Faktor in Kriegen wurden, kam die Idee des Papstes besser zum Tragen. Auf dem Höhepunkt des Jugoslawienkriegs, dem ja ein ethnisch-religiöser Konflikt zugrunde lag, versammelte er am 9. und 10. Januar 1993 erneut Religionsführer aus aller Welt in Assisi. Orthodoxe, Katholiken und Muslime beteten damals angesichts des Blutvergießens ihrer Glaubensbrüder in Bosnien-Herzegowina um Frieden. Ein drittes Mal wiederholte er die Aktion am 24. Januar 2002, wenige Monate nach dem Terroranschlag in New York vom 11. September 2001. Es war der Versuch einer Antwort auf die sich weltweit zuspitzende Auseinandersetzung zwischen dem militanten Islam und dem (christlichen) Westen. Inzwischen war auch dem letzten Beobachter klar geworden, dass politischer Friede nach dem Ende des Kalten Kriegs ohne einen Frieden zwischen den Religionen nicht möglich ist. Bei diesem dritten Weltfriedenstreffen in Assisi gelang es dem Papst erstmals, die Führer anderer Religionen zu einer öffentlichen Selbstverpflichtung für den Frieden und gegen die religiös motivierte Gewalt, insbesondere gegen den Terrorismus zu bewegen. Auch wenn die islamischen Vertreter bei dieser Veranstaltung wegen der uneinheitlichen Struktur des Welt-Islam nicht für sich in Anspruch nehmen konnten, für alle Muslime zu sprechen, war die Friedenserklärung von Assisi 2002 ein Meilenstein – zumal auch jüdische Vertreter sie mit unterschrieben. Sie war, vor allem was die Dimension des Islam anging, das erste vorzeigbare Resultat eines jahrzehntelangen Werbens des Papstes um Verständigung mit den gemäßigten Vertretern dieser Religion, die sich nach dem Zusammenbruch des Sowjetkommunismus zur wichtigsten und weltweit aktivsten politisch-ideologischen Bewegung entwickelt hatte.

Skandalobjekt Vatikanbank

Angesichts seiner weitreichenden Neuerungen in den Außenbeziehungen des Vatikans zu den Staaten und Religionen ist es erstaunlich, wie lange Johannes Paul II. das größte interne Problem, die Vatikanbank IOR, liegen und den skandalumwitterten Bankchef, den amerikanischen Erzbischof Marcinkus, im Amt ließ. Johannes Paul II. hatte verschiedene Gründe, auch politische, für sein Zögern: Da er selbst alles andere als ein Finanz- oder Verwaltungsfachmann war und er ahnte, dass er, wenn er im Bereich der Vatikanfinanzen für Ordnung sorgen wollte, in ein Wespennest greifen würde, ging er dieser Aufgabe allzu lange aus dem Weg. Hinzu kam, dass IOR-Direktor Marcinkus unter den einfachen Vatikan-Angestellten äußerst populär war, beim Kurien-Establishment aber wegen seiner draufgängerischen Art und seiner steilen Karriere zahlreiche Neider hatte. Manches sprach aus Sicht des Papstes dafür, dass die Berichte über angebliche Missstände bei der Bank auf übler Nachrede beruhten. Und dann kam noch die schwierige Lage in Polen hinzu. Unter dem Kriegsrecht waren die von Marcinkus erwirtschafteten Einkünfte der Bank unverzichtbar, um – über Umwege – die Solidarność auf diskrete Weise in ihrem Untergrundkampf gegen die übermächtigen Kommunisten zu finanzieren. Der Papst hielt sich also zurück – selbst als sich der Skandal um das IOR Anfang der 80er-Jahre mit der Ermordung des italienischen Bankiers Roberto Calvi nochmals dramatisch zuspitzte. Und dieses Zuwarten dauerte so lange, dass es schließlich die Glaubwürdigkeit des Vatikans erschütterte und seinen Ruf als moralische Instanz schädigte, womit auch seine politische Stellung gefährdet war, die ja nicht zuletzt von diesem Ruf abhängt.

Was hatte es mit dem Skandal des IOR auf sich? Am 18. Juni 1982 wurde unter der Blackfriars' Bridge in London ein Erhängter gefunden. Der Mann war kahlköpfig und trug ein ausgebeultes italienisches Jackett. Der Strick, an dem er baumelte, war an einem Baugerüst unter der Brücke festgemacht worden. Der Mann musste akrobatische Fähigkeiten besessen haben, um sich an dieser Stelle zu erhängen. In seinen Jackentaschen fanden sich Ziegelsteine und bei der Autopsie des Leichnams stellte die britische Polizei fest, dass ihm unmittelbar vor seinem Ableben der Schnauzbart abrasiert worden war.

Der Mann war kein anderer als der italienische Bankier Calvi, der kurz zuvor mit einem groß angelegten betrügerischen Bankrott international für Schlagzeilen gesorgt hatte. Die »Banco Ambrosiano«, die er mit einem Berg von Verbindlichkeiten von mehr als einer Milliarde Dollar in den Ruin geritten hatte, war einst eines der seriösesten Institute Italiens gewesen – und eines, das der katholischen Kirche nahe stand. Die Vatikanbank IOR war ein nicht unbedeutender Aktionär dieser Bank und Calvi verband mit Marcinkus ein enges Vertrauensverhältnis. So eng, dass der Erzbischof dem Bankier, als er bereits mit dem Rücken zur Wand stand, mit »Patronatsbriefen« aus der Patsche half. Die Briefe bescheinigten Calvis Bank eine damals schon nicht mehr vorhandene Kreditwürdigkeit. Durch diese Kreditbriefe wurde die Vatikanbank IOR, als die Ambrosiano zahlungsunfähig war, für einige

Zeit sogar Eigentümer von zwei überseeischen Geldwäsche-Instituten, mit denen Calvi sich zwischenzeitlich über Wasser gehalten hatte. Erst als alle faulen Tricks nichts mehr nützten, kam der Banker wegen seiner betrügerischen Machenschaften ins Gefängnis, das er kurz darauf gegen Zahlung einer gewaltigen Kautionssumme wieder verließ.

Trotz dieser bemerkenswerten Vorgeschichte des Toten fand die britische Polizei nichts Verdächtiges an dem Leichnam, der Totenschein lautete auf Selbstmord. Erst nach und nach stellte sich heraus, dass Calvi sich in den Tagen vor seinem rätselhaften Ableben auf einer rastlosen Reise durch halb Europa bewegt, dubiose Finanziers, Waffenhändler und Mafiosi getroffen hatte. Die Motive seines Handelns blieben unklar. Eine Schlüsselrolle spielte eine (verschwundene) mysteriöse Aktentasche, die er stets mit sich führte. Nach Aussagen seiner Familienangehörigen, die allerdings nie bewiesen wurden, enthielten sie einige für den Vatikan höchst peinliche Dokumente.

Der betrügerische Bankrott der Ambrosiano und die merkwürdigen Umstände des Todes seines einstigen Direktors rissen auch die Vatikanbank IOR mit in den Strudel der Ermittlungen und Verdächtigungen. Gegen Marcinkus und seine Mitstreiter beim IOR, die »Finanzstrategen« Luigi Mennini und Pellegrino de Strobel, ergingen Haftbefehle. Nur kraft der Eigenstaatlichkeit des Vatikans konnte das Trio sich dem Zugriff der italienischen Justiz entziehen. Sie flohen sofort hinter die schützenden Mauern des Zwergstaats. Jahre später entschied das höchste italienische Gericht, dass sie nach den Bestimmungen der Lateranverträge in der Tat für Italien nicht greifbar seien, weil das IOR zu den »zentralen« Einrichtungen des souveränen Vatikanstaats gehöre. Die Entscheidung war nicht unumstritten, zumal der Heilige Stuhl selbst mehrfach erklärt hatte, das IOR sei keineswegs die »Zentralbank des Vatikanstaats«, sondern lediglich ein auf vatikanischem Boden agierendes, weitgehend unabhängiges kirchliches Geldinstitut, das weder unmittelbar zum Heiligen Stuhl noch zum Vatikanstaat gehöre. In einer außergerichtlichen Einigung erklärte sich das IOR schließlich bereit, 244 Millionen Dollar an die Gläubiger der »Banco Ambrosiano« zu zahlen. Dies war, wenn man die Rücklagen der Bank in der Größenordnung von 5 Milliarden Dollar ansetzt, mehr als nur »Peanuts«. Auch nach der relativ großzügigen Zahlung verstummten die Stimmen nicht, die dem Vatikan eine Mitschuld an dem Bankrott und auch am Tod Calvis gaben. Vor allem die Familienangehörigen des Bankiers behaupteten, der Verstorbene habe immer wieder dunkle Andeutungen über das gemacht, was »die« im Vatikan alles wüssten und wofür sie verantwortlich seien.

Der Tod des glücklosen Bankiers trat in Italien jedenfalls eine Lawine von Presseveröffentlichungen, parlamentarischen Anfragen und antivatikanischen Stellungnahmen los. Als der Papst die mehr als 100 Kardinäle der Weltkirche Ende November 1982 zu einer Vollversammlung einberief, stand das Thema Vatikanfinanzen und IOR deshalb ganz oben auf der Tagesordnung. Vor allem die Kardinäle aus Deutschland und den USA forderten energisch, endlich mit den undurchsichtigen Verhältnissen bei den Vatikanfinanzen Schluss zu machen.

Zwei Jahre nach Calvi starb dann auch noch der Finanzier Sindona, mit dessen Finanzimperium, der »Sindona-Gruppe«, Marcinkus in den 70er-Jahren zusammengearbeitet hatte, unter mysteriösen Umständen. Er saß wegen seiner Mafia-Verbindungen inzwischen in Haft. Dort wurde ihm eine vergiftete Tasse Espresso zum Verhängnis. Wie das Gift in das Hochsicherheitsgefängnis kam, konnte nie geklärt werden. Ähnlich wie im Fall Calvi gab es viele Gruppen, die von den Medien verdächtigt wurden, sie hätten ein Interesse daran gehabt, den windigen Finanzier zum Schweigen zu bringen: die Mafia, geheime Freimaurerlogen, die »Strippenzieher« der in Italien regierenden Parteien und vielleicht auch die Vatikanbank.

Nach dem Tod Sindonas war jedenfalls aus Sicht vieler Kardinäle das Maß voll. Zweimal hatte das IOR mit undurchsichtigen Finanz-Jongleuren Geschäfte gemacht, zweimal hatte es viel Geld und Ansehen verloren und beide Male endeten die Affären mit Ereignissen, die Kriminalromanen zu entstammen schienen. Dass Johannes Paul II. trotz des immer dichter werdenden Skandals und des allgemeinen Drängens nicht rasch und entschieden aufräumte, hing zum einen sicher mit der schwierigen Lage in Polen zusammen, für die der Vatikan eine schwarze Kasse brauchte. Zum anderen aber kam hier eine bedenkliche Eigenart der vatikanischen »Innenpolitik« zum Tragen. Anders als in demokratisch regierten, weltlichen Staaten ist es im Vatikan bei Skandalfällen nicht üblich, dass der Papst einen untergebenen Kleriker opfert, um seinen eigenen Kopf zu retten. Die Logik solcher »Bauernopfer« greift in der Römischen Kurie nicht: Als auf Lebenszeit gewählter Monarch steht der Heilige Vater nicht unter dem Druck einer Wiederwahl. Wenn das Versagen eines hochrangigen Kurienmitarbeiters offensichtlich wird, greift daher die ganz besondere vatikanische Staatsräson. Ihr wichtigstes Kriterium ist die Frage, welchen Schaden die gesamte Institution in den Augen der normalen Gläubigen nimmt, wenn eine Schuld oder ein Versagen öffentlich anerkannt wird. Der erste Reflex nach einem Skandal besteht deshalb meist darin, den in der Schusslinie der Kritik Stehenden nicht fallen zu lassen – denn eine Entlassung oder ein Rücktritt könnte als Schuldeingeständnis verstanden werden. Der Heilige Stuhl wählt daher meist den Weg, Skandale jahrelang auszusitzen und den Versager erst dann zu entlassen, wenn die Öffentlichkeit den Fall schon weitgehend vergessen hat. Der Schuss kann aber auch nach hinten losgehen: Dem Ansehen der Institution ist diese Art des Vorgehens auf lange Sicht keineswegs immer förderlich.

Im Fall des Ambrosiano-Bankrotts gab es hinter den Kulissen einen Streit zweier Linien: Die Moralisten und Saubermacher, die den Bankskandal für ein gefährliches Krebsgeschwür hielten, kämpften gegen jene, die ihn nach bewährter Art vertuschen wollten, bis Gras darüber gewachsen wäre. Da die Moralisten sich nur teilweise durchsetzen konnten, tat der Vatikan am Ende beides: Er erkannte einen Teil des angerichteten Schadens an und ließ den Verursacher dennoch nicht fallen. Nach heftigen internen Debatten zahlte das IOR den Gläubigern der Pleite gegangenen Bank die oben genannte Summe von 244 Millionen Dollar – »freiwillig und ohne Schuldeingeständnis«. Marcinkus hatte gegen die Entschädigung argumentiert, konnte sich aber nicht durchsetzen. Von da an war sein Stern deutlich im Sinken. Es war nur noch eine Frage der Zeit, bis der Papst ihn fallen lassen und der skandalträchtigen Vatikanbank eine neue Geschäftsordnung geben würde.

Trotz allem zog der Papst es vor, sich zuerst zwei anderen, umfangreichen Reformen innerhalb der Kirche zu widmen: die Verabschiedung einer neuen Rechtsordnung für die gesamte katholische Weltkirche und der Umbau der vatikanischen Kurie. Das neue Kirchenrecht war eine Herkulesaufgabe: Die katholische Kirche brauchte nach den Veränderungen des Zweiten Vatikanischen Konzils eine rundum erneuerte Rechtsordnung mit weltweiter Gültigkeit. Dies betraf unter anderem die Verfassungsordnung, die interne Verwaltungsordnung, ein Strafgesetzbuch und eine Strafprozessordnung. Das Mammutwerk wurde nach kirchlichen Maßstäben in überraschend schneller Zeit fertig gestellt. Schon 1983 lag der neue »CIC«, der »Codex Iuris Canonici« vor. Die Vorarbeiten waren – mit Unterbrechungen – rund 20 Jahre in Gang gewesen, doch erst als Johannes Paul II. Druck machte, konnte das Werk abgeschlossen werden. Der neue »CIC« schrieb die letztlich absolute Macht des Papstes in der Kirche fest. Unterhalb dieser höchsten Instanz sorgte er für eine klare, annähernd »rechtsstaatliche« Ordnung, der allerdings ein wichtiges Element bis heute fehlt: ein kirchliches Verwaltungsgericht, an das sich ein Katholik wenden könnte, wenn er sich durch eine Maßnahme der Hierarchie in seinen Rechten beeinträchtigt sieht. Die Rechtsreform fand ihren vorläufigen Abschluss, als der Papst 1984 eine vatikanische Kommission für die Auslegung des Kirchenrechts einrichtete – eine Art beratender Verfassungsgerichtshof, der dazu beitragen soll, dass es bei eventuellen Streitigkeiten zwischen den unterschiedlichen Organen eine verbindliche Gesetzesauslegung gibt.

Der nächste Schritt war die große vatikanische »Kabinettsumbildung« in den Jahren 1984 bis 1986, die mit der Ernennung des spanischen Journalisten Joaquin Navarro-Valls zum »Direktor des Presseamtes des Heiligen Stuhls« begann. Navarro agierte schon bald wie der Pressesprecher eines Staatschefs und brachte damit in die PR-Arbeit des Vatikans einen kräftigen Modernisierungsschub. In der Kurie entließ Johannes Paul II. zahlreiche Erzbischöfe und Kardinäle im »Ministerrang« in den wohl verdienten

Ruhestand und holte Männer seines Vertrauens in die frei gewordenen Spitzenpositionen. Zugleich begann er, die Möglichkeiten für eine strukturelle Reform des Apparats zu erkunden. Das Ergebnis war nach drei Jahre währenden internen Debatten das Schreiben *Pastor bonus* (Der gute Hirte), in dem der Papst 1988 eine Neuaufteilung der vatikanischen Kurie anordnete. Der unübersichtliche Apparat wurde an einigen Punkten gestrafft und vereinfacht, außerdem erhielten zwei Behörden zentrale Kontrollbefugnis über die meisten anderen: Das »Staatssekretariat« wurde zu einer Art Super-Regierungsbehörde. Es vereinigte unter einem Dach die Befugnisse eines Kanzler- oder Präsidialamts, eines Innen- und eines Außenministeriums. Eine Sonderstellung erhielt auch die Römische Glaubenskongregation unter Kardinal Ratzinger: Sie wurde in Fragen der Glaubenslehre allen anderen Vatikanbehörden übergeordnet. Viele Beobachter waren überrascht, dass die unabhängige Stellung der Vatikanbank durch die Reform zunächst nicht angetastet wurde. Lediglich ein »Kardinalsrat für das Studium der organisatorischen und wirtschaftlichen Angelegenheiten des Heiligen Stuhls« wurde als neue Kontrollinstanz eingerichtet. Doch die Vatikanbank IOR und Marcinkus schienen zunächst alle Reformen zu überleben.

Erst als der Vatikan im März 1989 die Einrichtung eines Bank-Aufsichtsrats aus unabhängigen Fachleuten ankündigte, war klar, dass die Ära Marcinkus zu Ende ging. Der Erzbischof teilte bald darauf in einer unauffälligen persönlichen Erklärung mit, dass er sich zu pastoralen Aufgaben in die USA zurückziehen wolle. Dort verbrachte er, vom einst mächtigsten Erzbischof im Vatikanstaat zum einfachen Senioren-Seelsorger degradiert, seinen Lebensabend mit Messelesen und Golfspielen. Im Vatikan fand sich niemand, der Anklage gegen ihn erhob, und auch nach seiner Rückkehr in die USA gab es keine internationalen Haftbefehle gegen ihn, so dass ungeklärt blieb, ob er wirklich jemals Gesetze übertreten hat. Von nun an hatten Finanzexperten aus der Schweiz, Deutschland, Spanien, den USA und auch aus Italien – die meisten von ihnen pensionierte Bankdirektoren – das Sagen bei der Vatikanbank. Eine ähnliche Expertengruppe hatte Kardinalstaatssekretär Casaroli bereits nach dem Untergang der Ambrosiano-Bank um Hilfe gerufen, um in der Frage der Entschädigungszahlung an die Gläubiger zu einem vernünftigen Verfahren zu kommen. Einer dieser Experten, der Bankier Philippe de Weck vom Schweizer Bankverein (UBS), schilderte die Situation beim IOR rückblickend in einem Interview als »reinen Dilettantismus«. Zugleich bezweifelte er aber, dass Marcinkus sich aus »reiner Naivität« auf krumme Geschäfte eingelassen habe. So oder so waren die Aufräumarbeiten im Vatikan für die älteren Herren aus dem Bankgewerbe eine gewaltige Aufgabe. Außer dem sehr ungenauen Statut aus der Zeit des Zweiten Weltkriegs hatte die Bank keine Geschäftsordnung. Es gab keine Schutzmechanismen, weder gegen Willkürentscheidungen des Präsidenten noch gegen Versuche, das Institut über religiöse Pseudovereinigungen zur Geldwäsche zu nutzen.

Die Experten gaben der Bank ein Reglement, das sich an dem der UBS orientierte. Der Umbau des Instituts, zu dem auch die Anschaffung von Computern und die Professionalisierung der Mitarbeiter gehörte, dauerte gut fünf Jahre und war erst Mitte der 90er-Jahre abgeschlossen. Seither arbeitet das IOR ohne waghalsige Investitionen mit Gewinn und trägt dazu bei, Bauprojekte des Vatikanstaats zu finanzieren oder die Millionen-Defizite des Heiligen Stuhls in anderen Bereichen auszugleichen. Prüfer des renommierten Schweizer Treuhandbüros »Revisuisse« prüften die Bilanzen der Vatikanbank IOR in den ersten beiden Jahren nach dem Umbau (1995 und 1996) und kamen zu dem Ergebnis, dass sie internationalen Standards entsprechen. Das Ergebnis des Umbaus war für den Papst überraschend, aber auch peinlich: Es hatte überhaupt keine Notwendigkeit bestanden, in undurchsichtige Geschäfte, wie sie Erzbischof Marcinkus betrieben hatte, hineinzugeraten. Als Institut, das steuerfrei arbeitete und das Geld von tausenden vermögenden Ordensgemeinschaften und kirchlichen Institutionen verwaltete, konnte die Vatikanbank eigentlich immer nur Gewinne machen – wenn sie sich nicht ganz dumm anstellte. Das IOR hatte gewissermaßen schon von seiner Konstruktion her ganz legal die »Lizenz zum Gelddrucken« – wenn auch nur im begrenzten Umfang von etwa 50 bis 100 Millionen Dollar jährlich. Während die anderen Wirtschaftsunternehmen im Vatikan trotz aller Anstrengungen nie nennenswerte Profite erwirtschaften konnten, war das IOR auf Gewinn programmiert und hatte halbseidene Geschäfte gar nicht nötig.

Doch die Reform des IOR blieb auf halbem Weg stecken. Eine öffentliche Bilanz legt das Institut, ähnlich wie die meisten Schweizer Privatbanken, bis heute nicht vor. Diese Geheimhaltung gibt dem Papst die Möglichkeit, die reichlich sprudelnden, steuerfreien Gewinne der Bank weiterhin als eine Art »Reptilienfond« nach eigenem Gutdünken diskret einzusetzen. Sie sorgt aber auch dafür, dass in der Öffentlichkeit ein Generalverdacht gegen die undurchsichtige Finanzpolitik des Heiligen Stuhls bestehen bleibt, denn bei vereinfachter Betrachtungsweise gibt es nur wenig Unterschied zwischen öffentlich nicht deklarierten Gewinnen und »schwarzem« Geld. Den Grund, warum der Vatikan trotz dieser Verdachtsfalle die Praxis der Geheimhaltung beibehält, hat Kardinalstaatssekretär Casaroli nach dem Auffliegen des Ambrosiano-Skandals in einem internen Bericht folgendermaßen angegeben: »Das IOR hat auch in den schwierigsten und widrigsten Situationen im internationalen Bereich (es sei nur an die Zeit des letzten Weltkriegs erinnert) die Aufrechterhaltung des Flusses an notwendigen Finanzmitteln für die Werke der Kirche in den verschiedenen Teilen der Weltkirche gewährleistet, vor allem für jene, die sich in größeren wirtschaftlichen Schwierigkeiten befanden.« Offenbar fürchtet der Vatikan, dass eine Offenlegung der Bankgewinne auch eine Diskussion über deren Verwendungszweck auslösen würde. So aber kann der steuerfreie Profit je nach Erfordernissen genutzt werden, mal um einen der defizitären Medienbetriebe des Heiligen Stuhls, wie etwa Radio Vatikan, indirekt zu bezuschussen oder aber um in echten Krisensituationen an einer der vielen Fronten der Weltkirche unauffällig Feuerwehreinsätze zu leisten.

KAPITEL V

Gegen Wildwestkapitalismus und US-Hegemonie

Nach den Reformen im Inneren war der Vatikan besser gerüstet für die kommenden Auseinandersetzungen in der Außenpolitik. Zudem spürte er den Rückenwind der gewonnenen Schlachten gegen den Kommunismus. Fast ein halbes Jahrhundert nach der Niederlage des Nationalsozialismus war nun auch der andere erklärte Erzfeind der katholischen Kirche – zumindest in Europa – besiegt. Im Vatikan hatten mittlerweile alle begriffen, dass der Papst, dessen waghalsigen Politikstil die Kurie lange misstrauisch beobachtet hatte, der große Gewinner der Wende von 1989 war. Doch es blieb wenig Zeit, sich auf den Lorbeeren der Siege von gestern auszuruhen. Angesichts des Zusammenbruchs des Ostblocks und des fortschreitenden Zerfalls der Sowjetunion zeichnete sich bald eine neue Gefahr ab: In der Welt gab nur noch die eine übrig gebliebene Supermacht USA den Ton an. Und statt dem Gegeneinander von Staatssozialismus und freier Marktwirtschaft war nur noch der Kapitalismus als Wirtschaftsform und der Liberalismus als Ideologie übrig geblieben; der Islamismus sollte sich erst einige Jahre später zu einer neuen weltweiten Kraft entwickeln. Mit Schrecken beobachtete Johannes Paul II., wie sich im früheren Ostblock eine Art Wildwestkapitalismus mit Niedriglöhnen, Massenarbeitslosigkeit und allgemeinem Verdrängungswettbewerb breit machte. Neben den Segnungen der Freiheit nahmen in den Gesellschaften des Ostens auch deren negative Begleiterscheinungen zu, darunter Drogenkonsum, Prostitution und Pornografie. Bei seinen ersten Reisen in den jetzt befreiten Teil Europas predigte der Papst lautstark gegen diesen Trend – auch in seiner polnischen Heimat. Mehrere Male betonte er, es sei ein Irrtum anzunehmen, dass nach dem

Niedergang des Kommunismus nun der ungezügelte Kapitalismus die allein seligmachende Gesellschaftsordnung sei. Dieser »ideologischen« Kampfansage an eine nach amerikanischem Muster dominierte Weltwirtschaftsordnung folgte bald auch ein Konflikt, in dem es um die politische Weltordnung nach dem Ende des Kalten Kriegs ging: Der erste Krieg der USA und ihrer Alliierten gegen den Irak im Jahr 1991.

Der erste Irakkrieg

Möglicherweise war es das Bewusstsein um die besondere Bedeutung des ersten großen Kriegs nach der Epochenwende, das den Papst veranlasste, den USA bei diesem Anlass in einer bis dahin undenkbar direkten Weise politisch entgegenzutreten. Johannes Paul II. tat dies, obwohl die Ausgangslage einen Krieg gegen den Irak durchaus rechtfertigte, handelte es sich doch um einen klassischen »Verteidigungskrieg«. Am 2. August 1990 besetzte die irakische Armee auf Befehl des Diktators Saddam Hussein das kleine, aber wohlhabende Nachbarland Kuwait. Die Iraker begannen, Kuwait systematisch auszurauben. Zum ersten Mal seit ihren traumatischen Erfahrungen im Vietnamkrieg sahen die USA eine Gelegenheit und eine Verpflichtung, wieder an ihre Rolle als »Weltpolizist« und globale Hegemonialmacht anzuknüpfen, die sie schon in der ersten Hälfte des 20. Jahrhunderts wiederholt eingenommen hatten. Bei der neuen Weltlage – die Sowjetunion lag gerade in ihren letzten Zügen – konnte nur Amerika dafür sorgen, dass sich nicht das »Gesetz des Dschungels« unter den Staaten ausbreitete, und die Amerikaner wollten zeigen, dass kein anderer als sie selbst dazu in der Lage waren, Recht und Ordnung durchzusetzen.

Der Papst stand vor einem Dilemma. Einerseits verurteilte er die völkerrechtswidrige Besetzung Kuwaits aufs Schärfste. Andererseits widersprach eine »Pax americana« den Vorstellungen, die er von der neuen Weltordnung nach dem Ende des Kalten Kriegs hatte. Johannes Paul II. hatte nach der Niederlage der großen totalitären Systeme des 20. Jahrhunderts verkündet, der Krieg könne nun endgültig aus dem Arsenal der Menschheit verbannt und als Mittel der Konfliktbewältigung geächtet werden. Er glaubte, nun sei der Moment gekommen, in dem die Vereinten Nationen die Rolle eines weltweiten Schiedsrichters in Konflikten endlich übernehmen könnten. Als der UN-Generalsekretär wenige Tage vor Kriegsausbruch nach Bagdad reiste, um den Irak zum Einlenken zu bewegen, schrieb der Papst ihm in einem Brief: »Die moralische Autorität der Organisation, die Sie repräsentieren, möge dazu beitragen, dass endlich der Dialog, die Vernunft und das Recht sich durchsetzen.« Einen Tag danach, am 12. Januar 1991, beschwor er seine Vision vom Weltfrieden noch einmal in einer Rede an das Diplomatische Corps beim Heiligen Stuhl und sagte: »Die Forderungen der Menschlichkeit verlangen von uns heute, entschlossen auf die absolute Ächtung des Krieges hinzuarbeiten und den gemeinsamen Frieden als ein höchstes Gut zu pflegen, dem alle Programme und alle Strategien untergeordnet werden müssen.« Neben dieser Vision trieb ihn die Sorge um, ein Krieg zwischen der westlichen Supermacht USA und einem islamisch geprägten Land könnte in der muslimischen Welt als Auftakt für einen »Aufeinanderprall der Zivilisationen« zwischen Islam und westlicher (christlicher) Welt verstanden werden und deshalb weitreichende Konsequenzen haben.

Während die USA eine Koalition mit Briten, Franzosen und weiteren 36 Nationen (darunter auch arabischen Ländern) schmiedeten, um den Irak mit militärischer Gewalt aus Kuwait zu vertreiben, versuchte der Papst mit allen ihm zu Gebote stehenden Mitteln, den Krieg zu verhindern. Mehr als 50-mal äußerte er sich innerhalb eines halben Jahres mündlich oder schriftlich warnend und mahnend gegen den Krieg. Zum ersten Mal seit den Zeiten des Untergrundkampfes in Polen organisierte er eine regelrechte politische Kampagne. Er appellierte an die UNO, an die Weltöffentlichkeit, an die EU und am Ende sogar – ähnlich wie Pius XII. unmittelbar vor dem Ausbruch des Zweiten Weltkriegs – in persönlichen Schreiben an die Konfliktgegner George Bush und Saddam Hussein.

Dem Papst ging es mit seinen Mahnungen gegen den Krieg ähnlich wie seinem Vorgänger im Spätsommer 1939. Die Friedensmahnungen überzeugten die Alliierten nicht, da der Aggressor Saddam Hussein mit der Invasion Kuwaits bereits den entscheidenden Schritt zu weit gegangen war. Ähnlich wie Hitler 1938 mit der Annektierung Tschechiens nach der Konferenz von München den Rubikon überschritten hatte, so hatte auch der zweite Angriffskrieg Saddams das Fass zum Überlaufen gebracht. Denn die Erinnerung an seinen brutalen Überfall auf das Nachbarland Iran im Jahr 1982 war noch nicht verblasst und in der wichtigen Erdöl- und Krisenregion des Nahen Ostens hatte Washington klare strategische Interessen. Und wie die USA wollten auch viele andere Staaten am Golf keine weitere Destabilisierung dulden. So begann der vom UN-Sicherheitsrat beschlossene Krieg trotz der Bedenken des Vatikans, nachdem zuvor ein letztes Ultimatum an den irakischen Diktator abgelaufen war. Während der Kampfhandlungen steigerte der Papst nochmals die Anzahl seiner immer dramatischer werdenden Friedensappelle: 25-mal in sechs Wochen mahnte er eindringlich zu einem gerechten Frieden. Er konnte den Krieg weder verhindern noch konnte er ein schnelleres Ende der Kampfhandlungen herbeiführen. Dennoch blieb die Haltung des Papstes im Golfkrieg nicht folgenlos. Die Weltöffentlichkeit, und insbesondere die islamische Welt, begriff, dass die westliche Führungsmacht USA und der Papst als Wortführer der Christenheit in ihren Visionen von der Weltordnung nach dem Ende des Kalten Kriegs weit auseinander lagen.

Das Verhalten des Papstes irritierte Washington erheblich. Immer wieder wurde der amerikanische Botschafter beim Heiligen Stuhl im Vatikan vorstellig, um die Besorgnis des US-Präsidenten mitzuteilen. Vor allem die Tatsache, dass pazifistische und kommunistische Demonstranten in Italien mit Parolen des Papstes gegen die amerikanische Politik marschierten, gab Anlass zur Beunruhigung. Die Koordinatoren der vatikanischen Außenpolitik, Angelo Sodano und Jean-Louis Tauran, aber auch der Pressesprecher des Heiligen Stuhls, Joaquin Navarro-Valls, versuchten ihre amerikanischen Gesprächspartner zu beschwichtigen. Sie versicherten ihnen in vertraulichen Gesprächen, dass der Papst vor allem aus prinzipiellen Gründen gegen den Krieg sei, dass er die Unrechtstaten Saddams verurteile und dass die Vereinnahmung päpstlicher Friedensmahnungen durch Kommunisten und Pazifisten vom Vatikan keineswegs begrüßt werde. Um seine Position von jener der Pazifisten abzugrenzen, betonte der Papst in einer Ansprache am 17. Februar, einen Monat nach Kriegsbeginn, dass er nicht für Frieden um jeden Preis eintrete: Es könne keinen Frieden ohne Gerechtigkeit geben. Diese Äußerungen wurden in Washington mit Genugtuung zur Kenntnis genommen, die Spannungen zwischen der amerikanischen und der vatikanischen Außenpolitik wurden dadurch jedoch nicht aus der Welt geschafft.

Im Clinch mit Clinton

Die Meinungsverschiedenheiten des Heiligen Stuhls mit den USA endeten nicht mit der Ära Bush senior, sie verschärften sich unter dessen Nachfolger weiter. Mit Bill Clinton regierte ab 1992 zum ersten Mal ein Präsident, der es sich zum Programm gemacht hatte, die »Segnungen« der sexuellen Revolution nicht nur zu tolerieren, sondern sie aktiv zu propagieren, und das nicht bloß im eigenen Land, sondern weltweit. Bill Clinton verdankte seinen Wahlsieg nicht zuletzt seinem klaren Eintreten für das »sexuelle Selbstbestimmungsrecht« der Frau und für das »Recht auf Abtreibung«. Dieses Recht war in den USA als Frucht der Bürgerrechts- und Frauenbewegung der späten 60er- und frühen 70er-Jahre nicht in erster Linie durch Entscheidungen der Politik, sondern durch das 1977 gefällte Grundsatzurteil des Obersten Gerichtshofs festgelegt worden. Doch weder der religiöse Präsident James Carter und erst recht nicht seine konservativen Nachfolger Ronald Reagan und George Bush senior machten die Verteidigung dieses »Rechts auf Abtreibung« zu ihrem vorrangigen politischen Ziel. Unter Reagan wurde sogar der Beitrag der USA zur Familienplanungs-Organisation der Vereinten Nationen (UNFPA) ausgesetzt, weil sie aktiv für Abtreibungen eintrat. Clinton hingegen unterzeichnete, getreu seinen Wahlversprechen, schon bei seiner Amtseinführung ein ganzes Bündel von Gesetzen, mit denen er erhebliche staatliche Mittel für Familienplanungsprogramme und Abtreibungen freigab. Der energische, junge Präsident war von der Richtigkeit dieser Programme so sehr überzeugt, dass er sie auch in anderen, rückständigeren Ländern der Erde propagieren und dafür UNO-Gelder mobilisieren wollte. In beinahe euphorischer Weise glaubten er und seine Berater daran, dass eine massive Verbreitung von Familienplanung und sicheren, kostengünstigen Abtreibungen die Menschen in den Ländern der Dritten Welt von Hunger und Elend erlösen könnten.

Die große Gelegenheit, diese Vision zu verwirklichen, bot die für 1994 angesetzte Internationale Konferenz der Vereinten Nationen über Bevölkerung und Entwicklung in Kairo. Sie sollte nach den Plänen der UNFPA nach Jahrzehnten der Rückständigkeit endlich den Durchbruch zu einer weltweiten »fortschrittlichen« Politik der Geburtenkontrolle bringen, die mit umfangreichen finanziellen Mitteln gefördert werden würde. Das Ziel schien nicht schwer zu erreichen, zumal die mächtigen USA unter der Clinton-Regierung ebenso in diese Richtung drängten wie die Volksrepublik China. Das Vorbereitungspapier zu dieser Konferenz, auf dessen Basis ein Schlussdokument mit Empfehlungen für alle Regierungen formuliert werden sollte, war ganz von diesem Geist geprägt. Es enthielt einige »staatsgläubige« Elemente, wie die Empfehlung, der Staat habe sich um die Sexualerziehung der Jugendlichen zu kümmern und Propaganda für bestimmte Formen des Sexualverhaltens zu machen. Auf der anderen Seite enthielt es libertäre Züge, wie ein Grundrecht der Jugendlichen auf aktive Sexualität und das Selbstbestimmungsrecht der Frau in ihrem »Vermehrungsverhalten«, einschließlich des Rechts auf Abtreibung.

Aufgrund seines Beobachterstatus bei den Vereinten Nationen war auch der Heilige Stuhl zu der Konferenz eingeladen. Weil die Themen Familie und Lebensschutz nicht irgendeinen Randbereich der kirchlichen Lehre, sondern eines ihrer zentralen Anliegen berührten, engagierte sich der Vatikan in einer bis dahin noch nie da gewesenen Weise auf dem politischen Schlachtfeld der UN. Der Heilige Stuhl zog alle Register. Er kämpfte, wie der Papst selbst es ausdrückte, »getreu seiner Mission und mit allen ihm zur Verfügung stehenden Mitteln«, um die traditionelle Familie zu verteidigen und eine staatliche Förderung von Abtreibung und Sterilisierung als Mittel der Familienplanung zu verhindern. Schon bei den Vorbereitungstreffen von 1993 und Anfang 1994 nahmen die Vertreter des Heiligen Stuhls eine ungewöhnlich aktive Rolle ein, die sich deutlich von dem diskreten diplomatischen Auftreten des Vatikans bei früheren internationalen Konferenzen unterschied. Im März 1994 erhöhte der Papst den Druck. Bei einer Audienz für die UNFPA-Generalsekretärin Nafis Sadik im Vatikan am 18. März kritisierte er sowohl im persönlichen Gespräch als auch in der anschließenden offiziellen Erklärung ohne diplomatische Zwischentöne das Vorbereitungsdokument für die Kairo-Konferenz. Er sei deswegen tief besorgt, denn die Zukunft der Menschheit stehe auf dem Spiel. Am Tag darauf schrieb er – eine Weltpremiere – einen persönlichen Brief an alle Staatsoberhäupter der Erde. Darin unterstrich er seine tiefe Sorge und nannte das Kairo-Papier eine »beunruhigende Überraschung«. Es könne einen »moralischen Verfall verursachen und zu einem ernsthaften Rückschritt für die Menschheit führen«. Das Papier propagiere einen »Lifestyle«, der als allgemeines Modell negative Konsequenzen haben werde. Geschickt vermied der Papst in dem Brief spezifisch christliche Begriffe und appellierte an antiwestliche Reflexe und traditionelle Wertvorstellungen, die bei vielen Staatsoberhäuptern der Dritten Welt und des islamischen Kulturkreises gut ankommen, und fragte: »Werden Länder, die sensibler sind für die Werte der Natur, der Moral und der Religion, eine solche Vision vom Menschen und von der Gesellschaft ohne Protest akzeptieren?« Und zum Schluss beschwor er in düsteren Tönen die Verantwortung der Staatsoberhäupter für die Zukunft ihrer Nationen: »Wir sprechen hier von sensiblen Themen, Themen, mit denen unsere Gesellschaften stehen oder fallen.«

Eine Woche später bestellte der vatikanische Außenminister Jean-Louis Tauran alle beim Heiligen Stuhl akkreditierten Botschafter zu einer Konferenz ein. In einer langen Rede erläuterte er ihnen die zahlreichen Bedenken des Papstes gegen das Kairo-Papier und auch er nahm trotz des diplomatischen Rahmens kein Blatt vor den Mund. Er warnte, ohne das amerikanische Gesellschaftsmodell beim Namen nennen zu müssen, vor einem sich ausbreitenden »kulturellen Imperialismus«. Dieser verkünde, dass Abtreibung auf Verlangen und sexuelle Promiskuität Menschenrechte seien. Wieder benutzte er eine Sprache, die bei den Staatsmännern Lateinamerikas und Schwarzafrikas sowie der islamischen Welt gleichermaßen gut ankam. Am 6. April 1994 gab der Papst in der Generalaudienz nach Ostern vor einer riesigen Menschenmenge auf dem Petersplatz bekannt, dass er einen Brief an die Staatsoberhäupter geschickt habe. Er verschärfte jetzt nochmals merklich den Ton seiner Kritik und scheute auch vor offener Polemik nicht zurück. »Wir protestieren!«, rief er aus und fügte mit lauter Stimme hinzu: »Wir können nicht in die Zukunft gehen und gleichzeitig den systematischen Tod der Ungeborenen planen!« Am 21. März gebrauchte der Papst im Gespräch mit afrikanischen Bischöfen sogar militärische Begriffe, um die vatikanische Strategie zu erläutern. Er nannte sie in Erinnerung an den französischen Verteidigungswall gegen Hitler-Deutschland eine »Maginot-Linie« und fügte hinzu, dass sie erfolgreicher sein müsse als jenes wirkungslose Bollwerk der 30er-Jahre. Eine Woche später stürzte Johannes Paul II. in seinem Badezimmer und zog sich eine Fraktur des Oberschenkelhalsknochens zu. Die anschließende Hüftoperation setzte ihn für einen Monat außer Gefecht.

Sein erster großer Termin nach der Rekonvaleszenz war ausgerechnet der Antrittsbesuch Clintons im Vatikan am 2. Juni. Angesichts einer weltweiten Welle von Sympathiebekundungen für den soeben halbwegs genesenen und stark gehbehinderten Papst gab sich der US-Präsident betont höflich und vermied die direkte Konfrontation über die näher rückende Kairo-Konferenz. Doch der Papst setzte seine Kampagne fort und intensivierte sie nochmals. Von Mitte Juni bis Ende August äußerte er sich in insgesamt 14 öffentlichen Ansprachen vor großem Publikum zu den Themen der für Anfang September angesetzten Konferenz und unterstrich die Positionen der Kirche zu Familie und Lebensschutz. Im August hielt der vatikanische Pressesprecher Navarro eine Reihe von Presse-Briefings, in denen er die Medien über den vatikanischen Standpunkt unterrichtete und für die Sichtweise des Papstes zu gewinnen suchte. Navarro wurde dann auch Sprecher der Vatikan-Delegation in Kairo und nutzte seine international prominente Position als »Sprecher des Papstes«, um für die vatikanische Haltung zu werben.

Nach der intensiven Kampagne im Vorfeld gelang es dem Vatikan bei der Konferenz selbst, in Allianz mit einer beachtlichen Anzahl von Staaten, viele Formulierungen zu kippen, die aus Sicht der Kirche eine Gefahr für die Menschheit darstellen. An der Seite des Heiligen Stuhls traten so unterschiedliche Verbündete wie der Iran, afrikanische Länder oder katholisch dominierte Staaten Lateinamerikas auf. Die Konfrontation spitzte sich so sehr zu, dass Gail Quinn, eine der weiblichen Vatikan-Delegierten, bei einem Redebeitrag ausgepfiffen wurde – für eine UN-Konferenz ein beinahe einmaliger Vorgang. Die Delegation der USA begann einzusehen, dass eine Fortsetzung des Konfrontationskurses nur zu einem Scheitern der Konferenz führen würde, und lenkte in manchen Punkten ein. Die vatikanisch-islamisch-afrikanisch-lateinamerikanische Allianz, der sich auch einige nichtkommunistische Länder Asiens anschlossen, erreichte nach tagelangem Ringen, dass bestimmte Formulierungen über die Familie oder die Rolle des Staates in der Sexualerziehung aus dem Papier herausgenommen wurden. Ihr größter Erfolg aber war die Aufnahme des Satzes: »In keinem Fall darf Abtreibung als ein Mittel der Familienplanung gefördert werden.« Obwohl sich der Vatikan damit in einem erstaunlichen Maß durchgesetzt hatte, stimmte er dem Schlussdokument nur unter Vorbehalten zu. Denn noch immer enthielt es Elemente, die aus Sicht der Kirche, die ja künstliche Empfängnisverhütung generell ablehnt, moralisch verwerflich erschienen.

Die Konferenz von Kairo wird aus vatikanischer Sicht heute als Erfolg gewertet. Niemals zuvor und niemals danach hat der Heilige Stuhl auf dem Forum der Vereinten Nationen so gezielt agiert und eine derart breit angelegte und durchorchestrierte Kampagne gefahren. Der Eindruck, den der Papst und seine Mitstreiter hinterlassen hatten, war so intensiv, dass etwa die US-Delegation schon bei der nächsten weltweiten UN-Konferenz in Peking keinen Versuch mehr unternahm, dem Vatikan Formulierungen zuzumuten, die zu einem erneuten »Aufstand« religiöser und traditioneller Allianzen geführt hätte. Hinzu kam, dass sich die USA und der Vatikan beim Thema Frauen in vielen Punkten überraschend als Verbündete wiederfanden: Beide traten in Peking entschieden für die Gleichberechtigung von Frauen und Männern ein und versuchten, entsprechende Formulierungen im Abschlusspapier gegen den Widerstand einiger fundamentalistisch islamischer Staaten durchzusetzen. So zeigte sich bei den UN-Konferenzen, dass sich zwar der Stil der vatikanischen Diplomatie auf dem internationalen Parkett gegenüber den Tagen des stets vorsichtig agierenden Diplomaten-Papstes Pius XII. gewaltig geändert hatte, dass aber die von ihm verkündeten Grundsätze weiter galten. Noch immer ließ sich der Heilige Stuhl »von keiner Macht oder Gruppe von politischen Mächten ins Schlepptau nehmen«, er blieb in der Erfüllung seiner spezifischen Mission überparteilich und unabhängig, auch wenn sich sein Weg gelegentlich »mit dem einer anderen politischen Macht kreuzte«. Völlig neu war jedoch, dass der Vatikan und sein Oberhaupt zur Durchsetzung ihrer Ziele gut organisierte, breit angelegte und mit Blick auf die Medien inszenierte Kampagnen einsetzten.

KAPITEL VI

Nachwehen der Wende

Nicht nur auf UN-Ebene erzielte der Papst mit seinen neuen politischen Methoden Erfolge. Auch in Europa hatte er nach der erfolgreichen Wende in Polen noch einige Male Grund zum Jubeln, als der Ostblock wie ein Gebilde aus Dominosteinen in sich zusammenfiel. Am 15. August 1991 genoss Papst Johannes Paul II. einen triumphalen Augenblick, wie ihn politische Führer nur selten erleben. Auf der riesigen Freifläche neben der Wallfahrtskirche von Tschenstochau im Süden Polens hatte sich eine kaum mehr zu überblickende Menge junger Menschen versammelt. Es war die zentrale Veranstaltung des »Weltjugendtags« der katholischen Kirche. Zum ersten Mal fand diese kirchliche Massenveranstaltung in der Osthälfte Europas statt. Mit kräftigen Schritten stieg der Papst die breiten Stufen zu dem Podest hoch, von dem aus er zu den Menschen sprechen wollte. Je höher er kam, desto lauter wurde der Beifall. Mehrere Male blieb der Papst stehen, drehte sich um wie ein Popstar auf dem Weg zur Bühne und segnete die jubelnden Menschen. Oben auf dem Podest angekommen ließ er seinen Blick über die Menge schweifen. Die Szene schien wie ein Bild aus einem Traum. Zum ersten Mal seit dem Fall der Mauer waren Hunderttausende junger Menschen aus allen Ländern des Westen und des Ostens Europas versammelt. Das Fahnenmeer zu seinen Füßen spiegelte die Lage des Kontinents nach der Wende von 1989 wider. Menschen, die noch vor weniger als zwei Jahren hinter dem Eisernen Vorhang gefangen waren, jubelten einem ihrer Befreier zu. Der Papst sah polnische, tschechoslowakische und ungarische Flaggen. Er sah Flaggen von Nationen im Umbruch und von Staaten, die gerade erst im Entstehen waren. Die Deutschen aus Ost und West waren nur noch mit einer Fahne vertreten. Die Rumänen schwenkten stolz ihre vom kommunistischen Wappen befreite provisorische Fahne mit dem weithin sichtbaren, ausgeschnittenen Loch in der Mitte. Auch die nach Selbstständigkeit strebende Slowakei und die um ihre Unabhängigkeit kämpfenden Sowjetrepubliken wie Litauen oder die Ukraine waren bereits mit eigenen Farben vertreten. Eine den meisten Teilnehmern unbekannte Fahne mit einem rot-weißen Schachbrettmuster war ebenfalls zu sehen: Stolze Anhänger des eben erst einseitig ausgerufenen kroatischen Staates zeigten Flagge. Die ganze Dynamik, aber auch die Instabilität der Umbruchszeit nach der Wende wogte in dem Fahnenmeer von Tschenstochau mit.

Kritische Beobachter älterer Jahrgänge fühlten sich bei der Zeremonie vor dem Wallfahrtsheiligtum entfernt an den Aufmarsch der Deutschen Gaue bei den Reichsparteitagen der NSDAP in Nürnberg erinnert. Doch das Treffen zu Füßen des Papstes war etwas ganz anderes: Es war freiwillig, gänzlich unmilitärisch, spontan und ein wenig chaotisch – eher ein religiöses Woodstock als eine Wiederbelebung von Nürnberg. Johannes Paul II. begrüßte jede einzelne der nationalen Delegationen aus West und Ost in ihrer Landessprache. Besonders herzlich nannte er die Russen, die Ukrainer, die Weißrussen und die Litauer. Er ließ sich lange und ausgelassen bejubeln, aber er blickte auch nach vorne. »Dies ist eure Stunde!«, rief er den Jugendlichen zu und ermahnte sie, das Geschenk der Freiheit klug und verantwortlich zu nutzen.

Krieg auf dem Balkan

Während der Papst sich noch in Polen feiern ließ, begann der Vatikan bereits, sich auf den ersten bewaffneten Konflikt einzustellen, den das Zerbröseln der Nachkriegsordnung einige hundert Kilometer weiter südlich verursachte. Bereits im Frühsommer hatten Slowenien und Kroatien gemäß der Föderationsverfassung ihren Austritt aus dem Bundesstaat Jugoslawien erklärt. Sie leiteten damit den Zerfall des kommunistischen Vielvölkerstaats im Südosten Europas ein, der zwar nominell von der Sowjetunion unabhängig war, faktisch aber nur in ihrem Windschatten bestehen konnte. Der Vatikan unterstützte frühzeitig die Bemühungen der beiden überwiegend katholischen Republiken um Eigenständigkeit. Schon bald rückte er von der Vorstellung ab, dass die Lösung für die Nationalitätenkonflikte auf dem Balkan in einer lockeren Föderation der bisherigen jugoslawischen Teilrepubliken liegen könne. Anfang August 1991 bereiste der junge Außenminister Tauran das kriselnde Land. Er kehrte mit dem Eindruck zurück, dass die Gegensätze zwischen den Republiken für ein Weiterleben unter einem gemeinsamen staatlichen Dach schlichtweg zu groß seien. Als die serbisch dominierte jugoslawische Armee bald nach der Unabhängigkeitserklärung Kroatiens begann, das Gebiet der abtrünnigen Republik zu bombardieren, verabschiedete sich der Vatikan endgültig von der Föderationsidee. Ebenso wie die Regierung Kohl-Genscher in Deutschland kam der Heilige Stuhl zu der Auffassung, dass eine Unterstützung der staatlichen Eigenständigkeit Sloweniens und Kroatiens der beste Weg sein würde, die serbisch-jugoslawischen Angriffe auf die Abtrünnigen zu stoppen. Im Falle des kleinen Staates Slowenien trat diese Wirkung rasch ein, doch in Kroatien, wo mehr als eine halbe Million Serben lebten, spitzte sich der Konflikt weiter zu und wurde zu einem grausamen Krieg.

Von nun an wählte der Vatikan eine Doppelstrategie: Auf der einen Seite profilierte sich der Papst als Friedensmahner. Er appellierte wiederholt an die Kriegsparteien, den Dialog zu suchen. Außerdem versuchte er mit freundlichen Botschaften an die serbisch-orthodoxe Kirche, die religiöse Seite des Konflikts zwischen katholischen Kroaten und orthodoxen Serben zu entschärfen. Parallel zu diesen Friedensappellen des Pontifex bereitete der Heilige Stuhl die Anerkennung der abtrünnigen Republiken vor und bemühte sich auf diplomatischen Wegen, auch die anderen Staaten Europas von der Richtigkeit dieser Position zu überzeugen.

In der Europäischen Gemeinschaft bildete sich jedoch genau zu diesem Zeitpunkt ein Interessengegensatz zwischen dem größer gewordenen Deutschland und seinen historischen Rivalen Frankreich und Großbritannien heraus. Gemäß ihren früheren Bindungen im Zweiten Weltkrieg hielten diese beiden Länder zu Serbien, während Deutschland Slowenien und Kroatien unterstützte. Als die deutsche Regierung die beiden Republiken am 23. Dezember 1991 offiziell anerkannte, zog am 13. Januar 1992 auch der Heilige Stuhl nach, noch bevor die übrigen Staaten Europas dies ebenfalls taten. Er provozierte damit heftige Proteste aus dem serbischen Lager, das dem Vatikan vorwarf, er wolle die Wiederbelebung der alten Achse zwischen Nazi-Deutschland und der katholisch-faschistischen Ustascha-Bewegung in Kroatien unterstützen und den Krieg auf dem Balkan schüren.

Als Kroatien sich einige Jahre später einen respektierten Platz in der Staatengemeinschaft erkämpft hatte, wich diese Polemik einer vernünftigeren Sicht der Dinge. Dass derartige Ängste überhaupt aufkommen konnten, zeigt, wie irritiert manche Gesprächspartner des Vatikans über sein Verhalten waren. Wann hatte der Heilige Stuhl im 20. Jahrhundert derart aktiv, kurz entschlossen und einseitig Partei ergriffen wie im Fall Sloweniens und Kroatiens? Selbst beim jahrelangen Ringen mit den Kommunisten um die Freiheit in Polen war die vatikanische Vorgehensweise wesentlich vorsichtiger gewesen und hatte stärker auf kleine Schritte und langfristige Verbesserungen gesetzt. War der Papst nun durch die epochalen Erfolge im früheren Ostblock übermütig geworden?

Tatsächlich war das politische Selbstbewusstsein des Papstes spürbar gewachsen, nachdem er so erfolgreich an der Wende im Ostblock mitgewirkt hatte. Doch es war nicht päpstlicher Übermut, der den Vatikan im Balkankonflikt zu ungewöhnlich raschem, scheinbar unvorsichtigem Handeln bewegte. Ihn trieb vielmehr die Einsicht, dass die innere Dynamik der jugoslawischen Krise eine abwartende Haltung nicht zuließ. Mit seiner erdrückenden militärischen Übermacht hätte Serbien die abtrünnigen Republiken in wenigen Monaten in die Knie gezwungen. Nur eine rasch mobilisierte internationale Unterstützung für die beiden jungen Staaten konnte Belgrad bremsen und die Unabhängigkeit Kroatiens und Sloweniens retten. Und noch etwas war anders als früher: Während des polnischen Freiheitskampfes musste der Vatikan noch ängstlich darauf achten, ob nicht vielleicht ein allzu forsches Auftreten den eigenen Schützlingen zusätzliche Repressalien einbringen oder die Rote Armee zum Einmarsch provozieren würde. Im Fall Kroatiens und Sloweniens griff diese Überlegung nicht, denn die Serben hatten bereits zu schießen begonnen. Schlimmeres als diesen Krieg konnten sie nicht androhen, es bestand also keine Notwendigkeit mehr für die klassische vatikanische Zurückhaltung.

Schon wenige Monate nach der Anerkennung der beiden Republiken brachte die nächste Etappe des Jugoslawienkriegs den Heiligen Stuhl erneut dazu, von seinen gewohnten Politikmustern abzuweichen. Am 1. März 1992 erklärte als dritte Republik der Föderation auch Bosnien-Herzegowina nach einer entsprechenden Volksabstimmung offiziell seine Eigenstaatlichkeit. Diesmal erkannte die gesamte EU geschlossen den neuen Staat an, dessen Unabhängigkeitserklärung durch das Referendum demokratisch bestätigt war. Doch weil Bosnien-Herzegowina ein Staat mit drei nicht versöhnten Volksgruppen und Glaubensgemeinschaften war, pflanzte sich der Jugoslawienkrieg auf diesem Territorium mit noch größerer Härte fort. Zeitweise kämpften Serben gegen Muslime, Muslime gegen Kroaten und Kroaten gegen Serben. Kämpfer aller Seiten begingen grausame Kriegsverbrechen. Später bildete sich eine Allianz aus Kroaten und Muslimen gegen die übermächtigen Serben, die mit immer neuen Angriffen und Massakern die Muslime in die Enge trieben. Angesichts der fortgesetzten Plünderungen, Morde und Vergewaltigungen auf dem Balkan vollzog der Papst eine überraschende Wendung: Er forderte ein aktives Eingreifen der internationalen Gemeinschaft. Der beim ersten Golfkrieg von 1991 noch beinahe pazifistisch auftretende Papst formulierte nun beim Neujahrsempfang für das Diplomatische Corps am 17. Januar 1993, die Staaten hätten angesichts der Verbrechen in Bosnien »eine Pflicht, den Aggressor zu entwaffnen«. Er ging sogar so weit, das seit dem KSZE-Abkommen von Helsinki allgemein akzeptierte Prinzip, die Souveränität der Staaten müsse respektiert werden, in Frage zu stellen. Dieses Prinzip, so erklärte er in drastischen Worten, dürfe nicht zu einem »Schutzschirm werden, hinter dem man foltern und töten kann«.

Doch die Forderung nach einem »humanitären Eingreifen« von außen blieb ebenso wirkungslos wie Dutzende Friedensappelle des Papstes für Bosnien-Herzegowina. Die USA überließen den unübersichtlichen, blutgetränkten Balkan lange Zeit der EU-Außenpolitik und die wiederum brachte dank der Zerstrittenheit Europas nichts zustande. Die UN entsandte Blauhelm-Soldaten, doch auch sie konnten dem Morden nicht Einhalt gebieten, ja sie wurden sogar von den Serben angegriffen. Der Krieg dauerte Jahr um Jahr, eine Lösung schien nicht in Sicht. Erst als im Juli 1995 serbische Truppen in der muslimischen Enklave Srebrenica mehrere tausend Bosniaken niedermetzelten und damit das größte Massaker in Europa seit dem Zweiten Weltkrieg verübten, war das Maß voll. Während ein Vatikan-Diplomat die internationale Gemeinschaft »schändlicher Feigheit« zieh und der Papst erstmals im Klartext zu einem »Verteidigungskrieg« gegen jene aufrief, die das »Recht auf Leben mit Füßen treten«, änderte auch die Nato ihr Konzept. Flugzeuge der Allianz hatten bis dahin nur vereinzelte Angriffe zur Verteidigung der UN-Soldaten geflogen. Doch nun begannen sie mit der massiven Bombardierung serbischer Stellungen, um wenigstens die bosnische Hauptstadt Sarajewo und die noch verbliebenen Reste des bosnisch-muslimischen Territoriums zu retten. Wenige Wochen später fügte sich der serbische Führer Slobodan Milošević angesichts der militärischen Übermacht der Nato und willigte in Friedensverhandlungen ein. Sie führten zu einer föderalen Aufteilung von Bosnien-Herzegowina im Vertrag von Dayton. Der Vatikan und der Papst kommentierten die Aktionen der Nato nicht, die Vatikanzeitung *L'Osservatore Romano* berichtete in neutraler Form über das militärische Vorgehen der Allianz. Offensichtlich entsprach es nicht ganz dem, was der Papst mit seiner Forderung nach einem »humanitären Eingreifen« und einem »Verteidigungskrieg« beabsichtigt hatte, aber kritisieren konnte er es nicht, da er doch selbst mit so großem Nachdruck eine Entwaffnung der Angreifer gefordert hatte.

Im Jahr 1998 begann die dritte Etappe der Jugoslawien-Kriege und wieder mischte der Vatikan sich ein. In der überwiegend von Albanern bewohnten serbischen Provinz Kosovo spitzte sich der Kampf zwischen der albanischen Untergrundarmee UCK und den serbischen Sicherheitskräften zu. Die UCK wollte die Unabhängigkeit des Kosovo erkämpfen und schreckte auch vor Terrorismus nicht zurück. Belgrad antwortete mit der gewohnten Politik der »ethnischen Säuberung« ganzer Dörfer und provozierte damit abermals eine Intervention der Nato. Sie fiel wesentlich massiver aus als noch im Krieg um Bosnien, die Angriffe richteten sich diesmal gegen das serbische Kernland. Als am 24. März 1999 die Bomben der Nato auf Belgrad und andere serbische Städte niedergingen, gab der Vatikan seine diplomatische Zurückhaltung auf. Anders als im Bosnienkrieg kritisierte er diesmal offen das Vorgehen der Nato – so, wie er zuvor die Gewalt der serbischen Seite verurteilt hatte. In einer Rede an Politiker des Europarates sagte der Papst: »Gewalt als Antwort auf Gewalt ist nie ein zukunftsweisender Ausweg aus einer Krise!« Tatsächlich war der Friede, den die Bombenkampagne der Nato im Kosovo erreichte, alles andere als stabil, die Konflikte zwischen Serben und Kosovo-Albanern kochten noch über Jahre auf kleiner Flamme weiter. Die Kritik des Papstes an den Bomben auf Belgrad blieb zwar in der Hauptsache wirkungslos, hatte aber einen willkommenen Nebeneffekt: Das Verhältnis zur serbisch-orthodoxen Kirche, das zu Beginn der Jugoslawien-Kriege wegen der Parteinahme für Slowenen, Kroaten und Bosniaken belastet war, verbesserte sich wieder. Auch in die diplomatischen Beziehungen zwischen dem Vatikan und Belgrad kehrte wieder Harmonie ein, während das Verhältnis zur Hegemonialmacht USA angespannt blieb.

Die Bilanz der vatikanischen Politik in acht Jahren Jugoslawien-Krise weist Licht und Schatten auf. Während die frühe Unterstützung für Slowenien und Kroatien letztlich die gewünschten Erfolge brachte und die Herausbildung von zwei friedlichen, demokratischen Staaten in Südosteuropa begünstigte, fehlte dem Heiligen Stuhl für die Kriege in Bosnien-Herzegowina und im Kosovo eine klare politische Linie. In schonungsloser Deutlichkeit trat zutage, wie wenige politische Optionen der Vatikan hatte. Nachdem der Papst persönlich für Bosnien-Herzegowina ein Eingreifen zur »Entwaffnung des Aggressors« gefordert hatte, wäre eine ausdrückliche Anerkennung des Nato-Eingreifens als »gerechtfertigter Krieg« prinzipiell möglich gewesen, zumal diese Entwaffnungsschläge in enger Abstimmung zwischen UNO und Nato erfolgten. Mit einer solchen Zustimmung hätte sich Johannes Paul II. jedoch von der Linie seiner Vorgänger entfernt, die keinen einzigen Krieg des 20. Jahrhunderts gutgeheißen hatten. Außerdem hätte er die faktische Übermacht der USA in einer Weise »abgesegnet«, die nicht seinem Idealbild von einer neuen, allein von der UNO geregelten Weltordnung entsprach. Deshalb wirkten die Forderungen nach einem humanitären Eingreifen letztlich inkonsequent.

Dass der Papst hingegen beim Kosovokrieg der Nato zu seiner eher pazifistischen Linie zurückkehrte, lag auf der Hand. Er konnte unmöglich Nato-Angriffe auf serbische Städte gutheißen. Die unterschiedlichen Positionen im Bosnien- und Kosovokrieg erweckten in jedem Fall den Eindruck, dass es dem Heiligen Stuhl an politischen Konzepten für den Balkan jenseits von Kroatien fehlte. Auch der Vatikan musste zur Kenntnis nehmen, dass es dort, wo der Zusammenbruch der kommunistischen Weltordnung ein Machtvakuum hinterlassen hatte, vorerst keine durchsetzungsfähige Alternative zur »Pax americana« gab.

Trommeln für die EU-Erweiterung

Am Nachmittag des 23. Juni 1996 schritten zwei ältere Herren gemeinsam auf einem roten Teppich durch das Brandenburger Tor vom Westen in den Osten Berlins. Der jüngere von beiden, ein Riese von Gestalt mit schütterem grauen Haar, war mit einem dunklen Sommermantel bekleidet. Er ging aufrecht und hatte Mühe, sich ebenso langsam zu bewegen wie der ganz in Weiß gekleidete Ältere an seiner Seite, der ein gutes Stück kleiner und in seiner Haltung ein wenig gebeugt war. Papst Johannes Paul II. und der deutsche Bundeskanzler Helmut Kohl inszenierten gemeinsam ein Stück Geschichtssymbolik. Beide waren sichtlich gerührt in diesem Moment. Der deutsche Kanzler der Einheit und der polnische Freiheitskämpfer auf dem Papstthron schritten gemeinsam über die Linie, die jahrzehntelang die Trennung Europas in einen freien Westen und einen verschlossenen Osten markiert hatte. Der fernsehgerecht arrangierte Auftritt wirkte ein wenig unzeitgemäß: Sieben Jahre waren bereits vergangen, seit in Polen das Machtmonopol der Kommunisten und in Berlin einige Monate später die Mauer gefallen war. Wie Kohl so blickte auch der Papst zurück auf die Vergangenheit – als könne er es noch immer nicht fassen, dass die 40-jährige Gefangenschaft der Völker Osteuropas endlich überwunden war. Wenig später sagte er auf dem Rückflug von Berlin nach Rom: »Jetzt ist für mich der Zweite Weltkrieg wirklich beendet.«

Der Auftritt am Brandenburger Tor war der Höhepunkt einer langen Tournee Johannes Pauls II. durch die neuen freien Staaten Mitteleuropas. Eines nach dem anderen besuchte das Kirchenoberhaupt Anfang der 90er-Jahre die Länder des früheren kommunistischen Machtbereichs. Er reiste nach Prag, Bratislava und Budapest, Wilna, Riga und Tallinn, Zagreb und Ljubliana. Wo er auch hinkam, sprach er über die Schrecken der jüngsten Vergangenheit, forderte zur Dankbarkeit für die erkämpfte Freiheit auf und mahnte, mit diesem kostbaren Geschenk in der Gegenwart verantwortungsbewusst umzugehen.

Doch trotz der scheinbar nostalgischen, eher rückwärts gerichteten Reden und Gesten auf dieser Mittel- und Osteuropa-Tournee hatten der Papst und seine Mitarbeiter politische Visionen für die Zukunft. Schon bei seinem ersten Besuch im früheren Ostblock nach der Wende, am 21. April 1990 in Prag, verkündete Johannes Paul II., das vereinte Europa sei nun kein bloßer Traum mehr, sondern ein »konkret erreichbares Ziel«. Wie dieses Ziel zu verwirklichen sei, sagte er zu diesem Zeitpunkt noch nicht. Auf der Ebene der Realpolitik zeichnete sich allmählich ab, dass es nur einen Weg gab, die errungene Freiheit zu sichern und das Zusammenwachsen der getrennten Hälften Europas zu garantieren: Die einstigen Ostblockländer mussten sich der Nato anschließen und, soweit dies wirtschaftlich machbar war, Mitglieder der EU werden. Andernfalls drohten sie mittelfristig erneut unter die Vormacht Moskaus zu geraten, dessen künftiger Kurs noch von vielen Unwägbarkeiten abhing. Russland seinerseits war alles andere als erfreut über die Aussicht, dass sich Nato und EU bis an seine Grenzen ausdehnen würden. Noch bei den Verhandlungen über die deutsche Einheit von 1990 wollte der Kreml durchsetzen, dass die Ostgrenze der alten BRD auch die Grenze der neuen Nato bleiben müsse.

Der Papst unterstützte die Europa-Orientierung der früheren Ostblockländer, doch tat er sich schwer mit der Idee, dass dies faktisch auf eine bloße »Ost-Erweiterung« von EU und Nato hinauslaufen sollte. Er verfolgte seit den frühen 80er-Jahren eine etwas andere Vision, die er bereits in der Enzyklika *Slavorum apostoli* von 1980 niedergeschrieben hatte: Er träumte von einem großen, friedlich vereinten Europa, das mit den »beiden Lungenflügeln« seiner lateinisch-katholisch-westlichen und seiner slawisch-orthodox-östlichen Tradition atmen sollte. Dazu gehörte auch die Ukraine und letztlich auch Russland. Diese Vision wies große Ähnlichkeit mit der Idee Gorbatschows vom »gemeinsamen europäischen Haus vom Atlantik bis zum Ural« auf. Aber sie war eher eine religiös-kulturelle Idee und nicht gleichbedeutend mit einem konkreten Programm für Unionen und Allianzen. Es war daher nicht überraschend, dass sie an einigen Punkten mit den politischen Gegebenheiten nicht zusammenpasste.

So waren etwa die kirchlichen und weltlichen Autoritäten in Moskau von einer solchen, aus ihrer Sicht »vereinnahmenden« Europa-Vision des westlichen Kirchenoberhaupts nicht sonderlich begeistert. Gegen eine Einbeziehung Russlands in das westliche Bündnissystem waren auch die meisten Nato-Politiker, weil das immer noch riesige Reich im Osten mit seiner schieren Größe den übrigen europäischen Teil des Bündnisses erdrückt hätte. Außerdem passte Russland mit seinen kaum entwickelten demokratischen Ansätzen und seiner jahrhundertelangen totalitären Tradition nicht so recht zur Nato-Staatenfamilie. Auch auf die Dimensionen der EU-Politik ließ sich die großeuropäische Vision des Papstes nicht leicht übertragen. Aus Sicht der westlichen EU-Staaten sollten zunächst nur die wirtschaftlich viel versprechenden Reformstaaten Mitteleuropas wie Polen, Tschechien und Ungarn zur Union hinzukommen. Ein noch größeres Europa, so die Befürchtungen, würde die EU überfordern. Widerstände gegen die Europa-Ideen des Papstes gab es aber auch in den eigenen Reihen: Viele katholische Bischöfe und Priester in den einstigen Ostblockstaaten, allen voran die polnischen Kleriker, waren gleich doppelt skeptisch: Sie sahen sich nicht gerne mit den orthodoxen Ländern in einem Boot, weil sie noch an die alten konfessionellen Feindbilder glaubten, wonach die katholischen Völker Europas den orthodoxen kulturell überlegen seien. Noch schwerer wogen ihre Bedenken, ob denn eine Mitgliedschaft ihres Landes in der kapitalistischen und liberalen EU dem Seelenheil ihrer Schäflein förderlich sein würde. Auch im Vatikan gab es solche Zweifler. Sie glaubten, die Völker und insbesondere die Kirchen Osteuropas seien nach ihren Märtyrer-Erfahrungen so gestählt und gereinigt, dass sie sich nicht einfach der Konsum- und Freiheitskultur Westeuropas mit all ihren »schmutzigen« Begleiterscheinungen wie Pornografie oder Drogenkonsum anschließen sollten.

Auch Johannes Paul II. scheint eine Zeit lang mit der Idee eines mittel-osteuropäischen Sonderwegs im neuen Europa geliebäugelt zu haben. So war etwa seine erste Polenreise nach der Wende (1991) eine Aneinanderreihung von Standpauken gegen die negativen Versuchungen der westlichen Freiheit. Allmählich aber reifte auch bei ihm und in der Kurie die alarmierende Erkenntnis heran, dass die Eigenständigkeit Osteuropas nach der Wende nicht zu einem Festhalten an traditionellen Werten führte, sondern dass eher das Gegenteil eintrat: Viele Menschen dort verfielen in noch extremere Formen des ungebremsten Kapitalismus und der moralischen Verwahrlosung, etwa bei der Prostitution, als dies in Westeuropa der Fall war. Der Straßenstrich an der deutsch-tschechischen Grenze und der Menschenhandel mit weiblichem »Frischfleisch« aus der Ukraine waren jedenfalls nicht das, was sich der Vatikan unter der Freiheit nach dem Fall des Eisernen Vorhangs vorgestellt hatte.

Nach und nach verwandelte der Papst seine abstrakte Europa-Vision in eine klare politische Marschrichtung. Immer deutlicher nahm er für den Weg Osteuropas in die EU Stellung. Seit die Regierungen in Warschau, Prag und Budapest im Mai 1992 beschlossen hatten, gemeinsam in die EU einzutreten, gab es ohnehin kein Halten mehr. Der europapolitische Klärungsprozess in seiner polnischen Heimat – mit Präsident Wałęsa an der Spitze der EU-Befürworter – trug mit dazu bei, dass der Papst von einem zögernden zu einem entschiedenen Befürworter des EU-Beitritts wurde. Er erkannte, dass die nostalgische Verweigerungshaltung mancher polnischer Bischöfe gegenüber der Moderne die Zukunftsfähigkeit der Kirche aufs Spiel setzte. Gleichzeitig wurde dem Vatikan zunehmend klar, dass Länder mit einer starken katholischen Tradition wie Litauen, Polen, die Slowakei, Ungarn, Slowenien und Kroatien auch ein wichtiger Faktor für das neue Gesamt-Europa werden konnten. Eine um diese Länder erweiterte EU würde »katholischer« sein als das alte Europa der 15 westlichen Staaten. In ihm hatten die Katholiken zwar rein statistisch die Mehrheit, doch tonangebend waren religiös neutrale Staaten wie Deutschland, Frankreich und Großbritannien. Aus Sicht des Papstes sollte der Beitritt der östlichen Staaten nicht eine »Ost-Erweiterung der EU«, sondern eine »Europäisierung des gesamten Kontinents« werden, wie er 1998 bei einem Besuch in Österreich formulierte. Diese »Europäisierung« ist für den Papst vordringlich natürlich auch ein ideologisches Programm. Es bedeutet, dem »alten Europa von neuem ein christliches Gesicht zu geben«.

Am 3. Mai 1997, ein Jahr nach der Zeremonie unter dem Brandenburger Tor, inszenierte Johannes Paul II. in der historischen polnischen Metropole Gnesen eine andere symbolträchtige Veranstaltung. Diesmal sollte seine inzwischen herangereifte europapolitische Zukunftsvision zelebriert werden. Die Staatspräsidenten aus sieben europäischen Staaten waren dabei, als der Papst dazu aufrief, nach den politischen Mauern zwischen Ost und West auch die Mauern in den Herzen niederzureißen. Die Staatschefs Litauens, Polens, der Ukraine, Tschechiens, der Slowakei, Ungarns und Deutschlands standen unter einem Baldachin in den weiß-gelben Farben des Vatikans und hörten zu. »Die Völker im Herzen Europas haben in diesem Jahrhundert schreckliche Prüfungen durchgemacht«, erklärte der Papst. »Jetzt haben sich neue Ausblicke eröffnet!« Nachdrücklich forderte er die Staatschefs auf, keine Nation aus den neu entstehenden Europastrukturen auszuschließen, dies gelte auch für die schwächeren Nationen. Das »gemeinsame Haus für ganz Europa« solle auf dem Fundament des gemeinsamen christlichen Erbes errichtet werden.

Trotz der klaren Vorgaben der nationalen Regierungen und

des Papstes entbrannte in einigen Ländern des früheren Ostblocks die Diskussion um den Beitritt zur EU Ende der 90er-Jahre und zu Beginn des 21. Jahrhunderts noch einmal mit großer Leidenschaft. Vor allem in Polen, dem mit Abstand größten Beitrittsland, bewährte sich die katholische Kirche in dieser Debatte als entscheidender politischer Faktor für das Ja zu Europa. Gegen den Widerstand rechtspopulistischer Gruppierungen und Kleriker hielten die Bischöfe den vom Papst vorgegebenen Pro-Europa-Kurs durch. Auch Johannes Paul II. selbst griff noch einige Male persönlich ein, vor allem bei seinen Polenreisen in den Jahren 1999 und 2001. Noch einmal setzte er die traditionelle tagespolitische Zurückhaltung des Heiligen Stuhls außer Kraft und mischte sich massiv in die polnische Innenpolitik ein. Ähnlich wie in Polen verhielt sich die katholische Kirche auch in der Slowakei, in Ungarn und in Litauen. Dass in diesen Beitrittsländern die Abstimmungen in den Parlamenten und bei Volksbefragungen am Ende mit klarer Mehrheit für die EU-Erweiterung ausfielen, war nicht zuletzt eine Folge der klaren Parteinahme des Vatikans und der örtlichen Kirchenhierarchie.

Doch die Europa-Vision des Papstes umfasste nicht nur jene Länder, die in Westeuropa als EU-Beitrittskandidaten willkommen waren. Ihm ging es auch um die östlicher gelegenen Staaten, die aufgrund ihrer Geschichte zum Einflussbereich der Orthodoxie gehörten und die in der Regel wirtschaftlich weniger entwickelt waren als die Reformstaaten in Mitteleuropa. Am 7. Mai 1999 besuchte Johannes Paul II. Rumänien. Als erster Papst der neueren Geschichte reiste er in ein Land, dessen Bevölkerung mehrheitlich einer orthodoxen Kirche des Ostens angehörte. Rumänien hatte sich später für den Weg der Reformen entschieden und war auf dem Weg zu mehr Wohlstand entsprechend weit zurückgeblieben. Mit allen Mitteln suchte die Regierung jetzt den Anschluss an Europa, und ein Besuch des Papstes, der als der religiöse Repräsentant des Westens schlechthin galt, war die geeignete Geste, um diesen Willen zu unterstreichen. Der Papst enttäuschte seine Gastgeber nicht. Schon bei seiner Ankunft am Flughafen von Bukarest erklärte er: »Ich wünsche, dass eurer Nation die politische und finanzielle Unterstützung der Europäischen Union nicht mangelt, zu der Rumänien aufgrund seiner Geschichte und seiner Kultur gehört.« Nicht zuletzt wegen dieser klaren Worte wurde der Papst in Bukarest wie ein Held gefeiert. Mit einer ähnlichen Botschaft reiste er drei Jahre später nach Bulgarien, das sich ähnlich wie Rumänien in einer verzweifelten wirtschaftlichen Situation befand. Auch die Regierung in Sofia unterstützte er in ihren EU-Beitrittsbestrebungen. Wenn Bulgarien und Rumänien in einigen Jahren tatsächlich den Anschluss an die Union finden, wird sich die Zahl der orthodoxen Bürger der EU mit einem Schlag von vorher 11 Millionen auf 40 Millionen fast vervierfachen.

An die Grenzen seiner politischen Möglichkeiten stieß der Papst in der Ukraine, die er im Juni 2001 als »historische Brücke zwischen Ost und West« besuchte. Der Brückenschlag gelang jedoch nicht, die Vertreter des Moskauer Patriarchats in Kiew zeigten dem Papst die kalte Schulter und schlugen die Einladung zu einer Begegnung knallhart aus. Unklar blieb auch die politische Richtung des Landes, dessen Regierung seit dem Ende der Sowjetunion zwischen einer Europa-Bindung und einer Russland-Orientierung hin und her laviert. Statt eine Brücke zwischen Ost und West zu werden, wurde die Ukraine ein Stolperstein für die großeuropäische Vision des Papstes. Dahinter stand letztlich das ungeklärte Verhältnis zwischen dem Vatikan und Moskau, denn ein klares Konzept für seine Russland-Politik hatte der Vatikan nie entwickelt. Und so blieb es dabei, dass die Ostgrenze Polens auch die Ostgrenze des vereinten Europa bildete und die Träume des polnischen Papstes von einem »Europa vom Atlantik bis zum Ural« zunächst nicht verwirklicht wurden.

VIERTER TEIL

Vatikanische Weltpolitik im 21. Jahrhundert

KAPITEL I

Global Player ohne Gewalt

Nach mehr als einem Vierteljahrhundert unter Johannes Paul II. pflegt der Heilige Stuhl diplomatische Beziehungen zu mehr als 170 Staaten, das sind fast doppelt so viele wie am Ende des Pontifikats von Paul VI. im Jahr 1978. Erstmals in der Geschichte des Papsttums ist das diplomatische Netz des Vatikans – abgesehen von einigen Lücken im ostasiatischen und im arabischen Raum – wirklich weltumfassend. Eine zusätzliche globale Dimension der vatikanischen Politik ergibt sich aus der weit verzweigten und fein verästelten Präsenz der katholischen Kirche in beinahe allen Staaten der Erde. Hinzu kommt die über politische und religiöse Grenzen hinweg respektierte Stellung des Papstes.

Der Heilige Stuhl nutzt diese starke weltweite Stellung nicht nur, um in den einzelnen Ländern katholische Positionen möglichst effizient zu vertreten, er tritt darüber hinaus – trotz seiner Waffenlosigkeit – in manchen Konflikten wie ein internationaler Schiedsrichter auf. In dieser Eigenschaft entwickelt er Leitlinien, wie das Zusammenleben der Völker und Staaten organisiert sein sollte und welche Grundsätze für die Lösung internationaler Konflikte zu gelten haben. Damit greift der Heilige Stuhl auf globaler Ebene eine Tradition auf, die das Papsttum schon in der früheren europäischen Geschichte immer wieder – wenn auch mit wechselndem Erfolg – für sich beanspruchte: Er will, aus seinem religiösen Auftrag heraus und über diesen hinausgreifend, zwar nicht mehr der göttlich legitimierte Richter unter den Völkern, aber doch immerhin ein Ideengeber und kritischer Wächter des internationalen Rechts sein. Er mahnt und appelliert, er versucht Einfluss auszuüben und den Frieden zwischen den Völkern zu fördern.

Nur in ganz wenigen Ausnahmefällen können Päpste allerdings heute noch Friedensabkommen vermitteln, wie etwa Johannes Paul II. im Konflikt zwischen Chile und Argentinien um die Beagle-Kanal-Zone (1978–1984). Die Zeiten, in denen ein Papst mit seinem Schiedsspruch die geografische und politische Aufteilung ganz Südamerikas zwischen Spanien und Portugal regeln konnte, sind vorbei. Gegenüber den Regierenden verfügt der Papst in der Neuzeit weder über das Register religiöser Strafen wie Bannfluch oder Exkommunikation noch über die Waffen oder gar über die Wirtschaftsmacht, um Verstöße gegen die Friedensordnung oder das Völkerrecht zu ahnden.

Dennoch respektieren im 21. Jahrhundert zahlreiche Regierungen den Heiligen Stuhl als eine Instanz besonderen Ranges in der internationalen Politik und räumen ihm damit eine Stellung ein, die sowohl unter den Staaten als auch unter den Religionsgemeinschaften der Welt einmalig ist. Dies gilt selbst für etliche Länder, in denen die katholische Kirche nur eine Minderheit der Bevölkerung stellt. Wie füllt der Papst diese herausragende Stellung aus? Was unterscheidet diese etwa von der Aufgabe der UNO und ihres Generalsekretärs? Sicher ist zunächst so viel: Der Heilige Stuhl versteht sich in seiner globalen Funktion bereits seit Johannes XXIII. nicht als eine Art religiöse Konkurrenz zu den Vereinten Nationen oder den internationalen Gerichtshöfen. Vielmehr tritt er als eine moralische Instanz auf, die den Anspruch der Vereinten Nationen unterstützt und durch die persönliche, letztlich religiös begründete Autorität des Papstes auf einer anderen Ebene ergänzt.

Die Frage, wie die internationale Friedensordnung aussieht, die der Heilige Stuhl im 21. Jahrhundert anstrebt, ist nicht leicht zu beantworten. Ein umfassender Text zu diesem Thema, vergleichbar der Enzyklika *Pacem in terris* von 1963, fehlt bislang. Doch haben Papst Johannes Paul II. und seine Mitarbeiter einige Grundsätze, die das Zusammenleben der Völker in Zukunft regeln sollen, in den vergangenen Jahren klar benannt. Diese Grundsätze entwickelte der Papst vor allem in seinen alljährlichen Botschaften zum Weltfriedenstag. Es handelt sich dabei scheinbar um sehr allgemeine und abstrakte moralische Prinzipien. In Wirklichkeit sind diese – ähnlich wie die Weltordnungsdoktrinen der Großmächte oder wie die Charta der Vereinten Nationen – durchaus politisch. Und sie beanspruchen, obwohl ihre Herkunft aus der christlichen Lehre unverkennbar ist, universale Gültigkeit über den christlich-abendländischen Kulturkreis hinaus. Zu diesen Prinzipien gehören: Friede durch Gerechtigkeit und Verzeihen, Konfliktlösung im Dialog und ohne Gewalt, die Verpflichtung der Weltgemeinschaft zum Eingreifen gegen massive Verletzungen des Völkerrechts und das Bekenntnis zu einer von der UNO garantierten Weltordnung mit mehreren Machtpolen.

Hinzu kommt seit den Weltgebetstreffen für den Frieden in Assisi ein weiteres Element, das unter allen Staaten der Erde nur der Vatikan einbringen kann: der Dialog und der gegenseitige Respekt unter den Religionen als Grundlage des Friedens. Seit die Religion, insbesondere durch die Radikalisierung des militanten Islam, zu einem der wichtigsten Faktoren bei internationalen Konflikten geworden ist, hat dieser besondere Aspekt vatikanischer Außenpolitik an Bedeutung gewonnen. Der Heilige Stuhl hat auf diesem Gebiet einige Vorteile, die allen anderen Staaten, aber auch den meisten Religionsgemeinschaften fehlen. So ist der Papst als einziger religiöser Führer das unbestrittene Oberhaupt einer der großen Weltreligionen – Vergleichbares gibt es weder in den anderen christlichen Konfessionen noch im Islam oder in anderen Weltreligionen – und er ist, anders als die meisten seiner geistlichen »Kollegen«, zum Dialog nach allen Seiten offen und dabei respektiert. Daher kann er gesittet mit jüdischen und mit islamischen Religionsführern sprechen, die untereinander höchstens wüste Beschimpfungen austauschen würden.

Zwischen Pazifismus und »gerechtem Krieg«

Seit den Bemühungen der Päpste Pius X. und Benedikt XV., den Ersten Weltkrieg zu vermeiden bzw. zu beenden, ist der Frieden unter den Staaten und Völkern das zentrale Thema der Päpste in der internationalen Politik. Die ideologischen Wurzeln dieses Engagements reichen weit zurück, nämlich auf das Alte und das

Neue Testament, auf die Friedensvisionen des Propheten Jesaja und die Bergpredigt Jesu mit ihrem Gebot der Feindesliebe. Hinzu kommen die von dem Kirchenlehrer Augustinus (354–430) und späteren Theologen entwickelten Lehren über Krieg und Frieden, darunter die wichtige, aber nicht unumstrittene Theorie des »gerechten Kriegs«.

Immer wieder wird der Papst wegen seines Friedensengagements als Kronzeuge einer pazifistischen Politik bemüht, doch eine genauere Analyse zeigt, dass dies nicht zutrifft – auch wenn der zum geflügelten Wort gewordene Satz: »Krieg ist immer eine Niederlage der Menschheit!«, den Johannes Paul vor dem Ausbruch des Irakkriegs 2003 äußerte, geschickt pazifistische Gefühle beschwor. In Wahrheit haben aber gerade die beiden Irakkriege sowie die Jugoslawienkriege der 90er-Jahre den Vatikan dazu gebracht, auf die durchaus nicht pazifistische, klassische kirchliche Lehre vom »gerechten Krieg« zurückzugreifen und sie unter den Bedingungen der Gegenwart zu verfeinern. Dies könnte auf den ersten Blick wie ein Rückschritt gegenüber der klaren Antikriegsposition der Päpste in den 60er- und 70er-Jahren erscheinen. Damals hatten Johannes XXIII. und Paul VI. die alte Lehre vom gerechten Krieg unter dem Eindruck der Bedrohung durch die atomare Hochrüstung als weitgehend überholt angesehen: Ein Krieg, der die millionenfache Vernichtung von Menschenleben im Atomblitz und im anschließenden nuklearen Winter oder sogar die Auslöschung der Menschheit in Kauf nahm, konnte durch nichts und niemanden gerechtfertigt werden. Das eingängige Motto »Nie wieder Krieg!«, das bereits nach dem Zweiten Weltkrieg in Mode war, schien eine Art zwingendes moralisches Gebot für das Überleben der Menschheit zu werden.

Doch nach dem Ende des Ost-West-Konflikts endete auch das »Gleichgewicht des Schreckens« und wie alle politischen Mitspieler musste auch die Kirche zur Kenntnis nehmen, dass in den letzten Jahren des 20. Jahrhunderts wieder die konventionellen Kriege mit Artillerie, Bomben und Schusswaffen das Weltgeschehen bestimmten. Selbst in Europa (auf dem Balkan) und an seinen Rändern (im Kaukasus) wurde wieder scharf geschossen und an den Dauerkonfliktherden der Erde, in Afrika und im Nahen Osten, hatten die Waffen ohnehin, wenn überhaupt, nur vorübergehend geschwiegen. Ob in Kuwait, in Kroatien oder im Kongo – räuberische Überfälle von Staaten auf ihre Nachbarländer waren wieder an der Tagesordnung. Und die Kriege gegen die Zivilbevölkerung standen an Grausamkeit dem 30-jährigen Krieg nur wenig nach. In dieser Situation lag es nahe, an die Lehre vom gerechten Krieg anzuknüpfen, die ja in Zeiten entwickelt worden war, in denen sich noch niemand der Illusion hingab, der Krieg würde schon bald für immer aus der Geschichte verbannt sein.

Die klassische Lehre vom gerechten Krieg sieht vor, dass bestimmte Forderungen erfüllt sein müssen, damit ein Krieg als legitim gelten kann. Die wichtigsten Kriterien lauten: Die Krieg führende Macht muss rechtmäßig eingesetzt und der Grund für den Krieg muss gerecht sein. Außerdem muss er in guter Absicht geführt werden. Die Übel eines Kriegs müssen in Kauf genommen werden, wenn durch den Krieg ein Unrechtstäter von weiteren Verbrechen abgehalten werden kann. Hinzu kamen seit dem späten Mittelalter einige genauere Orientierungen: Krieg darf nur als letztes Mittel (ultima ratio) in Betracht kommen, wenn alle anderen Methoden versagt haben, es muss eine realistische Aussicht auf Erfolg bestehen und der zu erwartende Schaden muss in einem vertretbaren Verhältnis zum angestrebten Ziel stehen.

Die Vatikandiplomaten der Jahrtausendwende, vor allem der langjährige Außenminister Erzbischof Jean-Louis Tauran (1991–2003) und der Vertreter des Papstes bei der UNO, Erzbischof Renato Martino (1987–2002), haben diese Lehre unter dem Eindruck der Jugoslawien- und Nahostkriege um ein weiteres Kriterium erweitert. Sie forderten, dass ein Krieg immer auch von der anerkannten internationalen Autorität gebilligt sein müsse. Das heißt unter den derzeitigen Rahmenbedingungen: Ein Krieg ohne Zustimmung des Weltsicherheitsrats der Vereinten Nationen ist aus Sicht des Vatikans nicht zu rechtfertigen. Die Vertreter des Heiligen Stuhls setzten sich auch mit der neuen Militärdoktrin der USA auseinander, die Präsident George W. Bush als Reaktion auf die massiven Terroranschläge vom 11. September 2001 für seinen »weltweiten Krieg gegen den Terror« entwickelt hatte. Diese sieht eine Art »präventive Verteidigung« im globalen Maßstab vor. Die USA beanspruchen seither für sich das Recht, überall dort anzugreifen, wo sie eine Macht heranwachsen sehen, die eines Tages eine Bedrohung ihrer eigenen Sicherheit darstellen könnte. Diese Art der präventiven Kriegsführung wurde in der klassischen Lehre vom gerechten Krieg noch nicht behandelt. Sie wird vom Vatikan als unmoralisch verurteilt mit der Begründung: Präventive Verteidigungskriege sind nicht von der Charta der Vereinten Nationen gedeckt. Die Charta sieht nur den klassischen Verteidigungskrieg als Abwehr eines bewaffneten Angriffs vor.

Eine weitere Neuerung besteht darin, dass der Heilige Stuhl (vor allem seit dem Jugoslawienkonflikt und den jüngsten Kriegen in Zentral- und Ostafrika) auch zu bewaffneten Konflikten innerhalb eines Landes Stellung nimmt. Setzte sich die klassische Lehre vom gerechten Krieg nur mit dem Kampf zwischen souveränen Staaten auseinander, nennt der Vatikan seit Johannes Paul II. auch moralische Vorgaben für das bewaffnete Eingreifen zugunsten von Völkern innerhalb eines Staates. Demnach ist die internationale Gemeinschaft zum Eingreifen verpflichtet, wenn die Rechte ganzer Volksgruppen gewaltsam verletzt werden – etwa mit dem grausamen Instrumentarium der »ethnischen Säuberung«, zu dem Terror, Massenvergewaltigung und Massaker an der Zivilbevölkerung zählen. Der Unterschied zur pazifistischen Position wird hier besonders deutlich: Der Friede ist nach kirchlicher Lehre ein hohes Ziel und der Krieg ein schreckliches, wenn irgend möglich zu vermeidendes Übel. Aber es gibt neben dem kostbaren Gut des Friedens sehr wohl andere Werte, die in die Abwägung einbezogen werden müssen, allen voran die Gerechtigkeit. Mehrfach hat Johannes Paul II. erklärt, dass es dort, wo die Verwirklichung der gerechten Ansprüche von Völkern gewaltsam verhindert wird, keinen Frieden geben kann. Man nehme nur das Beispiel des Nahostkonflikts, zu dem der Vatikan öfter als zu jeder anderen internationalen Krise Stellung genommen hat. Solange Israel das Recht der Palästinenser auf einen eigenen Staat gewaltsam unterdrückt und solange gleichzeitig die Palästinenser den Israelis das Recht auf ein Leben in Sicherheit verweigern, herrscht Krieg. Die internationale Gemeinschaft hätte nach der Friedenslehre des Papstes in einem solchen Fall die Pflicht einzugreifen, um die Rechte beider Völker durchzusetzen.

Seit der zweiten Intifada im Heiligen Land und den Terroranschlägen vom 11. September 2001 muss sich auch der Heilige Stuhl mit einer neuen Variante des Kriegs auseinander setzen: dem religiös begründeten Selbstmordterrorismus fanatischer Muslim-Organisationen. Bislang ist der Vatikan eine überzeugende Antwort auf dieses Phänomen schuldig geblieben. Zwar hat Johannes Paul II. im Weltgebetstreffen für den Frieden am 24. Januar 2002 in Assisi versucht, die Vertreter des gemäßigten Islam gegen den religiösen Terrorismus in die Pflicht zu nehmen. Doch auf die Sympathisanten von Al Quaida macht die Selbstverpflichtung einiger braver Muftis zur Gewaltlosigkeit wenig Eindruck. Mit Begeisterung wurden hingegen vom radikalen Islamistenflügel die deutlichen Worte des Papstes gegen den amerikanischen Angriff auf den Irak im Frühjahr 2003 aufgenommen. Sogar das Zentralorgan der radikalen schiitischen Fundamentalistenpartei »Hisbollah« lobte in einem Kommentar den politischen Kurs des Papstes in dieser Situation.

Der Beifall von der falschen Seite zeigt, wie schwer es dem Vatikan noch fällt, mit seiner Politik in der veränderten Weltlage seit dem 11. September verstanden zu werden. Je mehr sich der globale Konflikt zwischen dem militanten Islam und der westlichen Welt ausweitet und zuspitzt und je weiter das Krebsgeschwür der Selbstmordattentate wuchert, desto schwieriger wird es für den Heiligen Stuhl, seine Position zu vermitteln. Denn diese läuft darauf hinaus, den Terrorismus und im gleichen Atemzug auch den Krieg gegen den Terror abzulehnen. Alternativen sind für den Papst dennoch nicht in Sicht. Selbst wenn sich eine große Mehrheit der Staaten angesichts des zunehmenden Terrors kompakt hinter diesen Krieg stellen würde, könnte ihn der Vatikan nicht gutheißen, wenn er seinen ideologischen Vorgaben und seiner Tradition treu bleiben will.

Der Heilige Stuhl wirkt angesichts dieser Lage streckenweise ratlos. Die von islamistischen Selbstmordattentätern verkörperte Gewalt stellt die grundlegenden Prinzipien der vatikanischen Friedenslehre radikal in Frage, allen voran das Ziel der Konfliktlösung durch Dialog. Die Selbstmordattentate sind mit der Vernichtung des eigenen und des gegnerischen Lebens die konsequenteste Form der Dialogverweigerung und Ausdruck einer mörderischen Alles-oder-nichts-Haltung. Anders als ältere Formen des Terrorismus, wie sie etwa von der IRA in Nordirland oder der ETA im Baskenland praktiziert wurden, ist der radikale islamische Terror nicht Teil einer rationalen politischen Strategie, der es letztlich darum geht, die eigene Verhandlungsposition zu stärken. Endziel des neuen, »totalen Terrors« islamisch-faschistischer Ausrichtung ist die Vernichtung des Gegners und die Errichtung eines weltweiten islamischen Gottesstaats. In der Verurteilung dieser extremen Form von Gewalt ist der Vatikan trotz mancher eindeutiger Worte des Papstes lange Zeit vergleichsweise zurückhaltend geblieben. Diese Zurückhaltung fällt auf, zumal der Selbstmordterrorismus dabei ist, zu einer der schlimmsten Bedrohungen des menschlichen Lebens und des Friedens im 21. Jahrhundert zu werden.

Angesichts der neuen Qualität des islamistischen Terrors stößt die kirchliche Friedenslehre an ihre Grenzen. Die vom Vatikan im Einklang mit der UNO propagierten Friedensprinzipien stammen letztlich aus dem Christentum. Die Idee, dass Friede durch Dialog, Gerechtigkeit und Versöhnung geschaffen werden kann, greift im Nahostkonflikt, der Auslöser des weltweiten Terrorismus ist, offenbar nicht. Vor allem das im Christentum zentrale Konzept der Versöhnung ist, wie es scheint, auf die Konflikte zwischen Juden und Muslimen im Heiligen Land nur schwer übertragbar. Dort dominieren Rache und Vergeltung das Denken in einer Weise, wie sie im christlichen Kulturkreis seit den Konfessionskriegen des 16. und 17. Jahrhunderts weitgehend überwunden ist.

Alle Macht der UNO

Die noch unfertigen vatikanischen Leitideen für eine friedliche Weltordnung bestehen aber nicht allein in hehren christlichen Prinzipien, sie haben auch eine politisch-institutionelle Seite. Hier nehmen die Vereinten Nationen die zentrale Rolle ein. Schon Johannes XXIII. und Paul VI. hatten die Weltorganisation in geradezu hymnischen Tönen als den einzigen internationalen Friedensgaranten gepriesen. Angesichts der veränderten Weltlage seit 1991, die durch eine eindeutige militärische Hegemonie der USA geprägt ist, hat der Heilige Stuhl seine Fixierung auf die UNO keineswegs zurückgenommen, sondern sie noch weiter gesteigert. Wenn die US-Regierungen bei ihren Entscheidungen zu weltweiten Kriegseinsätzen die UNO nach Belieben vor ihren Karren zu spannen versuchten oder sie notfalls auch einfach außen vor ließen, brachte das die vatikanische Diplomatie nicht von ihrem Pro-UNO-Kurs ab, im Gegenteil: Je schwächer die Vereinten Nationen erschienen, umso mehr warb der Vatikan dafür, der Weltorganisation mehr Macht zu geben. Ein Krieg ohne Zustimmung der UNO wäre »ein Verbrechen gegen den Frieden«, formulierte Vatikan-Außenminister Tauran am Vorabend des Irakkriegs. Für diese Äußerung erntete er von der Sicherheitsberaterin des amerikanischen Präsidenten, Condoleezza Rice, prompt den Kommentar: »Diese Position verstehe ich nicht.«

Auf dem Höhepunkt der diplomatischen Auseinandersetzungen um den Irakkrieg drängten die USA die UNO Zug um Zug in die Defensive. Sie ließen kaum einen Zweifel daran, dass sie Bagdad notfalls auch ohne ein Mandat des Weltsicherheitsrats angreifen würden. In dieser Lage veröffentlichte Johannes Paul II. seine Botschaft zum Weltfriedenstag des Jahres 2003. Sie enthält erstmals Ideen zu einer neuen Weltorganisation, die über das inzwischen in die Jahre gekommene und nicht mehr ganz zeitgemäße UN-System hinausgeht. In seinem Schreiben erinnerte der Papst an die 1963 erschienene Friedensenzyklika *Pacem in terris*, die er als geradezu prophetisch bezeichnete. In ihr hatte bereits Johannes XXIII. davor gewarnt, dass die Glaubwürdigkeit der UNO untergraben würde, wenn nur ein einziger oder wenige übermächtige Staaten die internationale Politik nach ihrem Gutdünken dominieren würden. Nun, 40 Jahre später, sei der Zeitpunkt gekommen, eine »neue Organisationsstruktur der gesamten Menschheitsfamilie« zu entwickeln, schrieb Johannes Paul II. Alle seien aufgefordert, daran mitzuarbeiten und »die bereits in

Gang befindlichen Prozesse zu beschleunigen«. Darüber, wie eine »neue UNO« aussehen solle, schwieg sich der Papst in seiner Botschaft allerdings aus. Er deutete nur an, es gehe darum, sich ähnlich wie vor 40 Jahren »neue Formen einer völkerrechtlichen Ordnung auszudenken, die der menschlichen Würde gerecht werden«. Lediglich drei allgemeine Anhaltspunkte gab der Papst in seinem Text: Erstens sei das Ziel nicht die Schaffung eines »globalen Superstaats«. Zweitens müssten »demokratische Formen der Ausübung politischer Autorität auf nationaler und auf internationaler Ebene« gefunden und drittens auf allen Ebenen des öffentlichen Lebens »mehr Transparenz und Glaubwürdigkeit« verwirklicht werden. Mit Nachdruck warnte der Papst in der Botschaft vor der Ansicht, dass »die Weltpolitik in einer Art Freizone angesiedelt sei, in der das Sittengesetz keinerlei Macht hätte« und in der allein das Kriterium des Eigennutzes der Mächtigen gelte.

Diese sehr abstrakten Erwägungen sind noch weit davon entfernt, eine erkennbare Gestalt der künftigen Weltgemeinschaft zu entwerfen. Vermutlich wird der Heilige Stuhl diese Ideen in den kommenden Jahren noch genauer fassen, damit die vatikanische Diplomatie bei den Bestrebungen zu einer Reform der UNO konkrete Vorschläge machen kann. Als hinderlich erweist sich in diesem Zusammenhang der Umstand, dass der Vatikan noch immer kein Vollmitglied der Vereinten Nationen ist, sondern sich als einziger Staat der Erde mit dem Status eines »Ständigen Beobachters« begnügt. Wenn er sich in die UN-Reformdebatte einbringen oder sogar ein besonders aktiver Motor der Umgestaltung der UNO zu einer effizienteren, mit mehr Macht ausgestatteten Weltorganisation werden will, wäre die Aufwertung zum Vollmitglied von Vorteil. Nicht von ungefähr hat Kardinalstaatssekretär Sodano in den vergangenen Jahren einige Male in Interviews angedeutet, dass der Vatikan eine Vollmitgliedschaft prinzipiell nicht ausschließe. Sollte er wirklich die Vollmitgliedschaft erreichen, liefe der Heilige Stuhl freilich Gefahr, einen Teil seiner einmaligen, aus der nationalen wie der internationalen Politik herausgehobenen Sonderstellung einzubüßen. Er könnte verstärkt in die Sachzwänge von Abstimmungen, Mehrheiten und politischen »Deals« hineingeraten. Die moralische Instanz, deren Autorität nicht von dieser Welt ist, würde etwas von ihrem jenseitigen Glanz einbüßen und vielleicht auch an politischem Gewicht verlieren.

KAPITEL II

Besondere Interessengebiete vatikanischer Politik

Wie andere Mächte von internationalem Rang misst auch der Vatikan einigen Regionen der Erde ein besonderes Interesse bei. Anders als eine »normale« Supermacht verfolgt der Heilige Stuhl in diesen Weltgegenden aber weder wirtschaftliche noch militärische Ziele. Dennoch funktioniert die vatikanische Politik in manchem ähnlich wie die der weltlichen Mächte: Auch hier geht es um die Sicherung und den Ausbau von Einflusssphären, allerdings eben um Einflusssphären für die katholische Kirche. Während der Heilige Stuhl in den meisten Gebieten der Erde eher prinzipielle Werte wie Frieden, Gerechtigkeit und Dialog verfolgt, hat er in diesen speziellen Weltregionen vergleichsweise konkrete politische Ziele und setzt überproportional viel daran, diese zu verwirklichen. Auf drei spezielle Interessengebiete hat sich der Vatikan seit dem Zweiten Weltkrieg und insbesondere unter dem Pontifikat Johannes Pauls II. vor allem konzentriert: den Nahen Osten, die EU und Lateinamerika.

Der Heilige Stuhl im Heiligen Land

Der Nahe Osten, und hier speziell die Region, die aus kirchlicher Sicht als das »Heilige Land« gilt, ist seit Jahrhunderten ein Gebiet, in dem der Vatikan besondere Interessen verfolgt. In dieser Weltgegend hat die katholische Kirche eine geschichtlich bedingte herausragende Präsenz, an der sie mit großer Hartnäckigkeit festhält. Dies führt dazu, dass der Heilige Stuhl dort nicht nur als überparteilicher moralischer Mahner, sondern auch unmittelbar als politischer Akteur auftritt. Über das Heilige Land hinaus strahlt dieser Einfluss auf die gesamte Region des Nahen Ostens aus, vor allem in den Libanon und in geringerem Maße auch bis nach Jordanien, Syrien und in den Irak. Überall, wo im Nahen Osten eine sichtbare christliche Minderheit lebt, hat der Vatikan ein Wort mitzureden – auch wenn es meist nicht das entscheidende ist.

Im Nahen Osten liegen die historischen Ursprünge des Christentums mit den »Heiligen Stätten« an Orten wie Bethlehem, Nazareth oder Jerusalem. Darüber hinaus sind die ältesten kirchlichen Strukturen, die bis heute in den Patriarchaten von Antiochien (mit Sitz in Beirut), Jerusalem oder Babylon (Bagdad) fortleben, in dieser Region entstanden. Schon lange sind die Christen und erst recht die Katholiken in dieser Gegend eine Minderheit. Seit dem Vordringen des Islam ab dem 7. Jahrhundert n. Chr. halten sie sich nur noch mit Mühe und mit massiver Unterstützung aus Europa in ihrem einstigen Stammland. Doch die Stätten, an denen Jesus nach der biblischen Überlieferung geboren wurde, öffentlich auftrat, das Abendmahl feierte, starb und auferstand, wollen die christlichen Kirchen und der Heilige Stuhl als führende Institution des Christentums um keinen Preis aufgeben. Hier liegen die Wurzeln der Kirche in Raum und Zeit – deshalb sind im Kampf um die Heiligen Stätten in den Kreuzzügen Zehntausende ums Leben gekommen.

Seit dem Scheitern der Kreuzzüge versucht der Vatikan die katholische Kirche im Heiligen Land mit friedlichen Mitteln zu sichern. Eines davon ist die seit 1217 bestehende »Kustodie« der Franziskaner, eine andere das 1847 erneut errichtete »Lateinische Patriarchat« von Jerusalem. Daneben findet man zahlreiche weitere Einrichtungen und schließlich auch den diplomatischen Vertreter des Papstes, den Apostolischen Delegaten im Heiligen Land, der seit 1994 zugleich auch Nuntius in Israel ist.

Es gibt kaum ein Gebiet der Erde, in dem die Kirchen (vor allem die katholische) materiell, personell und politisch so viel für eine so kleine Zahl von Gläubigen investieren. Unter anderem unterhält der Heilige Stuhl ein dem Papst unmittelbar unterstelltes ökumenisches Begegnungs-, Kultur- und Bildungsinstitut, das Notre Dame Center, in Jerusalem, das Juden und Arabern offen steht, und er leitet über die vermögende Gemeinschaft der Jerusalemer Grabesritter Geld in die Region. Daneben gibt es in verschiedenen Ländern der Erde »Heilig-Land-Vereine« und ähnliche Stiftungen. Auch die Orden sind aktiv, darunter die Benediktiner mit einer Abtei und einer Hochschule, die Franziskaner mit zahlreichen Einrichtungen. In jüngster Zeit engagieren sich auch die neuen geistlichen Bewegungen der katholischen Kirche in der Region, darunter die aus Spanien stammende, sehr aktive Missionierungsbewegung der »Neokatechumenalen«. Hinzu kommt in Friedenszeiten der unter anderem vom vatikanischen Pilger-Werk geförderte Pilgerbetrieb, der eine gewaltige Subvention für die vor Ort lebenden Christen darstellt.

Die besondere Rolle des Heiligen Stuhls im Heiligen Land ist inzwischen allgemein respektiert. Die muslimischen Feinde der Kreuzzugsära gibt es seit dem Ende des Osmanischen Reichs nicht mehr. Die meisten Mitglieder der christlichen Minderheit in Bethlehem, Nazareth und andernorts begreifen sich als Teil der arabisch-palästinensischen Bevölkerung, die seit der massiven Rückkehr der Juden in ihr Land im 20. Jahrhundert das Nachsehen hat. Zwar ist das Zusammenleben mit der muslimischen Mehrheit unter den Palästinensern nicht konfliktfrei, doch praktizieren Muslime und Christen eine weitgehend friedliche Koexistenz. Verbessert hat sich auch das Miteinander von Christen und Juden. Seit der Vatikan unter Johannes XXIII. und Johannes Paul II. von den antijüdischen Positionen der katholischen Kirche abgerückt ist und seit der Heilige Stuhl und Israel 1994 diplomatische Beziehungen aufgenommen haben, sind viele historische Konflikte aus dem Weg geräumt, die das Verhältnis über Jahrhunderte hinweg belastet hatten.

Der Vatikan hat sich auf diese Weise die einmalige Gelegenheit erarbeitet, sich in einer der konfliktreichsten Regionen der Erde zwischen den Fronten der unversöhnlichen Gegner, zwischen Israelis und muslimischen Arabern, als eine Art dritte Kraft zu bewähren. Da der Konflikt von Juden und Muslimen, Israelis und Palästinensern um das Heilige Land die »Mutter aller Konflikte« und Kriege in Nahost ist, birgt die prominente Sonderstellung der katholischen Kirche für den Heiligen Stuhl ein beachtliches Potenzial in sich: Sie könnte eine Schlüsselstellung für die Suche nach einer friedlichen Lösung des Nahostkonflikts werden. Diese Lage ist vergleichsweise neu, weil das Verhältnis des Heiligen Stuhls zu Israel erst vor wenigen Jahren geregelt wurde. Die Chancen für eine aktive Friedens- und Versöhnungspolitik, die sich dem Vatikan in dieser Region seither eröffnet haben, stehen in keinem Verhältnis zu der geringen Zahl der dort lebenden Katholiken.

Was der Heilige Stuhl im Heiligen Land unter günstigen Rahmenbedingungen eines Tages bewegen könnte, wurde bei der Papstreise nach Jordanien, in die Palästinensergebiete und nach Israel im März des Jahres 2000 deutlich. Wie kein anderer in dieser komplizierten Region war der Papst in der Lage, positive Energien zu mobilisieren und zu versöhnen, wo andere spalten. Palästinenser und Israelis, Muslime, Juden und Christen aller Konfessionen empfingen ihn mit Respekt. Wo immer er auftrat, erhielt er für seine Worte und Gesten Beifall. Die unversöhnlichen Gegner waren sich zumindest in der Wertschätzung für ihn einig. Zwar war der einwöchige »Papstfriede« nur ein kurzer, beinahe traumhafter Moment in der blutigen Geschichte des Heiligen Landes, ein friedlicher Ausnahmezustand gewissermaßen, doch falls Israelis und Palästinenser eines Tages wieder einmal über Frieden verhandeln sollten, könnte ein künftiger Papst daran anknüpfen.

Zwischen den Fronten

Das Potenzial für eine aktive Friedensrolle des Heiligen Stuhls ergibt sich aus zwei Umständen. Zum einen liegt es darin begründet, dass der Vatikan in der umstrittenen Region unmittelbar engagiert und dennoch nicht parteiisch ist. Zwar wird diese Haltung in der Praxis mitunter gefährdet, etwa wenn sich arabische Christenführer einseitig mit der Sache der Palästinenser identifizieren, doch im Prinzip sind die Christen in der Region vom Terror der Muslim-Organisationen ebenso weit entfernt wie von der Gegengewalt der israelischen Streitkräfte. Diese Stellung zwischen den

Fronten, verbunden mit humanitären, kulturellen und sozialen Aktivitäten vor Ort, ist von zentraler Bedeutung. Zum anderen hat der Heilige Stuhl seit Jahren eine klare und für beide Seiten akzeptable Position zu den Hauptkonflikten in der Region. Dazu gehört die Maxime, dass beide Seiten legitime Ansprüche haben, die von der jeweils anderen Seite respektiert werden müssen: Wie die Israelis ein Recht auf einen eigenen Staat und auf ein Leben in Sicherheit haben, so steht auch den Palästinensern ein lebensfähiger Staat zu. Eine weitere wichtige Forderung ist die nach Religionsfreiheit in beiden Staatsgebilden – ein Prinzip, das nicht nur der christlichen Minderheit zugute kommt, sondern auch den Frieden zwischen Muslimen und Juden fördern kann.

Die interessanteste Position des Vatikans bezieht sich auf den Status von Jerusalem. Für die Heilige Stadt, die von Israelis wie von Palästinensern als Hauptstadt beansprucht wird und die deshalb das unüberwindlichste Hindernis auf dem Weg zu einem Frieden darstellt, fordert der Vatikan einen international garantierten Sonderstatus. Begründet wird er mit dem Schutz der Heiligen Stätten des Judentums, des Christentums und des Islam. Der Vatikan glaubt, dass ein Sonderstatus die einzig wirksame Garantie für die Unversehrtheit dieser religiösen Orte sein kann. Darüber hinaus könnte ein internationaler Status für Jerusalem aber auch eine politische Zauberformel sein und die Quadratur des Kreises im Nahen Osten ermöglichen: Israelis und Palästinenser könnten sich die Stadt, wenn sie keinem von beiden gehört, als Standort ihrer jeweiligen Hauptstadt teilen, ohne sie in zwei Teile zu trennen. Aus der heiklen Frage, wie genau man sich diese Teilung vorzustellen hat, hält sich der Heilige Stuhl allerdings bislang weitgehend heraus – dies würde seine spezifischen Kompetenzen überschreiten.

Trotz seiner Überparteilichkeit wird auch der Vatikan in dieser Konfliktregion in Momenten extremster Spannung mitunter in den Strudel von Gewalt und Gegengewalt hineingerissen. Die schwerste Bewährungsprobe war die israelische Belagerung der von palästinensischen Kämpfern besetzten Geburtskirche in Bethlehem zwischen dem 2. April und dem 10. Mai 2002. Rund 200 bewaffnete Palästinenser waren gewaltsam in die von Franziskanern, Armeniern und Orthodoxen gemeinsam verwaltete Basilika eingedrungen und nutzten sie als Zufluchtsort vor der israelischen Armee. Diese umstellte den kirchlichen Gebäudekomplex mit Panzern und Scharfschützen und belagerte ihn mehr als sechs Wochen lang.

Der Heilige Stuhl protestierte sowohl bei der palästinensischen als auch bei der israelischen Seite gegen die Verletzung der heiligen Stätte und verhandelte intensiv mit allen interessierten Parteien. Die Lage war höchst kompliziert, jede einseitige Lösung musste vermieden werden. Zwar missbilligte der Vatikan das Eindringen Bewaffneter in eine der heiligsten Kirchen der Christenheit, auf der anderen Seite wollte er die Besetzer nicht einfach der Gewalt der Belagerer – und damit dem möglichen Tod – ausliefern, indem er sie schlichtweg hinauswarf. Ebenso wenig konnten die Franziskaner in der Kirche gemeinsame Sache mit den Besetzern machen. Dennoch mussten die Mönche durch ihre physische Anwesenheit die heilige Stätte vor einem massiven Militärangriff schützen – wobei sie in Kauf nahmen, dass sie damit gleichzeitig auch die Besetzer schützten.

Im Lauf der scheinbar ausweglosen Belagerung wurden sieben der Besetzer und ein unbeteiligter Zivilist von Scharfschützen erschossen und die Mönche riskierten gemeinsam mit ihren unwillkommenen Gästen den Hungertod. Durch immer neue öffentliche Appelle sorgte der Papst dafür, dass die Aufmerksamkeit der Medien für den Fall erhalten blieb, gleichzeitig arbeitete die vatikanische Diplomatie über offizielle wie inoffizielle Kanäle auf Hochtouren. Schließlich wurde unter zusätzlicher Vermittlung der USA, der EU und Italiens ein für alle Seiten akzeptabler Ausweg ohne großes Blutvergießen gefunden. Die Besetzer konnten die Basilika unbehelligt verlassen, die 13 gesuchten Terroristen unter ihnen wurden außer Landes geschafft und in verschiedenen Ländern der EU untergebracht. Die Bilanz der 39 Tage dauernden Belagerung war gemischt: Vorübergehend wurde die Geburtskirche auf vielfältige Weise entweiht – Menschen wurden erschossen und die Besetzer verwandelten die Kirche in eine riesige Latrine. Doch immerhin wurde die besondere Stellung der heiligen Stätte am Ende wieder von beiden Seiten respektiert. Ohne die vatikanische Rückendeckung wäre die Sache vermutlich anders verlaufen.

Der allseits bejubelte Papstbesuch von 2000 und die schlimme Geburtskirchen-Krise des Jahres 2002 gehören, so unterschiedlich sie sind, zusammen. Die beiden extremen Ereignisse haben die Möglichkeiten und die Grenzen aufgezeigt, die sich aus der besonderen Position des Heiligen Stuhls als überparteiliche und doch engagierte Macht im Heiligen Land ergeben. Ob die vatikanische Diplomatie als Vermittler in der Krisenregion demnächst verstärkt gefragt sein wird, hängt allerdings weniger von ihr selbst als vielmehr von den beiden lokalen Konfliktparteien und ihren Verbündeten ab.

Der Vatikan und sein Europa

Eine Sonderstellung ganz anderer Art nimmt unter den internationalen Aktivitäten des Vatikans die Europapolitik ein. In Europa hat das Papsttum seinen geografischen und politischen Ort. Seit die Kirche vor fast 2000 Jahren ihren Schwerpunkt von den Ursprungsgebieten am südöstlichen Rand des Römischen Reichs in dessen Zentrum, nach Rom, verlagert hat, ist sie vor allem eine europäische Größe. Kein anderer Erdteil ist in seiner Kultur und Geschichte so von ihr geprägt. Obwohl mittlerweile in Lateinamerika weit mehr Katholiken leben, bleibt Europa der Kontinent mit der stärksten und dichtesten institutionellen Präsenz der katholischen Kirche. In keinem anderen Erdteil gibt es so viele Priester (rund 200 000) und Pfarreien (127 000) sowie Kirchenbauten, kirchliche Schulen, Universitäten, Krankenhäuser und Sozialeinrichtungen.

Die prominente gesellschaftliche Stellung der Kirche in Europa wirkt sich in der Gegenwart auch auf das politische Projekt der europäischen Vereinigung aus. Als die wichtigsten Staaten im Westen des Kontinents ein Jahrzehnt nach dem Zweiten Weltkrieg erste Schritte in Richtung einer wirtschaftlichen und später auch politischen Föderation machten, wurde dies von den Päpsten, angefangen von Pius XII., lebhaft begrüßt. Die Unterstützung für den europäischen Einigungsprozess, der nicht zufällig von katholischen Politikern wie Adenauer, Schuman und De Gasperi begonnen wurde, gehört seither zu den Konstanten der vatikanischen Außenpolitik. Seit 1999 ist der Vatikan auch formell mit einem Apostolischen Nuntius bei der EU vertreten. Unter Johannes Paul II. hat er eine aktive, sichtbare und effiziente Europapolitik entwickelt. Dass der Heilige Stuhl EU-Politik betreibt, ist keine Selbstverständlichkeit, denn er ist nicht Mitglied der EU. Zwar ist der Vatikanstaat über die gemeinsame Währung Euro, die fast vollständige wirtschaftliche Verflechtung mit Italien sowie über diverse Abkommen im Post- und Telekommunikationswesen mit der Union faktisch eng verbunden. Von dieser Voraussetzung her könnte der Papst aber nicht mehr Anspruch auf eine aktive Rolle in der EU ableiten als das Fürstentum Andorra oder die Republik San Marino. Doch die päpstliche Europapolitik ist wesentlich umfassender als die eines Zwergstaats. Vier Elemente zeichnen sie vor allem aus: das aktive Eintreten für eine möglichst vollständige Integration Osteuropas, die Propagierung christlicher Traditionen und Werte in der EU, die europaweite Absicherung der Kirche als einer starken gesellschaftlichen Kraft und schließlich die Stärkung Europas als eines friedensstiftenden Machtpols in einer multipolaren Weltordnung.

Wie sich der Heilige Stuhl für die EU-Osterweiterung engagiert, wurde oben bereits dargestellt. Daran zeigt sich, dass die aktive Osteuropapolitik des Vatikans nach dem Fall des Eisernen Vorhangs keineswegs zum Erliegen gekommen ist, sie zieht im Gegenteil immer weitere Kreise. Über die kommenden Nahziele – den geplanten Beitritt Rumäniens und Bulgariens – hinaus gibt es weiter reichende Visionen. Es wäre auch zu kurz gegriffen, die großeuropäische Politik nur als ein Ergebnis der persönlichen Interessen des polnischen Papstes zu sehen. Die Erkenntnis, dass wichtige Kraftreserven der Kirche und des Kontinents im östlichen Teil Europas liegen, ist älter als das Pontifikat Johannes Pauls II. und wird mit Sicherheit weiterwirken.

Auffällig zurückhaltend verhält sich der Vatikan hingegen in der Debatte über einen möglichen EU-Beitritt der Türkei. Während die Zugehörigkeit der orthodox geprägten Länder bis hin zu

Ländern wie Moldawien oder der Ukraine zum ideologischen Kern der päpstlichen Europapolitik zählt, wird eine Ausweitung Europas auf Länder jenseits des christlichen Kulturkreises im Vatikan mit Skepsis gesehen. Man müsse die Frage nach den geografischen Grenzen Europas stellen, antwortete der langjährige Vatikan-Außenminister Tauran in einem Interview auf die Frage, ob er sich auch eine EU-Mitgliedschaft der Türkei vorstellen könne. Dahinter steht unausgesprochen eine Europa-Idee, die sich auf einen geografischen Raum und gleichzeitig auf eine Wertegemeinschaft mit gemeinsamen kulturellen – im Klartext: christlichen – Wurzeln bezieht. Diese Sichtweise bildet die Grundlage für die zweite tragende Säule der vatikanischen Europapolitik. Natürlich will der Heilige Stuhl auch in der größer werdenden und immer mehr zusammenwachsenden EU möglichst viel an christlichen Werten verwirklicht sehen. Dies bedeutet keine Abweisung oder Zurücksetzung von Einwanderern aus anderen Kulturkreisen, von denen viele einer anderen Religion – die meisten dem Islam – angehören. Von fremdenfeindlichen Kampagnen rechtspopulistischer Politiker gegen eine »religiöse und kulturelle Überfremdung« Europas durch Einwanderer hat sich der Vatikan wiederholt distanziert. Der Vatikan geht in seinen offiziellen Stellungnahmen noch immer von einem »Menschenrecht auf Migration« aus. Er fordert aber eine Anerkennung der christlich geprägten Werte Europas durch die andersgläubigen Zuwanderer. Vereinzelte katholische Bischöfe haben allerdings auch schon laut darüber nachgedacht, ob es nicht sinnvoll wäre, Christen bei der Einwanderung nach Europa zu bevorzugen: Wenn der Kontinent ohnehin nur einen Teil des Zustroms aus anderen Erdteilen aufnehmen kann, sollten jene ausgewählt werden, die wenigstens von der Religion her nach Europa passen. In dieser Frage zeichnet sich schon heute ein Richtungsstreit ab zwischen der Linie Johannes Pauls II., die ganz auf Dialog der Religionen und Menschenrechte setzt, und einer neokonservativen Linie der schärferen Abgrenzung und Verteidigung Europas gegen den Islam, die auch in der katholischen Kirche Befürworter findet.

Bis auf weiteres aber sind die Katholiken im Europa der 25 – wie schon im Europa der 15 – in der Mehrheit, weit vor Protestanten, Anglikanern und Orthodoxen. Darüber hinaus ist mit der Osterweiterung auch die Zahl der Länder, die eine klare katholische Prägung besitzen und »im Ernstfall« vatikanische Positionen verteidigen würden, deutlich gestiegen. Waren dies bislang nur Irland, Luxemburg und Portugal, werden in Zukunft vor allem Litauen, Polen, die Slowakei und Malta das fundamental katholische Lager verstärken. Fraglich ist allerdings, wie diese katholische Mehrheit sich in Politik umsetzen lässt. Denn die kirchlichen Hauptthemen wie Familienrecht, Abtreibungsgesetzgebung usw. fallen allein unter nationale Zuständigkeit und gehören weder in die Kompetenz des EU-Parlaments noch in die der EU-Kommission.

Die Tatsache, dass unter den großen christlichen Konfessionen des vereinten Europa die römisch-katholische Kirche eindeutig dominiert, hindert die kleineren Konfessionen nicht daran, gemeinsam mit ihr gesellschaftliche Bastionen für die Kirchen nach Möglichkeit auch institutionell abzusichern. Diese rechtliche Verankerung und der Ausbau der institutionellen Garantien für den kirchlichen Apparat ist der dritte Grundpfeiler der vatikanischen Europapolitik. In der Debatte um den EU-Verfassungsvertrag haben die Kirchen dabei mehr erreicht als in den meisten Einzelstaaten. Im Bündnis mit protestantischen Gemeinschaften und der griechisch-orthodoxen Kirche setzte die katholische Kirche bereits Mitte der 90er-Jahre durch, dass im Anhang zum Amsterdamer Vertrag der EU-Regierungen von 1997 ein wichtiger Grundsatz festgeschrieben wurde: Die EU tastet die in den Mitgliederstaaten geltenden rechtlichen Regelungen und Privilegien für die Kirchen nicht an. Politische Schützenhilfe für diese Formel gab der deutsche Bundeskanzler Kohl. Mit dem Vertrag von Amsterdam waren Befürchtungen vom Tisch, es könnten etwa die in Deutschland geltenden, sehr weit gehenden Privilegien für die Kirchen oder die in Schweden oder Großbritannien überlieferten besonderen protestantischen Staatskirchenverfassungen im Sinne eines einheitlichen EU-Standards aufgehoben werden. Dieser Standard wäre, so die Befürchtungen in den Kirchen, im schlimmsten Fall am kleinsten gemeinsamen Nenner, also etwa an einer laizistischen Verfassung nach französischem Vorbild, ausgerichtet worden.

Die Amsterdamer Formel einer »kirchlichen Besitzstandswahrung« in den EU-Staaten ist keineswegs ein abstraktes Thema für Verfassungsrechtler, sie hat sehr konkrete Konsequenzen. So kann etwa die katholische Kirche in Deutschland, Österreich oder Italien weiter vom jeweiligen Kirchensteuersystem profitieren. Sie kann in ihren Beschäftigungsverhältnissen weiter den »Tendenzschutz« für sich beanspruchen, wonach sie etwa Religionslehrer, Kindergärtnerinnen oder leitende Angestellte in der Caritas auf ein Privatleben nach kirchlichen Grundsätzen verpflichten darf. Die Kirche als Arbeitgeber kann Angestellte, die in »Homo-Ehe« leben, ebenso entlassen wie wiederverheiratete Geschiedene und sie kann die Zugehörigkeit und innere Zustimmung zur eigenen Konfession zur Einstellungsvoraussetzung machen. Kein davon betroffener Arbeitnehmer hat die Möglichkeit, vor den übergeordneten europäischen Rechtsinstanzen dagegen zu klagen. Mit diesem Tendenzschutz sorgt die Kirche, zumindest in der Theorie, für eine ideologisch relativ geschlossene Gefolgschaft unter den eigenen Mitarbeitern und sichert sich gegen eine Unterwanderung durch nichtkirchlich eingestellte Arbeitnehmer ab. Diejenigen Staaten der EU, die starke Kirchen als Partner im Sozial- und Bildungsbereich schätzen, sehen diese Privilegien als Vorteil an, von einem laizistischen Standpunkt aus sind sie unannehmbar.

Die ganze Wucht und Breite des vatikanischen Einflusses auf Europa kam in den vergangenen Jahren aber erst in der Debatte um die EU-Verfassung für das 21. Jahrhundert zum Tragen. In sie haben der Papst und seine Diplomaten durch Appelle und Gespräche auf höchster Ebene immer wieder direkt eingegriffen. Ergänzt wurde dies in diskreter Weise über die Lobbyarbeit der »Kommission der Bischofskonferenzen der Europäischen Gemeinschaft« (Comece) und ihrer Experten sowie über einzelne Bischöfe und nationale Bischofskonferenzen. Mit dem Ergebnis kann der Heilige Stuhl zufrieden sein. Bei der vom Vatikan angestrebten institutionellen Absicherung und Stärkung der Kirche in der EU hat er seine Ziele vollständig erreicht. Im Entwurf des Verfassungskonvents für das Europa der 25 aus dem Jahr 2003 ist sogar vorgesehen, dass der Dialog der Union mit den Kirchen,

Religionsgemeinschaften und anderen weltanschaulichen Gruppierungen institutionalisiert werden soll. Ihre indirekte Mitwirkung an der europäischen Gesetzgebung wird damit gewissermaßen in den Verfassungsrang erhoben. Dies ist mehr, als selbst das besonders kirchenfreundliche deutsche Grundgesetz den Religionsgemeinschaften bietet. Für den Vatikan herrschen also in der EU künftig optimale Bedingungen. Weil er Leitungsorgan einer zu konsultierenden Religionsgemeinschaft und zugleich ein Staat (mit diplomatischen Vertretungen bei der EU und außerdem noch bei den Einzelstaaten) ist, stehen ihm gleich mehrere legale Ebenen zur Verfügung, um auf die politische Zukunft Europas Einfluss zu nehmen – von den informellen Wegen über die Comece sowie über Verbände und persönliche Kontakte der Bischöfe in den Regierungen und Parteien ganz zu schweigen.

Gegenüber den anderen Konfessionen und Weltanschauungsgemeinschaften hat die katholische Kirche überdies den Vorteil, dass sie auf ihren unterschiedlichen Kanälen bei wichtigen Themen europaweit an einem Strang zieht und sich, mit Rückendeckung und Koordination aus dem Vatikan, auf eine Position festlegt. Andere Kirchen wie die anglikanische, die griechisch-orthodoxe oder die evangelischen Gemeinschaften finden in ihrer europäisch-ökumenischen Dachorganisation, der KEK, keineswegs immer zu einer gemeinsamen Position, weil ihre dogmatischen oder moralischen Standpunkte zu unterschiedlich sind. Außerdem sind sie im Vergleich zum Vatikan in ihrem Wirkungskreis meist sehr beengt, weil ihre jeweilige Perspektive in der Regel nicht über einzelne Länder hinausgeht.

Trotz der hervorragenden institutionellen Rahmenbedingungen ist die tatsächliche Macht des Vatikans und der katholischen Kirche in Europa begrenzt. Dies wurde ebenfalls in der Debatte um den EU-Verfassungsentwurf von 2003 deutlich. Der vom Papst persönlich vehement vorgetragene Wunsch nach einer ausdrücklichen Erwähnung des »christlichen Erbes« in der Verfassungspräambel scheiterte immer wieder am entschiedenen Nein Frankreichs. Wegen seiner streng laizistischen Staatsauffassung ließ Paris eine religiöse Komponente in der Verfassung nicht zu, und gegen das Veto eines Mitgliedsstaats bleibt am Ende selbst ein Papst machtlos, auch wenn der ausschlaggebende französische Präsident ein praktizierender Katholik ist.

Reines Wunschdenken ist bislang das vierte Hauptanliegen vatikanischer Europapolitik geblieben: die Hoffnung, dass ein vereintes Europa auf globaler Ebene ein starker Machtfaktor werden und aktive Friedenspolitik betreiben könnte. Die Außenpolitiker und Diplomaten des Heiligen Stuhls betonten wiederholt, dass sie eine solche neue Rolle der EU befürworten, damit die Welt wieder »multipolar« werden kann und nicht von einer einzigen Supermacht dominiert wird. Diese Hoffnung hat der Vatikan trotz des Scheiterns etlicher EU-Friedensinitiativen auf dem Balkan und im Nahen Osten nicht aufgegeben. Auf welchem Weg Europa international mehr Gewicht erhalten kann, sagt er aber nicht. Vor allem fehlen in der päpstlichen Politik bislang erkennbare Vorgaben für die militärische Zukunft des Kontinents. Niemand kann mit Sicherheit sagen, ob der Vatikan die Bemühungen einiger Politiker um eine Europäische Verteidigungsunion begrüßt, ob er – als Fortsetzung der großeuropäischen Visionen des Wojtyla-Pontifikats – einen Nato- oder EU-Beitritt Russlands befürworten würde und welche friedenssichernde Aufgabe künftig die OSZE übernehmen soll. Es liegt auf der Hand, dass der Vatikan für die Frage militärischer Bündnisse im engeren Sinn nicht zuständig ist. Aber wenn er ein starkes Europa und eine multipolare Friedensordnung für die Welt wünscht, wird er sich auch zu diesen Themen zumindest grundsätzlich äußern müssen.

Roms geliebtes Sorgenkind – Lateinamerika

Auch wenn Europa der historische Ort des Papsttums und der einzige über viele Jahrhunderte von der katholischen Kirche geformte Kontinent ist, stellt mittlerweile Lateinamerika im Weltmaßstab die neue »katholische Hochburg« dar. Von den insgesamt mehr als eine Milliarde zählenden Katholiken lebt zu Beginn des 21. Jahrhunderts fast die Hälfte in Lateinamerika oder als Latino-Einwanderer in den USA. Die zahlenmäßige Stärke der katholischen Kirche jenseits des Atlantiks sagt allerdings nur wenig über ihre wirkliche Kraft aus. Auf der Ebene der Weltkirche ist sie weiterhin unterrepräsentiert. So gibt es etwa im Kollegium der papstwahlberechtigten Kardinäle bis heute mehr Italiener als Lateinamerikaner – obwohl das Verhältnis bei der Zahl der Getauften ungefähr neun zu eins zugunsten der Kirche in Lateinamerika beträgt. Darin spiegelt sich neben der privilegierten Stellung Italiens und Europas in der Weltkirche auch ein Misstrauen des Vatikans gegenüber der jungen katholischen Hochburg wider. 500 Jahre nach dem Eintreffen der ersten Missionare in Lateinamerika ist die katholische Kirche dort noch in vielen Gebieten vergleichsweise schwach verwurzelt. Ein Symptom dafür ist, dass es in manchen Ländern wie Bolivien oder Ekuador bis heute an einheimischen Priestern mangelt. In der Volksfrömmigkeit halten sich zudem hartnäckig magische Praktiken und verdeckte Götterverehrungen unter dem farbenfrohen Deckmantel katholischer Rituale.

Dennoch ist der kulturelle und politische Einfluss der katholischen Kirche in Lateinamerika enorm. Die schiere Zahl der mobilisierbaren Gläubigen, die herausgehobene Stellung der Priester und Ordensleute als der geistigen Elite und der enorme Respekt vor dem Amt des Bischofs machen die Kirche in dieser Weltgegend beinahe zwangsläufig zu einem politischen Faktor ersten Grades. Dabei wird die Grenze zwischen Religion und Politik manchmal mit einer Sorglosigkeit überschritten, die im Vatikan Stirnrunzeln auslöst. Mehr als ein Priester vertauschte im 20. Jahrhundert die Soutane mit der Guerilla-Uniform, und der marxistische Flügel der Befreiungstheologie griff nicht nur in Nicaragua unverhohlen nach der Macht. Der Heilige Stuhl ging mit disziplinarischen Mitteln gegen einzelne Priester vor und stutzte auf ideologischer Ebene die Befreiungstheologie durch entschiedene Klarstellungen dogmatischer Art zurecht. Ähnlich wie in Italien nach dem Zweiten Weltkrieg verkündete die Römische Glaubenskongregation die Unvereinbarkeit des Marxismus mit der kirchlichen Lehre. Damit versuchte der Vatikan, der »Politisierung« der Kirche von links den Boden zu entziehen. Gleichzeitig setzte er sich damit dem Verdacht aus, dass er für die Besitzenden und die Herrschenden Partei ergriff, indem er das christlich-revolutionäre Gemisch zu entschärfen und die Möglichkeit gewaltsamer Umstürze einzudämmen versuchte. Solange Lateinamerika in der Logik des Ost-West-Konflikts lebte, gab es auch für den Vatikan in der Außenwahrnehmung kein Entrinnen aus diesem Dilemma: Entweder er war für die Herrschenden, die sich mit Unterstützung der USA an der Macht hielten, oder er war für den von Moskau geförderten (bewaffneten) Kampf des unterdrückten Volks. So einfach war damals die Welt. Erst nach dem Ende des Sowjetimperiums löste sich dieser Gegensatz allmählich auf. Die Sandinisten verloren die ersten freien Wahlen in Nicaragua, die Befreiungsarmeen in El Salvador und anderswo wurden zu politischen Parteien mit linksgerichteter sozialdemokratischer Ausrichtung und die meisten rechten Militärdiktaturen hatten ohnehin schon seit ein paar Jahren abgedankt. Unter diesen neuen Rahmenbedingungen nahm die Weltöffentlichkeit staunend zur Kenntnis, dass Papst Johannes Paul II. wichtige Elemente der Befreiungstheologie wie die »Option für die Armen« und die Anklage gegen die »gesellschaftlichen Strukturen der Sünde« keineswegs ablehnte, sondern sie in seiner eigenen Soziallehre ausdrücklich aufgriff und weiterentwickelte.

Dass der Vatikan die Kirche in Lateinamerika für besonders wichtig hält und ihre Entwicklung mit Argusaugen beobachtet, belegt eine Reihe von institutionellen Besonderheiten. So ist Lateinamerika der einzige Kontinent, für den es im Vatikan eine eigene Kommission gibt. Die »Commissione per l'America Latina« (CAL) wurde 1958 von Pius XII. gegründet, um die damals schon unbändig wachsende und allmählich in politische Gärung geratende Kirche dort besser zu kontrollieren. Als erste Kirchenregion der Welt hatte diese sich bereits 1955 einen »kontinentalen« Bischofsrat gegeben, der unter dem spanischen Kürzel »CELAM« (Consejo Episcopal Latinamericano) in den folgenden Jahrzehnten immer wieder, auch mit sehr engagierten sozialen und politischen Stellungnahmen, von sich reden machte. Unter anderem wurde die »Option der Kirche für die Armen« – ein Slogan, der ganze Generationen von Priestern, Ordensleuten und Laien inspirierte – vom CELAM gefordert. Später kopierten die Bischöfe anderer Erdteile die Idee eines kontinentalen Bischofsrats und bildeten ähnliche Vereinigungen. Doch nur zu den Vollversammlungen in Lateinamerika reist der Papst stets persönlich, um auf die Beratungen Einfluss zu nehmen – so geschehen 1968 in Medellin (Kolumbien), 1979 im mexikanischen Puebla und 1992 in der Karibikmetropole Santo Domingo.

Nicht nur im Grenzgebiet von Theologie und politischer Ideologie ist Lateinamerika für den Heiligen Stuhl ein Sonderfall. Auch auf der offiziellen Politikebene ist der »katholische Kontinent« mit seinen Chancen und Gefahren einmalig. In der Epoche der Militärdiktaturen der 70er- und 80er-Jahre des 20. Jahrhunderts gerieten die Apostolischen Nuntien in Ländern wie Chile oder Argentinien ins Kreuzfeuer der Kritik, weil sie mit den Machthabern Cocktails tranken, während in den Gefängnissen Oppositionelle gefoltert wurden. Die Diplomaten des Papstes rechtfertigten sich später damit, dass es ihnen nur auf diese Weise möglich war, sich erfolgreich für die Freilassung politischer Gefangener einzusetzen. Dennoch wurden sie später wegen angeblicher »Kollaboration« von linken Gruppierungen vor Gericht verklagt. Einmal schlug die Kritik am politischen Verhalten eines Vatikanbotschafters sogar in offene Gewalt um: In Haiti brannten Sympathisanten des Expriesters, Befreiungstheologen und Politikers Jean-Bertrand Aristide die Apostolische Nuntiatur nieder, weil der Gesandte des Papstes es gewagt hatte, Aristide zu kritisieren. Einer der Vatikan-Diplomaten wurde anschließend in Unterhosen durch die Straßen geführt und öffentlich misshandelt. Es überrascht nicht, dass der Vatikan seine kritische Haltung gegenüber Aristide nach diesem Vorfall beibehalten hat und ihm mehr als ein Jahrzehnt später, bei seinem Sturz im Februar 2004, keine Unterstützung zukommen ließ.

Auch in den zentralamerikanischen Kriegen der 80er- und 90er-Jahre spielte die katholische Kirche eine Schlüsselrolle. Sie kritisierte mit päpstlicher Rückendeckung Menschenrechtsverletzungen, gelegentlich auch dann, wenn diese wie in Nicaragua von links verübt wurden. Sie wirkte mit am Sturz von Diktaturen, vermittelte bei internen Krisen und Bürgerkriegen und bereitete bei der Rückkehr zu Frieden und Demokratie den Weg zur Versöhnung der Gegner. Selbst in Konflikten zwischen einzelnen

Staaten wurde die Vermittlung der katholischen Kirche immer wieder gesucht – 1984 zwischen Chile und Argentinien sogar die des Papstes persönlich.

Von wenigen Ausnahmen in Europa abgesehen, nimmt in keinem anderen Kontinent der Erde die Kirche auf die Innenpolitik der Staaten so massiv und offen Einfluss, wie dies in den meisten Ländern Lateinamerikas der Fall ist. Niemand wundert sich, wenn ein Kardinal in Kolumbien bei der Präsidentschaftswahl offen einen katholischen Kandidaten unterstützt oder wenn der Vorsitzende der Argentinischen Bischofskonferenz in einer Staatskrise das tut, was anderswo ein Staatsoberhaupt tun würde, nämlich die Streithähne zum Gespräch einladen und alle Landsleute zu einem geordneten Neuanfang aufrufen. Völlig normal ist es auch, dass in Bolivien nach blutigen Auseinandersetzungen zwischen Indios und Militärs ein katholischer Bischof die Friedensgespräche moderiert. Die Reihe ließe sich beliebig fortsetzen. Immer wieder nehmen Bischöfe in Lateinamerika Stellung zu wirtschaftlichen und politischen Themen. Diese Einmischungen fallen keineswegs »rechtslastig« aus, wie man dies nach dem Vorgehen des Vatikans gegen den marxistischen Flügel der Befreiungstheologie vermuten könnte. Wenn es um die Frage der sozialen Gerechtigkeit in Lateinamerika geht, liegt die katholische Kirche oft weit links von der Mitte. Ohne Rücksichtnahme auf die herrschenden Eliten ziehen lateinamerikanische Bischöfe gegen die »neoliberale« Variante des Kapitalismus zu Felde, und wenn der Papst die Staaten zwischen Rio Grande und Feuerland besucht, schlägt er in die gleiche Kerbe.

Erkennbarer als in anderen Weltgegenden bemüht sich der Vatikan in Lateinamerika darum, die Ausdehnung der wirtschaftlichen, ideologischen und politischen Vormacht der USA zu bremsen. Den nackten Kapitalismus amerikanischer Prägung lehnt der Vatikan ebenso ab wie die calvinistische Weltsicht, die dahinter steht. Darüber hinaus wendet er sich auch gegen die »Amerikanisierung« der noch traditionell katholisch geprägten Familienstrukturen in Lateinamerika und kämpft massiv gegen die Freigabe der Abtreibung, der Scheidung und der Pornografie.

Ob er sich damit auch langfristig durchsetzt, hängt vor allem von der jungen Generation ab. Noch ist nichts entschieden in diesem mit ungleichen Mitteln geführten Kampf. Die USA dominieren die Wirtschaft und die Medien, während die lateinamerikanische Kirche vor allem auf ihre Meinungsführerschaft in den Familien, Schulen und Sozialeinrichtungen setzt. Und der »Unterwanderung« Lateinamerikas durch protestantische Prediger mit Geld aus dem Norden setzt die Kirche die allmähliche Bevölkerungsverschiebung in den USA entgegen: Durch den jahrzehntelangen massiven Zuzug von »Hispanics« werden die Vereinigten Staaten selbst immer katholischer. In Schlüsselstaaten wie Kalifornien, Texas, Florida oder New York stammen inzwischen rund ein Drittel der Einwohner aus Lateinamerika. Landesweit wuchs der Anteil der »Hispanics« im letzten Jahrzehnt des 20. Jahrhunderts von neun auf knapp 15 Prozent, gleichzeitig stieg die Zahl der Katholiken in den USA von 55 auf 63 Millionen – das sind mehr als Baptisten, Methodisten, Lutheraner und Presbyterianer zusammengerechnet.

KAPITEL III

Der Vatikan und die Weltmächte

Die unter Johannes Paul II. spürbar veränderte Außenpolitik des Vatikans hat neue Durchbrüche erzielt, aber auch manche Tiefpunkte durchlaufen, die mit weltlichen Maßstäben gemessen als glattes Scheitern gelten würden. Letzteres gilt vor allem im Verhältnis zu den militärischen Großmächten USA, Russland und China. Einen dramatischen Aspekt dieses Scheiterns erlebte der langjährige vatikanische Außenminister, Erzbischof Jean-Louis Tauran, bei einem seiner letzten Auslandseinsätze im September 2003. Er reiste zu einem mehrtägigen Aufenthalt in den Kaukasus, wobei das wichtigste Ziel gleich zu Beginn des Besuchs die Unterzeichnung eines Grundlagenvertrags mit der ehemaligen Sowjetrepublik Georgien war – geplant als krönender Abschluss der erfolgreichen diplomatischen Bemühungen des Heiligen Stuhls in fast allen ehemaligen Sowjetrepubliken nach dem Untergang der UdSSR. Doch die geplante Zeremonie kam nicht zustande, weil eine aufgebrachte Menge gegen die Anwesenheit des Vatikan-Vertreters demonstrierte. Zunächst waren es nur einige Hundert, die dem Aufruf eines orthodoxen Bischofs im Fernsehen gefolgt waren, bald wurden es Tausende. »Sie werden nicht durchkommen«, skandierten die Fahnen schwenkenden Georgier und meinten damit die katholische Kirche und den Vatikan. Die Propaganda der orthodoxen Kirche hatte das geplante Konkordat so dargestellt, als sei es ein Ausverkauf der heiligen georgischen Erde an die Interessen der römischen Kirche, die bald versuchen werde, die Georgier vom wahren Glauben ihrer Väter abzubringen. Diese Mischung aus Nationalismus und religiösen Überfremdungsängsten zündete. Unter dem Eindruck der Proteste sagte die Regierung die geplante Unterzeichnung kurzerhand ab, sie stand unmittelbar vor wichtigen Parlamentswahlen und wollte die Unterstützung durch die nationale orthodoxe Kirche nicht aufs Spiel setzen. Und so musste der vatikanische Außenminister zum ersten Mal in seiner Karriere unverrichteter Dinge aus einem Land abreisen, in dem ein Vertragswerk fertig ausgehandelt auf dem Tisch lag. Die unbewältigten konfessionellen Spannungen zwischen orthodoxer und katholischer Kirche waren stärker als der Wille der staatlichen Seite, zu einer rechtlichen Normalisierung zu kommen und der kleinen katholischen Minderheit einen gesetzlich abgesicherten Status zu geben. In einer Presseerklärung vor Journalisten in Tiflis beschuldigte Tauran die georgische Seite, sie habe einseitig ihre Zusagen gebrochen, die Delegation des Heiligen Stuhls fühle sich tief verletzt.

Offensive in Russland

Der Eklat von Tiflis war wie ein Menetekel für das, was einem Papst blühen könnte, sollte er gegen den ausdrücklichen Willen der orthodoxen Kirche nach Moskau reisen. Selbst wenn eine Mehrheit der Bevölkerung einen Papstbesuch begrüßte oder sich neutral verhielte, wären Spannungen zu befürchten, die weit über das Desaster von Tiflis hinausgehen könnten. Denn das Misstrauen der russischen Orthodoxie gegen Rom ist riesig. Und in Russland, wo Staat und Kirche traditionell eng zusammenarbeiten, leiden darunter auch die politischen Beziehungen zwischen der russischen Regierung und dem Vatikan. Zu diesem Misstrauen hat der Heilige Stuhl durch eine offensive kirchliche Russlandstrategie erheblich beigetragen.

Johannes Paul II. begann diese riskante Strategie in den späten 80er-Jahren, als sich während der Perestrojika-Politik Gorbatschows und der unübersichtlichen Konsolidierungsphase Russlands im darauf folgenden Jahrzehnt ein »Zeitfenster« für die Ost-Expansion der römisch-katholischen Kirche auftat. Dem Papst gelang es noch in der Endphase des Sowjetreichs, dort eine katholische Kirchenstruktur in Ansätzen aufzubauen und diese später in den GUS-Staaten zu festigen und beachtlich zu erweitern. Bereits 1989 ernannte er katholische Bischöfe für die damals noch zur Sowjetunion gehörenden Republiken Litauen und Weißrussland. Am 14. April 1991 gab die Vatikanzeitung *L'Osservatore Romano* auf ihrer Titelseite die »Wiedererrichtung der katholischen Kirche des lateinischen Ritus in den Republiken Weißrussland, Russland und Kasachstan« bekannt. In Verhandlungen mit dem innenpolitisch bereits stark geschwächten Gorbatschow war es dem Vatikan gelungen, gegen Bedenken der russisch-orthodoxen Kirche in Kasachstan eine und in Russland zwei »Apostolische Administraturen«, also Vorstufen für Bistümer, einzurichten. Außerdem konnte er die Diözesen in Weißrussland, wo eine starke polnischstämmige Minderheit lebte, neu ordnen.

Geradezu sensationell war die Errichtung neuer kirchlicher Strukturen in Moskau und in Novosibirsk. Für die Ernennung des ersten katholischen Bischofs in Moskau machte sich der Vatikan die Tatsache zunutze, dass alle Sowjetbürger überall in der Sowjetunion eingesetzt werden konnten – eine Regelung, die bis heute innerhalb der GUS-Staaten gilt. So wurde der polnischstämmige Weißrusse Tadeusz Kondrusiewicz, ein waschechter »homo sovieticus« mit den entsprechenden Bürgerrechten, Administrator-Bischof in Moskau. Einen »polnischen Polen« hätten die Behörden als Ausländer ausweisen können, einen Mann mit Sowjet-Pass mussten sie erdulden. Auch beim Vorstoß in den fernen Osten Russlands half der katholischen Kirche eine Ironie der Geschichte: Ausgerechnet die Zaren und der Kirchenfeind Stalin hatten durch die massenhafte Deportation von Polen, Litauern, Deutschstämmigen und Ukrainern nach Kasachstan und Sibirien Hunderttausende Katholiken in den Osten des Moskauer Reichs verpflanzt. Ohne es zu ahnen, schufen sie damit die Grundlage für den Aufbau der katholischen Kirche in Mittel- und Nordostasien. Logischerweise war auch der erste Bischof der sibirischen Katholiken, Josef Werth, ein typischer Sowjetbürger: ein von deportierten Deutschen abstammender Kasachstaner.

Kondrusiewicz und Werth bauten in den 90er-Jahren zunächst mit Unterstützung ausländischer Priester wieder katholische Seelsorge- und Caritas-Strukturen auf und sorgten gleichzeitig dafür, dass bald russische Neupriester hinzukamen. 1993 wurde in Sankt Petersburg ein Priesterseminar eröffnet, sechs Jahre später wurden erstmals seit der Oktoberrevolution wieder römisch-katholische Priester in Russland geweiht. Der Aufbau verlief rasant. Vor Gorbatschow hatte es faktisch nur noch eine einzige katholische Pfarrei in Moskau gegeben, 1992 waren es schon 40 in ganz Russland. Zu Beginn des 21. Jahrhunderts gibt es mehr als 300 katholische Pfarreien auf dem Gebiet der Russischen Föderation, fast zwei Drittel davon in Sibirien. Die Zahl der Gläubigen liegt bei rund 800 000, die der regelmäßigen Gottesdienstbesucher bei 50 000. Das erscheint wenig in einem Meer von rund 50 Millionen russisch-orthodoxer Christen, doch das Moskauer Patriarchat fühlt sich dennoch bedroht, weil die katholische Hierarchie vergleichsweise gut organisiert ist und weil es gelegentlich »Überläufer« an die römische Kirche verliert. Noch schmerzhafter sind die Verluste in ihrem historischen Stammland, der Ukraine, wo Hunderte von Pfarreien zur katholischen Kirche und zu römischer Leitung überwechselten. Auch in Kasachstan, das in der vatikanischen Strategie einen Brückenkopf für weitere Vorstöße in Richtung Mongolei und China bildet, macht die katholische Kirche der orthodoxen Konkurrenz.

Was aus Sicht der vatikanischen Zentrale nichts anderes war als die Versorgung der eigenen, leidgeprüften Gläubigen mit einer normalen Seelsorgestruktur, wurde vom Moskauer Patriarchat als aggressive Expansion in das angestammte russisch-orthodoxe Territorium wahrgenommen. Aus orthodoxer Sicht war das Maß voll, als der Papst im Februar 2002 die inzwischen vier Apostolischen Administraturen in Russland und Sibirien in Bistümer umwandelte und Kondrusiewicz zum katholischen Metropolitan-Erzbischof in Moskau ernannte. Dass es im »Heiligen Moskau« neben dem orthodoxen Patriarchen einen katholischen Metropoliten geben sollte, war für das Patriarchat ein unerhörter Affront. Es reagierte mit einer drastischen Reduzierung der ökumenischen Beziehungen zum Vatikan. Und auch der russische Staat, der unter Präsident Putin demonstrative Nähe zum Patriarchat sucht, zeigte Härte. Mehrere ausländische katholische Priester wurden ausgewiesen oder an der Wiedereinreise gehindert, unter ihnen auch einer der beiden Bischöfe in Sibirien, der das Pech hatte, ein aus Polen stammender Pole zu sein. Die früher immer wieder ins Gespräch gebrachte Möglichkeit einer Reise des Papstes nach Russland zur Aussöhnung zwischen dem Vatikan und dem Moskauer Patriarchat rückte in weite Ferne.

Das Vorgehen des Heiligen Stuhls in Russland wirkt auf den ersten Blick widersprüchlich: Obwohl die Einheit Europas vom Atlantik bis zum Ural und die ökumenische Annäherung an die Kirchen des Ostens zu den zentralen außenpolitischen Anliegen seines Pontifikats zählen, hat Johannes Paul II. nie zu erkennen gegeben, dass er seine aktive Politik zugunsten der Katholiken in Russland im Rückblick bedauern würde – obwohl sie doch der Ökumene geschadet und Moskau weiter von Rom entfremdet hat. Letztlich macht dieses Verhalten klar, wie der Heilige Stuhl entscheidet, wenn die verschiedenen Rollen des Papsttums miteinander in Konflikt geraten: Wenn es hart auf hart kommt, ist für den Papst seine Aufgabe als oberster Bischof, als »Hirte seiner Herde«, die wichtigste. Erst danach kommt die Perspektive des Kirchenoberhaupts, dem Ökumene und Dialog am Herzen liegen, und ganz am Ende steht die Logik der klassischen Außenpolitik. Im Fall Russlands können Dialog und Diplomatie langfristig höchstens die Irritationen abmildern, die der Papst im Interesse der ihm anvertrauten Gläubigen verursacht hat.

Granitbeißen in Peking

Noch schwieriger als die Beziehungen zur politischen und zur kirchlichen Macht in Moskau ist das Verhältnis des Heiligen Stuhls zu Peking. Der Papst unterhält keine diplomatischen Beziehungen zur Volksrepublik und die katholische Kirche des Landes ist der Willkür der staatlichen Behörden schutzlos ausgeliefert. Noch immer sind in einigen Provinzen Verhaftungen von katholischen Laien, Priestern und Bischöfen an der Tagesordnung. Ähnlich wie einst die kommunistischen Ostblockregierungen in Europa hat die Regierung in Peking in den 50er-Jahren versucht, die katholische Kirche zu spalten, um sie zu schwächen und besser kontrollieren zu können. Während Kleriker, die dem Papst die Treue hielten, eingeschüchtert, inhaftiert und gefoltert wurden, genießen Geistliche und Gläubige, die sich der regimetreuen »Patriotischen Vereinigung« anschlossen, weitgehende Religionsfreiheit. Sie durften sogar Kirchen und Priesterseminare bauen und sich offen zum christlichen Glauben bekennen. Nach unbestätigten Schätzungen gibt es inzwischen rund zehn Millionen chinesische Katholiken mit »patriotischer« Tendenz und ebenso viele, die wegen ihrer Treue zum Papst als »Untergrundkirche« bezeichnet werden. Die Grenzen zwischen beiden sind fließend, eine echte Kirchenspaltung zu inszenieren ist den Kommunisten nicht gelungen.

Zwischen der Regierung in Peking und der römisch-katholischen Kirche herrscht tiefes gegenseitiges Misstrauen, dessen Wurzeln weit in die Geschichte zurückreichen. Noch im 16. und 17. Jahrhundert begegneten die chinesischen Kaiser den katholischen Missionaren mit großer Sympathie, 1692 erließ der Kangxi-Kaiser sogar ein Toleranzedikt, in dem er dem Christentum gleiche Rechte einräumte wie dem Taoismus und dem Buddhismus. Erst als der Vatikan Anfang des 18. Jahrhunderts den chinesischen Katholiken die Beibehaltung einiger Riten des Ahnenkults verbot, kam es zum Bruch mit dem Herrscherhaus in Peking. Diese theologische Fehlentscheidung hatte gewaltige politische Auswirkungen. Eine Welle der Kirchenverfolgung setzte ein, die nur wenige Gemeinden überlebten. Erst im 19. Jahrhundert kehrte die katholische Mission nach China zurück – diesmal im Gefolge der europäischen Mächte, die versuchten, das intern geschwächte, am Boden liegende Kaiserreich China unter sich aufzuteilen. Sie setzten auch die Missionsfreiheit für die christlichen Konfessionen mit Gewalt durch. Die Abwehrversuche der Chinesen gegen die Kolonialmächte, etwa der »Boxer-Aufstand« von 1900, richteten sich nicht nur gegen die fremden Besatzer und Ausbeuter, sondern auch gegen die von ihnen mitgebrachten Missionare und die von ihnen getauften Landsleute. Tausende von Katholiken wurden damals getötet, doch die katholische Kirche hatte in China inzwischen erneut Wurzeln geschlagen. Als das Kaiserreich 1912 durch eine Republik abgelöst wurde, brachen erneut goldene Zeiten für die katholische Kirche in China an. Im Schutz einer Verfassung, die weitgehend Religionsfreiheit garantierte, breitete sich die Kirche, insbesondere durch ihr Engagement im Schulsektor, rasant aus. 1922 wurde ein »Apostolischer Delegat«, die Vorstufe zu einem Nuntius, nach Peking entsandt. Rund 2500 Priester, davon 1000 Chinesen, kümmerten sich damals um rund 2 Millionen chinesische Katholiken. 20 Jahre später waren es schon mehr als 3 Millionen. 1946 wurden 99 Bistümer eingerichtet, erstmals entsandte der Vatikan einen Nuntius nach Peking, die katholische Kirche betreute 4500 Schulen und mehr als 200 Krankenhäuser. Doch die Blüte war von kurzer Dauer. Als die von Mao Zedong geführten Kommunisten 1949 den Machtkampf gegen Chiang Kai-chek gewannen und dieser sich mit seiner Regierung auf die südchinesische Insel Taiwan zurückzog, brach auf dem Festland eine neue Welle der Kirchenverfolgung los. In wenigen Jahren wurden über 5000 katholische Missionare ausgewiesen, eine brutale Christenverfolgung setzte ein. Die Kirchenstruktur wurde später zum Teil in die regimetreue »patriotische Kirche« übernommen.

Weil Mao keine halben Sachen machte, wurde 1951 auch der Apostolische Nuntius zunächst verhaftet und dann ausgewiesen. Er zog sich auf die Insel Taiwan zurück, wo die diplomatische Vertretung des Heiligen Stuhls in China bis heute ihren Sitz hat. Als Taiwan und die Volksrepublik sich in den folgenden Jahrzehnten auf der internationalen Bühne immer mehr wie zwei getrennte Staaten verhielten, geriet der Vatikan in den Sog dieser Spannungen hinein. Seither stehen sich Peking und der Heilige Stuhl mit unvereinbaren Forderungen gegenüber: Die kommunistische Regierung verlangt, dass Rom seine diplomatische Vertretung aus Taiwan abzieht und auf dem Festland auf jegliche »Einmischung in innere Angelegenheiten Chinas« auch im religiösen Bereich verzichtet. Der Vatikan hat zwar signalisiert, dass man über ein Ende der diplomatischen Vertretung in Taiwan reden könne, doch die Autonomie der katholischen Kirche in der Volksrepublik, insbesondere bei den Bischofsernennungen, will er nicht preisgeben. Das Modell einer von der kommunistischen Regierung geduldeten patriotischen Kirche lehnt er ab.

Bislang hat Rom sich vergeblich bemüht, diese verfahrene Situation zu überwinden. Ein jahrelang geheim gehaltener persönlicher Brief von Papst Johannes Paul II. an den damaligen »starken Mann« in Peking, Deng Xiaoping, blieb unbeantwortet. Und auch die diplomatischen und persönlichen Sondermissionen des französischen Kurienkardinals Roger Etchegaray, den der Papst um die Jahrtausendwende einige Male »privat« in die Volksrepublik reisen ließ, konnten nichts ausrichten. Wie tief das Zerwürfnis sitzt, zeigte sich noch einmal am 1. Oktober des Jahres 2000, als der Papst in Rom 120 Märtyrer ausgerechnet am chinesischen Unabhängigkeitstag heilig sprach. 33 von ihnen waren Missionare und die meisten von ihnen waren beim Boxer-Aufstand ums Leben gekommen, der für China als Teil des heroischen Unabhängigkeitskampfes gegen die Kolonialmächte gilt. Peking fasste diese Heiligsprechung als Affront auf und protestierte lautstark, der Vatikan versuchte sich mit dem Hinweis zu entschuldigen, dass man die besondere Bedeutung dieses Datums nicht bedacht habe. Hoffnungen auf eine Verbesserung der Beziehungen zwischen dem Vatikan und Peking liegen seither auf Eis. Zusätzlicher Konfliktstoff braut sich derzeit in Hongkong zusammen. In der ehemaligen britischen Kronkolonie gelten noch immer weitreichende religiöse Freiheiten, auch für die katholische Kirche. Kurz vor der Vereinigung Hongkongs mit der Volksrepublik im Jahr 1997 verstärkte der Papst den dortigen Klerus und die kirchliche Hierarchie noch einmal. Der neue Erzbischof Joseph Zen Ze-kiun hat bereits klar zu verstehen gegeben, dass er nicht gewillt ist, im Konflikt mit Peking um Freiheit und Menschenrechte nachzugeben.

Die Gründe, warum die vatikanische Politik in Peking immer wieder scheitert, reichen jedoch weit über die Tagesaktualität hinaus. Letztlich steht dahinter wahrscheinlich das Aufeinanderprallen kultureller Traditionen, die nicht so leicht kompatibel sind. Ähnlich wie in Russland, wo die Staatsnähe der Religion ebenfalls eine lange Tradition hat, ist in China eine Autonomie der Religionsgemeinschaften nach westlichem Vorbild etwas Fremdes. Der Kaiserkult lebte über Jahrhunderte von einer engen wechselseitigen Durchdringung von Staat und Religion, und auch die maoistische Variante des Kommunismus war im Grunde eine Art Staatsreligion. Weil sie eine Autonomie der Kirche von der staatlichen Herrschaft nicht kennen, fürchten Chinas Herrscher unkontrollierbare Sekten wie die Pest. Noch empfindlicher reagieren sie auf eine Religionsgemeinschaft, die eine im Westen liegende zentrale Macht, eben der Vatikan, leitet. Ähnliche Vorbehalte gelten in China auch gegen den Islam, wenn er von ausländischen Zentren, etwa Saudi-Arabien oder Iran, finanziert und gesteuert wird. Angesichts dieses tiefen Mentalitätsgrabens war der instinktive, charismatische Politikstil Johannes Pauls II. wahrscheinlich nicht der beste Weg, um bestehendes Misstrauen abzubauen. Möglicherweise wird der Heilige Stuhl deshalb schon bald wieder auf die traditionellen Wege der vatikanischen Diplomatie setzen, um zu einem Minimum an Verständigung zu kommen. Er bräuchte wahrscheinlich wieder Diplomaten vom Schlag eines Casaroli, um in beharrlicher Weise kleine, unspektakuläre Fortschritte zu erzielen.

Fern und doch so nah: Das amerikanische Imperium

Verglichen mit den Schwierigkeiten, die der Vatikan in seinem Verhältnis zu Moskau und Peking erlebt, wirken die Beziehungen zu Washington beinahe idyllisch. Bei näherer Betrachtung sind die Vereinigten Staaten von Amerika die einzige Großmacht, mit der der Heilige Stuhl gute und stabile Beziehungen unterhält. Dies gilt trotz der Spannungen, die als Folge der globalen Hegemonierolle der USA aufgetreten sind. Wie stark die Gemeinsamkeiten zwischen der westlichen Supermacht und dem Vatikan sind, zeigen paradoxerweise gerade die Ereignisse nach dem Anschlag auf das World Trade Center in New York.

Den 11. September 2001 verbrachte Papst Johannes Paul II. in seiner Sommerresidenz in Castel Gandolfo oberhalb des Albaner Sees. Es war ein Dienstag, für den Päpstlichen Haushalt der einzige wirkliche Ruhetag der Woche. Offizielle Audienzen standen nicht auf dem Programm, der Papst bereitete sich auf die Generalaudienz des kommenden Tages vor. Doch der ruhige, südliche Spätsommertag wurde jäh unterbrochen, als in Manhattan zwei Flugzeuge in die Zwillingstürme rasten. Wie Millionen anderer Menschen verfolgte der Papst die Bilder aus New York fassungslos vor dem Fernseher. Sofort schickte er ein Telegramm an Präsident George W. Bush und versicherte ihn und das amerikanische Volk seiner Solidarität. In den folgenden Tagen und Nächten fand er kaum Schlaf, er sah fern, betete und telefonierte, er hielt Kontakt zu Washington und zu den amerikanischen Bischöfen. Bei der Generalaudienz am 12. September sprach er vor einer betroffen schweigenden Menge auf dem Petersplatz. »Gestern war ein schwarzer Tag in der Geschichte der Menschheit, (…) ein schrecklicher Angriff auf die Würde des Menschen.«

Erst acht Wochen zuvor, zu Beginn seines Sommeraufenthalts, hatte er den neuen US-Präsidenten in Castel Gandolfo kennen gelernt, als dieser seinen ersten Staatsbesuch in Rom machte. An jenem heißen, sonnenüberfluteten Julitag schienen die Beziehungen zwischen dem Vatikan und Washington besonders eng. Mit großer Herzlichkeit führte der alte Papst den artig staunenden Präsidenten, seine Gattin Laura sowie Tochter Barbara auf die Terrasse seines Sommerpalastes und ließ sie den herrlichen Ausblick genießen. Auch die Sicherheitsberaterin des Präsidenten, Condoleezza Rice, war mit dabei. Politische Misstöne gab es nicht. Nach der Ära des Freigeists Clinton mit ihren vielfältigen Belastungen schien es endlich wieder ein großes Maß an Übereinstimmungen zwischen Washington und Rom zu geben. Vor allem in der Frage des Lebensschutzes und der Familienethik, insbesondere der Abtreibung, lagen der Führer der katholischen Kirche und der fromme Methodist Bush auf einer Linie. In geradezu hymnischen Tönen pries der Papst damals Amerika. Er erinnerte an die Gründer-Ideale »einer Gesellschaft der Freiheit, der Gleichheit und der Gerechtigkeit unter dem Gesetz« und hob hervor, dass die USA im 20. Jahrhundert auf dieser Grundlage sowohl dem Nationalsozialismus als auch dem Kommunismus widerstanden hatten. »Am Beginn dieses neuen Jahrhunderts schaut die Welt weiterhin voller Hoffnung auf Amerika!«, sagte der Papst und beschwor den Präsidenten, seine Haltung für den

Lebensschutz auch in der Debatte um das Klonen von menschlichen Embryonen beizubehalten.

Kaum zwei Monate später schienen diese Gespräche plötzlich weit weg. Amerika war angegriffen und schwer verwundet worden, viele Kommentatoren in den Medien sagten damals, von nun an werde nichts mehr sein wie vorher. Was das in letzter Konsequenz bedeutete, begriff der Papst schneller als andere: Die USA würden den Angriff nicht tatenlos hinnehmen, sie würden sich in einen weltweiten Krieg mit dem radikalen Flügel des Islam hineintreiben lassen. Die von ihm im Jahr 2000 beschworene Vision einer Welt, die nach den Erfahrungen aus zwei Weltkriegen friedlicher und gerechter wäre, war zusammen mit den Twin Towers eingestürzt. In einem dramatischen Gebet, das er für die Generalaudienz am 12. September formulierte, sagte der Papst: »Lasst uns den Herrn bitten, dass die Spirale des Hasses und der Gewalt nicht die Oberhand gewinnt!« Weiter betete er darum, dass »die Herzen aller mit Weisheit und friedlichen Absichten erfüllt werden«.

Es war purer Zufall, dass am Tag darauf der neue Botschafter der USA, James Nicholson, seinen seit langem festgelegten Antrittsbesuch beim Papst in Castel Gandolfo absolvierte. Für den Papst war dies ein heikler Moment. Einerseits wollte er die Begegnung zu einem weiteren Appell für Frieden und Besonnenheit nutzen, andererseits wollte er das mächtigste Land der christlichen Welt in diesem Moment der Verwundung nicht verprellen. Wie viele Treffen des Papstes mit politischen Vertretern hatte die Begegnung mit Nicholson einen offiziellen und einen eher privaten Teil. Im offiziellen Teil bemühte sich der Papst um Ausgewogenheit. Erneut verurteilte er die Anschläge vom Dienstag in aller Schärfe, warnte aber gleichzeitig vor »Hass und Spaltung in der Menschheitsfamilie«. An einer Stelle sprach er einen Halbsatz aus, auf den Washington sehnlichst gewartet hatte: »Gerechtigkeit ist die unverzichtbare Voraussetzung für wahre Freiheit und dauerhaften Frieden.« Der amerikanische Botschafter verstand dies als klares Signal, dass der Papst keine pazifistische Position einnahm, sondern die Möglichkeit eines »gerechten« Verteidigungskriegs anerkannte. Im inoffiziellen Teil der Begegnung tat der Papst etwas, was gegen jedes Protokoll verstieß: Er betete gemeinsam mit Nicholson. Und er versicherte ihm nochmals, jedenfalls hat der Botschafter dies später so berichtet, dass die USA ein Recht hätten, sich gegen diesen Angriff, der gegen die gesamte Menschheit gerichtet sei, zu verteidigen.

Während der Papst mit dem US-Botschafter für Amerika betete, machte der UN-Sicherheitsrat den Weg frei für einen militärischen Angriff auf die Terroristen und ihre afghanischen Verbündeten. Er setzte in seiner Resolution Nummer 1368 die Anschläge vom 11. September mit einem kriegerischen Angriff auf einen Staat gleich und wertete sie als »Bedrohung des Weltfriedens und der internationalen Sicherheit«. Damit hatten die USA von der Weltorganisation das Recht auf einen Akt der Verteidigung zugesprochen bekommen. Sie setzten dies um, indem sie das Taliban-Regime in Afghanistan, das den Drahtziehern der Anschläge um Osama Bin-Ladin Schutz gewährte, mit Bomben und Bodentruppen angriffen und besiegten. Sie nannten die Aktion »Operation Dauerhafte Freiheit« (enduring freedom). Das klang fast so, als ob die Worte des Papstes an den US-Botschafter Pate gestanden hätten.

Trotz der Legitimierung eines Angriffs durch den UN-Sicherheitsrat war Johannes Paul II. zutiefst beunruhigt. Was, wenn der Krieg in Afghanistan zur Lunte am Pulverfass würde und einen weltweiten Konflikt zwischen dem Islam und dem Westen auslöste? Vier Monate vor dem 11. September hatte er in Damaskus als erster Papst der Menschheitsgeschichte eine Moschee besucht. Der Dialog zwischen Islam und Christentum schien damals zu neuen Ufern zu gelangen. Nun war all dies bedroht. Er musste versuchen, wenigstens die religiöse Seite des Konflikts einzudämmen. Zwei Wochen bevor der erste Angriff gestartet wurde, flog Johannes Paul II. erstmals nach Mittelasien. Im mehrheitlich von Muslimen bewohnten Kasachstan, einem Nachbarland der Krisenregion um Afghanistan, verkündete er noch einmal einen leidenschaftlichen Appell gegen den Geist der Rache und beschwor den Dialog zwischen den Religionen. In den Medien wurde dies so interpretiert, als habe er damit den bevorstehenden Angriff auf Afghanistan verurteilt. Doch wie schon beim Golfkrieg des Jahres

1991 sorgte die vatikanische Diplomatie dafür, dass diese Stellungnahme des Papstes in Amerika nicht als Pazifismus verstanden wurde. Vatikansprecher Navarro-Valls wiederholte in einem in allen amerikanischen Medien verbreiteten Interview in Kasachstan, dass der Heilige Stuhl im Fall Afghanistan das Recht der USA auf Selbstverteidigung für gegeben halte. Der Papst selbst äußerte sich öffentlich nie ganz eindeutig zu dieser realpolitischen Frage. Er nutzte stattdessen die Möglichkeiten, die dem Vatikan in der Vielfalt seiner Rollen zur Verfügung standen. Das Staatssekretariat übernahm die klassische Außenpolitik und sorgte dafür, dass die US-Regierung beruhigt wurde. Nicht ohne Grund war Kardinalstaatssekretär Sodano bei dieser Papstreise nicht mitgeflogen, sondern in Rom geblieben, wo er leichter und unauffälliger in ständigem Kontakt mit Washington stehen konnte. Johannes Paul II. hingegen trat zur selben Zeit in Zentralasien vor muslimischen Zuhörern als überparteiischer Friedensmahner auf und beschwor weiter die hehren Grundsätze der Gewaltlosigkeit und des Dialogs. Statt auf der politischen Schiene zu argumentieren, betonte er seine Stellung als Kirchenoberhaupt.

Am 18. November – die US-Truppen hatten zu diesem Zeitpunkt bereits die Taliban aus Kabul vertrieben und bei ihren Bombardements mehr Zivilisten getötet, als beim Anschlag in New York gestorben waren – lud der Papst die Religionsführer zu einem Gebetstreffen nach Assisi am 24. Januar 2002 ein. Zusätzlich verkündete er einen Fasttag für die gesamte katholische Weltkirche mitten in der christlichen Adventszeit, die in diesem Jahr teilweise zeitgleich mit dem islamischen Fastenmonat Ramadan begangen wurde. Das gemeinsame Fasten sollte unterstreichen, dass es zwischen Christen und Muslimen trotz der kriegerischen Ereignisse in Amerika und Afghanistan Verbindendes gab.

Was die vatikanische Politik beim Krieg gegen die Taliban noch vermeiden konnte, trat offen zutage, als Bush bald danach zum zweiten Krieg gegen den Irak mobilisierte: Die Unterschiede zwischen den USA und dem Heiligen Stuhl in der Beurteilung der weltpolitischen Lage wurden so deutlich, dass sie auch mit größtem diplomatischem Geschick nicht mehr wegzudeuten waren. Während im Vatikan noch das Gelingen des Weltfriedenstreffens in Assisi gefeiert wurde, verkündete der US-Präsident am 29. Januar 2002 in seiner Rede zur Lage der Nation eine neue »Sicherheitsdoktrin« für sein Land. Von nun an nahmen die USA für sich das Recht in Anspruch, mögliche Gegner Amerikas und Unterstützer des Terrorismus überall auf der Welt vorsorglich anzugreifen, bevor diese ihrerseits zu einem Angriff in der Lage seien. Ausdrücklich kündigte er an, die USA würden dieses Recht im Einzelfall, wenn notwendig, auch ohne Zustimmung der Vereinten Nationen für sich in Anspruch nehmen. In diesem Moment war die Ära des Kalten Kriegs und seiner friedenssichernden Mechanismen endgültig vorbei. Gremien wie die UN-Vollversammlung oder der UN-Sicherheitsrat, die im Zeitalter des Patts zwischen den beiden Supermächten von enormer Bedeutung waren, schienen plötzlich wertlos. Die USA beanspruchten ohne Zwischentöne die Rechte einer universalen Führungsmacht und Weltpolizei. Der Papst, der 1990 noch mit George Bush senior den gemeinsamen Sieg über das Sowjetreich feiern konnte, sah sich gezwungen, auf kritische Distanz zur politischen Vision von Bush junior zu gehen.

Es gab viele Gründe, warum der Vatikan diese neue Doktrin nicht akzeptieren konnte. So war die Idee des »Präventivkriegs« nicht mit den Kriterien des gerechten Kriegs in Einklang zu bringen. Sie widersprach außerdem der Charta der Vereinten Nationen. Und schließlich – und das ist wahrscheinlich der wichtigste Grund – war sie so unbestimmt und universal, dass sie ohne internationale Kontrolle und ohne nachprüfbare Kriterien zu Angriffen in beinahe jeder Weltgegend geradezu einlud. Etliche Staaten der Welt, wie etwa Indien, Pakistan und Südkorea, hätten beinahe täglich Grund, mit vergleichbaren Argumenten ihre Nachbarländer anzugreifen. Eine internationale Friedensordnung schien dem Vatikan auf dieser Grundlage unmöglich. Hinzu kam, dass die Führung der katholischen Weltkirche die potenziellen Gegner der USA – letztlich waren dies alle radikalen Muslime der Welt – aus langer Erfahrung in Nahost, Afrika und Asien besser kannte als die Geheimdienste Washingtons. Kardinalstaatssekretär Angelo Sodano fragte als Reaktion auf Bushs neue Richtlinien einen amerikanischen Gesprächspartner, ob er es im Ernst für eine gute

Idee halte, die gesamte islamische Welt in ein Pulverfass zu verwandeln.

Es dauerte nur wenige Monate, bis Bush sich auf die Idee festlegte, den Irak unter dem Diktator Saddam Hussein als Zentrum der Bedrohung für Amerika zu identifizieren und nach der neuen Sicherheitsdoktrin anzugreifen. Obwohl ihm stichhaltige Beweise für eine solche Bedrohung, etwa in Form von irakischen Massenvernichtungswaffen, fehlten, startete er im Sommer 2002 eine Monate währende internationale Kampagne gegen den Irak und ließ keinen Zweifel daran, dass er das Land bald angreifen würde, wenn sich dessen grausamer Herrscher nicht den USA unterwarf. Dies war der Moment, in dem der Vatikan und Washington mit ihren unterschiedlichen Ideen von der künftigen Weltordnung in aller Deutlichkeit aufeinander trafen.

Doch trotz des mediengerecht inszenierten politischen »Showdowns« zwischen dem Papst und dem Präsidenten im Frühjahr 2003 blieben die Beziehungen auch während des Irakkriegs und darüber hinaus intakt. Die Diplomaten beider Seiten taten alles in ihrer Macht Stehende, um die Verwerfungen durch die Konfrontation der weltlichen und der geistlichen Supermacht nicht ausufern zu lassen. Ein freundlicher, aber bestimmter Brief, in dem der Papst den US-Präsidenten im Dezember 2002 noch einmal zur Zurückhaltung mahnte, wurde lange geheim gehalten, um Bush nicht zu kompromittieren. Im Staatssekretariat ging man sogar so weit, den Text der auf Französisch gehaltenen, dramatischen Papstrede an das Diplomatische Corps vom 13. Januar, in der er den Krieg rundheraus ablehnte, in der offiziellen englischen Übersetzung zu glätten. Heraus kam eine Fassung, die für die auf Krieg eingestimmte amerikanische Öffentlichkeit nicht allzu anstößig klang. Hatte der Papst in seiner Originalrede betont, der Krieg sei »niemals ein unausweichliches Schicksal« (la guerre n'est jamais une fatalité), hieß es in der englischen Fassung, der Krieg sei »nicht immer unausweichlich« (war is not always inevitable) – eine Formulierung, die Bush weniger wehtat. Im Februar hielt der Bush nahe stehende amerikanische Theologe Michael Novak in Rom eine Reihe von Vorträgen, in denen er die neue amerikanische Sicherheitsdoktrin verteidigte, weil sie mit der

Theorie des »gerechten Kriegs« in Einklang zu bringen sei. Er wurde im Vatikan höflich empfangen. Nachdem dann die amerikanischen Truppen den Irak in wenigen Wochen ohne das befürchtete riesige Blutbad besetzt hatten, beeilte sich das Staatssekretariat, den Ausgang des Kriegs in einer offiziellen Stellungnahme zu begrüßen. Darin hieß es, der Sturz Saddams sei eine »wichtige Wende im Irak-Konflikt« und eine »bedeutende Chance für die Zukunft der Bevölkerung«. Und als die gestürzte irakische Regierung und islamische Fanatiker den Krieg in den folgenden Monaten mit wachsendem Erfolg als eine Art Guerillakampf gegen die westlichen Besatzungstruppen fortsetzten, enthielt sich der Vatikan jeglicher Häme – obwohl es für ihn ein Leichtes gewesen wäre, darauf hinzuweisen, dass er selbst von Anfang an vor einer solchen Entwicklung gewarnt hatte.

Für den Vatikan war es nicht immer einfach, in der außenpolitischen Partie mit den USA den »Ball flach zu halten« und zu verhindern, dass aus gelegentlichen Verstimmungen ein offener Bruch entstand. Nicht nur in den Reihen katholischer Linksaktivisten wurden bereits seit dem Afghanistankrieg immer wieder Stimmen laut, die eine härtere Distanzierung des Heiligen Stuhls von der Politik des »Amerikanischen Imperiums« forderten. Das Verhältnis wurde zusätzlich belastet durch den so genannten Pädophilie-Skandal in der katholischen Kirche der USA, den die amerikanischen Medien – Zufall oder nicht – just zu dem Zeitpunkt hochpuschten, als die außenpolitischen Meinungsverschiedenheiten zwischen Washington und dem Vatikan deutlich aufbrachen. Zeitungen und Fernsehsender berichteten im Jahr 2002 monatelang ausgiebig über hunderte, meist viele Jahre zurückliegende Fälle sexuellen Missbrauchs Minderjähriger durch katholische Priester. Die rasch ausufernde Medienwirksamkeit führte schließlich sogar zu einem einmaligen Vorgang in der jüngeren Kirchengeschichte: Der Erzbischof von Boston, Kardinal Bernard Law, trat im Dezember 2002 von seinem Amt zurück, weil er einige perverse Priester nicht aus ihrem Amt entfernt hatte. Selbst vereinzelte Kardinäle sprachen angesichts dieser Vorgänge von einer bewusst inszenierten Kampagne in den USA, deren Ziel es sei, das Ansehen der katholischen Kirche zu ruinieren und damit indirekt auch ihren Einfluss als unbequeme moralische Macht zu schwächen.

Der Heilige Stuhl ließ sich jedoch nicht auf diese Konfrontation ein, sondern nahm die Herausforderung auf der rein sachlichen Ebene an. Mit Unterstützung durch den Papst und die Kurie legten die amerikanischen Bischöfe neue, strenge Richtlinien bei sexuellem Missbrauch fest. Sie unterstellten der Politik keine Mitwirkung an der Medienkampagne. Hätten sie dies getan, wäre das Verhältnis der katholischen Kirche mit dem amerikanischen Staat vermutlich rasch in offene Feindseligkeit umgeschlagen.

Dem Heiligen Stuhl ist es gelungen, diese Fallstricke zu umgehen und polemische Töne zu vermeiden. Der Vatikan hatte seine Gründe, warum er einen äußerst sanften Kurs gegenüber Washington beibehielt – und die gelten auch nach dem Irakkrieg. Angesichts der realen Machtverteilung in der Welt bleiben dem Heiligen Stuhl ebenso wie in der Ära des Kalten Kriegs nur wenige Optionen. Wenn er seinen Einfluss als Kritiker und Korrektiv der einzigen Supermacht behalten will, kann er nicht auf totalen Konfrontationskurs zu ihr gehen. Nur wenn er auch von Washington als überparteilicher Mahner respektiert wird, bleibt der Vatikan trotz seiner eigenen militärischen und wirtschaftlichen Machtlosigkeit ein wichtiger Faktor im Spiel der Mächte. Ein konsequent antiamerikanischer Kurs kann deshalb nicht in seinem Interesse sein.

Außerdem gibt es trotz aktueller Meinungsverschiedenheiten eine Reihe von wichtigen gemeinsamen Werten und Zielen zwischen Washington und dem Vatikan. Letztlich bleiben die USA ein christlich geprägtes Land mit einer starken katholischen Kirche im Inneren und einer auf Frieden, Meinungs- und Religionsfreiheit orientierten Außenpolitik, die sich trotz aller zeitweiligen Verirrungen an denselben Idealen messen lassen will, die auch der Vatikan vertritt. Vergleichbare Schnittmengen bei den Grundwerten gibt es weder mit Moskau noch mit China oder gar mit der islamischen Welt. In manchem erinnert daher das Verhältnis zwischen dem US-Präsidenten und dem Pontifex an die Beziehung zwischen Kaiser und Papst im spätantiken Rom, die einander trotz mancher Konflikte letztlich brauchten und ergänzten.

Auch heute kann das geistliche Oberhaupt den stärksten weltlichen Machthaber mahnen, kritisieren und sogar bloßstellen, aber er wird, wenn es sich irgendwie vermeiden lässt, nicht den vollständigen Bruch mit ihm suchen. Egal, wie wichtig der Dialog mit arabischen Regierungen und muslimischen Geistlichen sein mag und wie sehr auch die Vision eines von Amerika unabhängigen vereinten Europa lockt, der Vatikan kann sich mangels wirksamer Alternativen von keiner antiamerikanischen Koalition ins Boot ziehen lassen. Die Zahl der politischen Optionen der geistlichen Weltmacht am Tiber ist, auch im Augenblick ihrer größten weltweiten Anerkennung, nicht größer als die der anderen Akteure auf der weltpolitischen Bühne. Die Kunst der vatikanischen Politik kann daher in den kommenden Jahrzehnten nur darin bestehen, den Respekt, den das Papsttum in Washington, in der EU, in Lateinamerika und mit Abstrichen auch in der islamischen Welt genießt, innerhalb dieser politischen Rahmenbedingungen zu nutzen, um seine eigenen Ziele zu erreichen und gleichzeitig den Frieden zwischen Staaten und Religionen zu fördern. In einer Zeit, in der religiöse Fanatiker zu den gefährlichsten Kriegshetzern zählen, ist das für das Oberhaupt der größten einzelnen Religionsgemeinschaft die bestimmende Herausforderung.

Schluss und Ausblick

Seit mehr als vier Generationen hat der Papst sein altes Staatsgebiet verloren, aber die Kirche ist nicht untergegangen. Sie wurde von ihren Feinden nicht überwältigt und bleibt, so sehen es jedenfalls die Gläubigen, das Werkzeug, mit dem Gott in der Welt wirkt. An ihrer Spitze steht unangefochten der Papst, und unter den Mächtigen der Welt erweisen selbst jene, die nicht an Gott und seine Kirche glauben, ihm seine Reverenz. Anders als Rom, das nach dem Untergang des Römischen Reichs nur als Idee, Mythos und Reiseziel überlebte, ist der Vatikan eine lebendige Größe mit weltweiter Ausstrahlung geblieben. Als einer der herausragenden moralischen Führer genießt der Papst international höchstes Ansehen. Es ist das eingetreten, was Pietro Gasparri, Kardinalstaatssekretär unter Benedikt XV. und Pius XI., bereits aus der Erfahrung des Ersten Weltkriegs formuliert hat: »Dieses Jahrhundert scheint vom heutigen Papsttum genau das zu fordern, was es am früheren Papsttum kritisierte: Offenbar wünscht es, dass der Papst sich Blitze schleudernd zwischen die bewaffneten Völker wirft …«

Der wirkliche Einfluss des Heiligen Stuhls auf die militärischen Großmächte war und bleibt jedoch eine schwer zu messende Größe. Als geistliche und moralische Macht kann er die Mechanismen der Politik nicht außer Kraft setzen. Er kann anklagen und appellieren, kann Schäden begrenzen, zur Versöhnung beitragen, Denkblockaden überwinden und Feindbilder abbauen oder Feinde zueinander bringen. Aber politische Macht im engeren Sinn wird der Vatikan immer nur in bestimmten historischen Konstellationen im Bündnis mit anderen religiösen, politischen oder gesellschaftlichen Kräften ausüben können. Als erster Papst der Moderne hat Johannes Paul II. in seinem Pontifikat gleich mehrere solcher Situationen erlebt und mitgestaltet – allen voran die Wende in Osteuropa.

Zu Beginn des 21. Jahrhunderts kann sich der Vatikan nicht auf seinen Lorbeeren ausruhen. Die Feinde der Kirche attackieren heute nicht mehr den Kirchenstaat, und zumindest in Europa und Amerika können Katholiken ihren Glauben frei leben und die Kleriker ihr Amt ungehindert ausüben. Doch Gegner und Konkurrenten gibt es auch in der größer gewordenen »freien Welt« reichlich. Manche davon sind für die Kirchenleitung leicht zu erkennen, dennoch tut sie sich mit der Gegenwehr schwer. Protestantische Sektenprediger etwa hat der Vatikan schon seit Jahrzehnten als wachsende Bedrohung für die katholische Volkskirche in Lateinamerika erkannt, doch gelingt es ihm kaum, ihre Ausbreitung zu stoppen. Auf anderen Kontinenten fehlt ihm gegenüber dem Vormarsch des militanten Islam eine wirkungsvolle Strategie.

Noch schwieriger als der Kampf gegen »die Konkurrenz« und die erklärten Feinde ist für die katholische Kirche die Auseinandersetzung mit den nicht organisierten, unsichtbaren Gegnern. Papst Johannes Paul II. hat sie klarer erkannt als seine Vorgänger: Ende des 20. Jahrhunderts attackierte er wiederholt die ungehemmte Konsummentalität, den verantwortungslosen Egoismus und die Spaßgesellschaft (»Hedonismus«) in den wohlhabenden Ländern als eine geistige Bedrohung. Auf der religiösen Ebene geht diese Mentalität mit dem Bekenntnis einher, Religion sei unwichtig, oder aber, alle Religionen und Weltanschauungen müssten »irgendwie« gleich gültig und gleich wahr sein (»Relativismus«). Nicht ohne Grund bezeichnete deshalb Kardinal Ratzinger den Relativismus als die größte Herausforderung für die Kirche nach der Niederlage des Kommunismus in Europa. Ob der Vatikan die katholische Kirche erfolgreich durch dieses schwierige Umfeld führen kann, ist eine offene Frage.

Die Aufgabe ist schwieriger geworden. Erfolgten die Angriffe der ideologischen Gegner früher mit leicht erkennbaren »konventionellen« Geschützen und Argumenten, so gleicht die Situation jetzt mehr einer Attacke mit biologischen Waffen. Wie ein Virus schlägt die religiöse Gleichgültigkeit selbst in traditionell katholischen Landstrichen immer größere Lücken in die Reihen der Gläubigen und schwächt die »Divisionen des Papstes«. Da nützt es wenig, wenn die Kirchenleitung ihre alten ideologischen Gegner besser kennt als je zuvor. Der Vatikan verfügt heutzutage in seinen Räten und Kongregationen über Fachleute für protestantische Theologie, Kenner des Marxismus, Sinologen, Experten in Islamkunde und vieles mehr.

Doch die besten Fachleute helfen wenig im Kampf gegen die unsichtbaren Gegner des 21. Jahrhunderts. Denn trotz des wichtigen »Inputs« der Experten bleibt der Vatikan eine weithin geschlossene Gesellschaft mit einer ziemlich einheitlichen Weltsicht. So sind seine »consultores« meist handverlesene Wissenschaftler, die dafür bekannt sind, dass sie keine papst- oder kirchenkritische Meinung vertreten. Auch bei Experten-Anhörungen oder Kongressen kommen abweichende Meinungen in der Regel nicht zum Tragen. Niemals würde etwa der Päpstliche Familienrat Homosexuellen-Aktivisten einladen, um deren Argumente für die Einführung der Homo-Ehe anzuhören. Wenn es darum geht, das hohe Gut der Einheit des Glaubens gegen den Wunsch nach einer Auseinandersetzung mit anderen Meinungen abzuwägen, entscheidet sich der Vatikan stets für die Einheit.

Diese »Einheitsoption« des Papsttums hat den Vorteil, dass die katholische Kirche weit weniger spaltungsanfällig ist als die meisten protestantischen Gemeinschaften. Nur deshalb bleibt sie eine Institution mit weltweitem, die Grenzen und Kulturen überschreitendem Einfluss. Während liberale Protestanten den offenen Dialog pflegen und ihre Türen dem Zeitgeist so weit öffnen, dass er sie, wenn er erst einmal in die heiligen Hallen eingedrungen ist, »aufmischt« und bis zur Unkenntlichkeit verändert, garantiert die vatikanische Geschlossenheit eine beinahe unverrückbare Beständigkeit. Doch sie birgt zugleich die Gefahr in sich, wichtige Entwicklungen in der Gesellschaft nicht zu sehen oder ihre Tragweite drastisch zu unterschätzen. Da die Kirche nicht losgelöst von konkreten Kulturen existieren kann, droht der bereits von Paul VI. beklagte dramatische »Graben« zwischen Kirche und zeitgenössischer Kultur ein unüberwindbarer Abgrund zu werden.

In letzter Konsequenz schadet sich die Kirche, wenn sie Diskussionen mit Andersdenkenden völlig vermeidet und Abweichler in den eigenen Reihen ausgrenzt. Die Zahl der vom Vatikan gemaßregelten Theologen hat Ende des 20. Jahrhunderts Rekordniveau erreicht. Dies ist zwar ironischerweise auch ein Indiz für die noch immer erstaunliche Produktivität der katholischen Theologie, doch auf lange Sicht könnte die Ausgrenzung zu einer Abwanderung der originellen Denker in die »innere Emigration« und zu einer Verflachung der theologischen Forschung führen. Wenn der Vatikan sich nur auf seine internen Machtstrukturen verlässt und den Bogen überspannt, verliert die Kirche hier ein tragendes Element. Denn da die katholische Hierarchie demokratische Meinungsbildungsprozesse nicht kennt, ist die Theologie für sie – neben den Ordensgemeinschaften und der Volksfrömmigkeit – eines der wenigen internen Korrektive. Wenn der Vatikan gleichzeitig auch noch der Auseinandersetzung mit den zeitgenössischen geistigen Trends außerhalb der Kirche aus dem Weg geht, läuft er Gefahr, eine Art katholischer Kreml an der Spitze einer versteinerten Organisation zu werden, die zwar ihre Strukturen und gesellschaftliche Präsenz noch eine Zeit lang aufrechterhält, im Inneren aber immer kraftloser wird, weil ihre geistige Vitalität abnimmt. Die langfristige Folge eines solchen schleichenden Verfallsprozesses wäre, wie das Beispiel der Kommunisten in den 80er-Jahren lehrt, der Verlust des gesellschaftlichen und damit auch des politischen Einflusses.

Gegen die »Viren« des Relativismus, des Egoismus und der Konsumgesellschaft ist die Abschottung nicht die geeignete Immunisierungsstrategie. Diesen Weg mögen einige Sekten für den besten halten und er mag auch für fanatische Strömungen in der muslimischen Welt ein Erfolgsrezept sein, doch für die katholische Kirche wäre er der Anfang vom Ende. Wenn sie weiter Einfluss haben will, muss sie die geistige Auseinandersetzung suchen, ohne sich anzupassen. Die Erfahrung der Päpste des 20. Jahrhunderts zeigt, dass die Kirche Konflikte mit den Mächten und Ideologien am besten überlebt, wenn sie weder den Sirenenklängen des Zeitgeistes noch der dunklen Anziehungskraft des Fundamentalismus und der selbst gewählten Isolation verfällt.

Literatur

Accattoli, Luigi: Karol Wojtyla, L'uomo di fine millennio, Milano 1998

Allen, John L. Jr.: Conclave. The Politics, Personality and Process of the Next Papal Election, New York 2002

Alvarez, David: Spies in the Vatican. Espionage and Intrigue from Napoleon to the Holocaust, Kansas 2002

Andreotti, Giulio: A ogni morte di papa. I papi che ho conosciuto, Milano 1980

Bernstein, Carl, Politi, Marco: Seine Heiligkeit. Johannes Paul II. und die Geheimdiplomatie des Vatikans, München 1997

Blet, Pierre u.a. (Hgg.): Actes et documents du Saint Siège relatifs à la seconde guerre mondiale, Citta del Vaticano 1965–1981

Blet, Pierre: Pio XII e la Seconda Guerra Mondiale negli Archivi Vaticani, Milano 1999

Casaroli, Agostino: Il martirio della pazienza. La Santa Sede e i paesi comunisti, Torino 2000

Del Re, Niccolo: Mondo Vaticano. Passato e presente, Città del Vaticano 1995

Gianelli, Andrea, Tornielli, Andrea: Papi e guerra. Il ruolo dei Pontefici dal primo conflitto mondiale all'attacco in Iraq, Milano 2003

Giovagnoli, Agostino (Hg.): Pacem in Terris. Tra azione diplomatica e guerra mondiale, Milano 2003

Greschat, Martin (Hg.): Gestalten der Kirchengeschichte, Band 12: Das Papsttum II, Stuttgart 1994 (2. Auflage)

Hudal, Alois: Römische Tagebücher. Lebensbeichte eines alten Bischofs, Graz 1976

Johannes Paul II.: Die Schwelle der Hoffnung überschreiten, Hamburg 1994

Kopp, Matthias: Pilgerspagat. Der Papst im Heiligen Land, Münster 2001
Macchi, Pasquale: Paul VI. in seinem Wort, Città del Vaticano 2003
Marucci, Carl (Hg.): Serving the Human Family. The Holy See at the Major United Nations Conferences, New York 1997
Montonati, Angelo: Dario Spallone. Un comunista anomalo, Milano 2003 (2. Auflage)
Nicholson, Jim: USA e Santa Sede. La lunga strada, Roma 2004
O'Grady, Desmond: Wendezeit im Osten. Christentum vor und nach dem Fall der Mauer. Aachen 1997
Reese, Thomas: Inside the Vatican. The Politics and Organisation of the Catholic Church, Cambridge (Mass.) 1996
Riccardi, Andrea: Intransigenza e modernità. La chiesa cattolica verso il terzo millennio, Roma 1996
Riccardi, Andrea: Governo carismatico. 25 anni di pontificato, Milano 2003
Sale, Giovanni: Hitler, la Santa Sede e gli ebrei, Milano 2004
Schwaiger, Georg: Papsttum und Päpste im 20. Jahrhundert. Von Leo XIII. zu Johannes Paul II., München 1999
Seibt, Gustav: Rom oder Tod. Der Kampf um die italienische Hauptstadt, Berlin 2001
Stehle, Hansjakob: Geheimdiplomatie im Vatikan. Die Päpste und die Kommunisten, Zürich 1993
Tornielli, Andrea: Pio XII. Il Papa degli Ebrei, Casale Monferrato 2001
Weigel, George: Testimone della speranza. La vita di Giovanni Paolo II, protagonista del secolo, Milano 1999
Zolli, Eugenio: Prima dell'alba. Autobiografia autorizzata, Milano 2004

Register

Zeittafel

Pontifikate nach dem Ende des Kirchenstaats (1870)

1846 - 1878:	Pius IX.
1878 - 1903:	Leo XIII.
1903 - 1914:	Pius X.
1914 - 1922:	Benedikt XV.
1922 - 1939:	Pius XI.
1939 - 1958:	Pius XII.
1958 - 1963:	Johannes XXIII.
1963 - 1978:	Paul VI.
1978	Johannes Paul I.
seit 1978	Johannes Paul II.

Chronologie wichtiger Ereignisse

1870 20. September: Italien erobert Rom als letzte Bastion des Kirchenstaats. Pius IX. erklärt sich zum »Gefangenen im Vatikan«, der Heilige Stuhl bleibt ohne Staat bestehen.

1888 12. Oktober: Kaiser Wilhelm II. besiegelt durch Besuch bei Leo XIII. die Aussöhnung Preußens mit dem Heiligen Stuhl.

1904 20. Januar: Mit dem Erlass *Commissum Nobis* verbietet Pius X. politische Einmischungen bei Papstwahlen.

1917 1. August: Benedikt XV. ruft die Staaten auf, den Krieg zu beenden und einen gerechten Verhandlungsfrieden zu suchen.

1929 11. Februar: In den Lateranverträgen erkennt Italien den Heiligen Stuhl als Völkerrechtssubjekt an, dessen territoriale Basis der Vatikanstaat ist.

1933 20. Juli: Das Konkordat mit dem Deutschen Reich gibt Rechtsgarantien für die katholische Kirche in Deutschland.

1937 22. März: Von allen katholischen Kanzeln Deutschlands wird die Anti-Nazi-Enzyklika Pius' XI. (*Mit brennender Sorge*) verlesen. Hitler verschärft die Verfolgung der Kirche.

1942 24. Dezember: In seiner Radiobotschaft zu Weihnachten verurteilt Pius XII. die Judenvernichtung.

1943 10. September – 4. Juni 1944: Deutsche Besetzung Roms. Über 4000 Juden fliehen in kirchliche Gebäude, über 2000 Juden werden ins KZ deportiert, der Vatikan droht mit Protest.

1949 1. Juli: Die Römische Glaubenskongregation erklärt die Kommunisten für exkommuniziert.

1962–1965: Im Zweiten Vatikanischen Konzil erkennt die katholische Kirche die Religionsfreiheit an und öffnet sich dem Dialog mit anderen Glaubensgemeinschaften.

1963 6. März: Johannes XXIII. trifft Adschubeij, ZK-Mitglied und Schwiegersohn des sowjetischen Parteichefs Chruschtschow.

1963 11. April: Enzyklika *Pacem in terris.* Johannes XXIII. fordert das Ende des Wettrüstens und die UN als Friedensgaranten.

1964 14. September: Erzbischof Casaroli unterzeichnet in Ungarn das erste Abkommen mit einer kommunistischen Regierung.

1965 4. Oktober: Paul VI. fordert vor der UN-Vollversammlung in New York: »Nie wieder Krieg!«

1975 1. August: Die KSZE-Schlussakte von Helsinki erkennt Vatikan-Forderung nach Religionsfreiheit als Menschenrecht an.

1979 2.–10. Juni: Johannes Paul II. löst in Polen eine Massenbewegung aus, die zur Gründung der Solidarność führt.

1981 13. Mai: Der Türke Agca schießt auf Johannes Paul II., der Papst überlebt das Attentat mit schweren Verletzungen.

1989 4. Juni: Die Solidarność gewinnt in Polen die halb freien Wahlen. Wenig später stürzen alle Regime des Ostblocks.

1992–1994: Der Vatikan erkennt Slowenien, Kroatien und Bosnien-Herzegowina an. Als Serbien die Länder mit Krieg überzieht, verlangt der Papst ein internationales Eingreifen.

1997 3. Mai: In Gnesen fordert Johannes Paul II. ein »gemeinsames Haus Europa« auf christlicher Grundlage.

2000 20.–26. März: Im Heiligen Land predigt Johannes Paul II. Israelis und Palästinensern Frieden. Zugleich besiegelt er die Aussöhnung zwischen katholischer Kirche und Judentum.

2003 20. März: Gegen die persönliche Intervention des Papstes befiehlt US-Präsident Bush den Angriff auf den Irak.